Eckart Thurich

Schwierige Nachbarschaften

Deutsche und Polen – Deutsche und Tschechen im 20. Jahrhundert

Eine Darstellung in Dokumenten

Verlag W. Kohlhammer
Stuttgart Berlin Köln

CIP-Titelaufnahme der Deutschen Bibliothek

Schwierige Nachbarschaften : Deutsche und Polen – Deutsche und Tschechen im 20. Jahrhundert ; eine Darstellung in Dokumenten / Eckart Thurich. – Stuttgart ; Berlin ; Köln : Kohlhammer, 1990
ISBN 3-17-011354-2
NE: Thurich, Eckart [Hrsg.]

Verlagsort: Stuttgart
Umschlagfotos: dpa
Gesamtherstellung:
W. Kohlhammer Druckerei GmbH + Co. Stuttgart
Printed in Germany

Inhalt

Zur Einführung 7

1 Die Deutschen in Ostmitteleuropa 11

2 Selbstbestimmungsrecht – Idee und Wirklichkeit 16
Proklamationen des US-Präsidenten Wilson 16
Deutsche und Polen 1918/21: Selbstbestimmungsrecht oder Recht auf historische Grenzen? 17
Deutsche und Tschechen 1918/19: Selbstbestimmungsrecht – für wen? 21

3 Deutsche als Minderheiten in Polen und der Tschechoslowakei 33
Deutsche und Polen in der Zwischenkriegszeit 33
Deutsche und Tschechen in der Zwischenkriegszeit: Gleiche unter Gleichen? 41

4 Hitler und die deutschen Minderheiten 53
Polen 53
Tschechoslowakei 56

5 Deutsche Politik in Polen und der Tschechoslowakei 1939–1945. Von der Forderung nach Selbstbestimmung zur Unterdrückung und Ausrottung fremder Völker 68
Besatzungspolitik in Polen 69
Besatzungspolitik in der Tschechoslowakei 77

6 Alliierte Planungen für die Nachkriegszeit 82
Die Entstehung der Oder-Neiße-Linie 82
Zur Frage der Sudetendeutschen 87

7 Potsdam 92

8 Flucht und Vertreibung 97
Deutsche Ostgebiete und Polen 97
Tschechoslowakei 104
Menschliche Solidarität 111
Einschätzungen 113

9 Eingliederung 131

10 Die Oder-Neiße-Frage und das sudetendeutsche Problem nach 1945 141
Interpretationskonflikte zwischen den ehemaligen Kriegsalliierten 142
Positionen in Deutschland 145
Zur Begründung der polnischen Ansprüche auf die deutschen Ostgebiete 150

11 Ausgleich 155
Deutsch-polnische Verständigungsbemühungen der sechziger Jahre 155
Der Aufruf der Kirchen zur Versöhnung 160
Die Verträge von Moskau und Warschau (1970) 167
Der Prager Vertrag von 1973 178

12 Die Chance der Aussöhnung 187

Zur Einführung

Als leitende Gedanken können der vorliegenden Sammlung von Dokumenten, Erinnerungen, Einschätzungen zur deutsch-polnischen und deutsch-tschechischen Nachbarschaft in diesem Jahrhundert drei Sätze vorangestellt werden, die sich in den beiden letzten hier abgedruckten Dokumenten finden:

»Wenn Deutsche und Polen eine gemeinsame Zukunft finden wollen, so wird dies nur in ehrlicher Erinnerung an die Vergangenheit gelingen«, so Bundespräsident Richard von Weizsäcker 1990 in Warschau, und: »Wir sind uns darin einig, daß die Grundvoraussetzung für die wirkliche Freundschaft unserer Völker die Wahrheit ist. Wie hart auch immer, soll sie doch gesagt werden«, so der tschechoslowakische Staatspräsident Václav Havel am 15. 3. 1990 in Prag.

Die politischen Umwälzungen in Mitteleuropa und den östlichen Anrainern im Jahre 1989 haben Deutsche, Polen und Tschechen als Nachbarn wieder und in neuer Weise zusammengebracht. Das zuvor in Blöcke geteilte Europa, in dem gegenseitige Angst das stabilisierende Element darstellte, beginnt wieder zusammenzuwachsen. Polen und Tschechen werden sich ihrer alten Zugehörigkeit zu Mitteleuropa neu bewußt, in dem sie als freie Völker ebenso wie die bald in einem Staat vereinten Deutschen den Weg in ein geeintes Europa antreten, in dem nationalstaatliche Grenzen das Trennende verlieren sollen.

Deutsche, Polen und Tschechen wissen, die ältere Generation mehr als die jüngere, daß auf ihrer gemeinsamen Vergangenheit Schatten liegen, daß sie sich in diesem Jahrhundert gegenseitig schwere Wunden geschlagen haben. »Die Narben schmerzen bis heute.« (Weizsäcker)

Aber sie wissen auch, daß sie in der wichtigsten Frage der Zukunft aufeinander angewiesen sind: Ohne ihre friedliche Nachbarschaft wird das gemeinsame Europa nicht gelingen. Deshalb müssen sie sich ihrer Vergangenheit aufrichtig stellen, Wege beschreiten, die aus den Verstrickungen herausführen. Es darf keine Tabuzonen geben, aber die Geschichte darf auch nicht zu Anklage oder Verteidigung oder gar zur Aufrechnung von Schuld mißbraucht werden.

Einen Beitrag zu dieser Besinnung möchte dieses Buch leisten, das sich an einen breiten Leserkreis wendet.

In ihm wird der Versuch gemacht, wichtige Etappen in der deutsch-polnischen und der deutsch-tschechischen Geschichte seit 1918 in der Weise vor Augen zu stellen, daß vor allem Dokumente aus der jeweiligen Zeit, dazu aber auch Erinnerungen Beteiligter, Berichte und spätere

Einschätzungen von Publizisten, Politikern und Wissenschaftlern vorgestellt werden. Dem Leser soll so ermöglicht werden, sich eine eigene Vorstellung und ein eigenes Urteil zu bilden, zu diesem Zweck werden häufig auch gegensätzliche Positionen zu einem Sachverhalt dokumentiert.

Bewußt wurde eine der Chronologie folgende Darstellungsweise gewählt. Sie läßt die Entwicklung erkennen, macht deutlich, wie Probleme immer wieder auftauchen, aber auch verschwinden, Aktionen in Wahrheit vielfach Reaktionen auf Vorangegangenes sind, Gleiches zu unterschiedlichen Zeiten unterschiedlich beurteilt wird. Sie läßt auch erkennen, daß es Phasen gab, in denen gar nicht oder nur teilweise Deutsche, Polen oder Tschechen über Fragen zu entscheiden hatten, die sie angingen, sondern andere Mächte – natürlich nach deren eigenen Interessen – an ihrer Statt und über sie bestimmten.

Die gewählte Form der Darstellung hat sicher den Vorzug einer größeren Anschaulichkeit gegenüber einer bloßen Beschreibung. Sie birgt aber auch Gefahren in sich. Da aus einer Vielzahl von Materialien für den Abdruck eine Auswahl getroffen werden mußte, sind Vorhaltungen des einen, dieses oder jenes fehle, und Vorhaltungen des anderen, dieses oder jenes sei überflüssig, nahezu unvermeidlich.

Der Verfasser hat sich bei der Auswahl der Materialien von der Frage leiten lassen, ob durch sie ein – nach seiner Meinung – wichtiger Sachverhalt in der Deutschen, Polen und Tschechen gemeinsamen Geschichte angemessen repräsentiert wird, bzw. ob sie geeignet sind, bestimmte Problemfelder exemplarisch deutlich zu machen. Er hat sich stets dem Gebot der Redlichkeit verpflichtet gefühlt, insbesondere auch mögliche Überzeichnungen infolge einseitiger Quellenauswahl auszuschließen versucht. Deshalb wurden auch beim besonders sensiblen Thema Flucht und Vertreibung der Deutschen aus dem östlichen Mitteleuropa für die Darstellung der Vorgänge selbst nur Texte nichtdeutscher Herkunft verwendet.

Der berechtigten Sorge, eine stets nur begrenzte Zahl von Materialien mit teilweise auch nur begrenzter Aussagekraft könne oft sehr komplexe Vorgänge gar nicht zureichend erhellen, ja sogar ein falsches Bild vermitteln, wurde durch Einführungen in die jeweiligen Bereiche begegnet, die Zusammenhänge herstellen und notwendige zusätzliche Informationen enthalten.

Ein Themenbereich entzieht sich allerdings auch nach Meinung des Verfassers einer Darstellung im vorgegebenen Rahmen: die Geschichte der Juden im östlichen Mitteleuropa in diesem Jahrhundert. Weder ihre besondere Stellung im Polen und in der Tschechoslowakei der Vorkriegszeit, noch gar Vorbereitung und Durchführung des organisierten Völkermordes an ihnen und an ihren Glaubensgenossen aus dem übrigen von Deutschen besetzten Europa, der durch den NS-Staat vornehmlich in den auf polnischem Boden errichteten Vernichtungslager stattfand, ließen sich in der gewählten Form adäquat wiedergeben.

Auf den Holocaust wird aus diesem Grunde nur in den Überblickstexten bezug genommen, auf seine Dokumentation jedoch verzichtet. Es sei aber auch an dieser Stelle auf Werke verwiesen, die dieses Thema ausführlich behandeln und weiterführende Literatur aufzeigen.[1]

Deutsche leben mit Polen und Tschechen seit mehr als einem Jahrhundert als Nachbarn zusammen, und so wird es auch im 21. Jahrhundert bleiben. In der Geschichte ist ihre religiöse, geistige und zivilisatorische Entwicklung eng miteinander verflochten. Es gab Zeiten fruchtbarer Zusammenarbeit und Zeiten erbitterter Feindschaft. Im 20. Jahrhundert hat sich unter ihnen Grillparzers Prophetie unheilvoll bestätigt, nach der ein Weg von der Humanität über die Nationalität zur Bestialität führe.

Im östlichen Mitteleuropa, in dem es einigermaßen klare Grenzen zwischen Nationalitäten noch viel weniger als in Westeuropa gab, hat der aus der Französischen Revolution von 1789 stammende Gedanke von der einen und unteilbaren Nation und dem ihr gemäßen Nationalstaat besonders schlimme Folgen angerichtet. Alle Nationalstaaten schlossen hier notwendigerweise starke Minderheiten anderer Nationalitäten ein. Mit diesen umzugehen, wie es Nationalstaaten ohnehin eigen ist, sie nämlich – über einen freilich längeren Zeitraum – mehr oder minder friedlich zu assimilieren und zu integrieren, glaubte man keine Zeit zu haben, häufig waren sie im Verhältnis zum Staatsvolk auch einfach zu groß. »Klare Verhältnisse« sollten geschaffen werden, und dies möglichst rasch. Da man nicht Grenzen den Nationalitäten anpassen konnte oder wollte, wurden Nationalitäten politisch gesetzten Grenzen angepaßt, d. h. sie wurden unterdrückt, verdrängt, schließlich vertrieben und vernichtet. Im östlichen Mitteleuropa traf nicht nur Deutsche, Polen und Tschechen dieses Schicksal. Ihnen aber eröffnet sich nach besonders düsteren Kapiteln ihrer Beziehungen in diesem Jahrhundert an dessen Ende die Chance für Versöhnung, für Zusammenarbeit, für eine gemeinsame Zukunft in einem geeinten Europa.

Der nachwachsenden Generation dürfe in der Geschichte geschehenes Unrecht nicht aufgeladen werden, dafür sei sie nicht verantwortlich, wohl aber dafür, was in der Geschichte daraus wird, so Richard von

[1] T. Berenstein u. a. (Hg.): Faschismus-Getto-Massenmord. Dokumentation über Ausrottung und Widerstand der Juden in Polen während des Zweiten Weltkrieges. Berlin (Ost). 2. Aufl. 1961/Frankfurt/M. 1961. G. Reitlinger: Die Endlösung. Hitlers Versuch der Ausrottung der Juden Europas 1939–1945. Berlin 5. Aufl. 1979. R. Hilberg: Die Vernichtung der europäischen Juden. Gesamtgeschichte des Holocaust. Deutsche Ausgabe. Berlin 1982.

Weizsäcker. Seine Frage, die naturgemäß auch besonders dieser neuen Generation gilt, möge den Leser beim Studium des hier ausgebreiteten Materials begleiten:

»Werden wir die historische Chance nutzen? Sind *wir* in der Lage, jenes hohe Maß an gegenseitigem Verständnis, an Kraft und auch an Willen zu Wahrhaftigkeit aufzubringen, das wir dafür brauchen?«

1 Die Deutschen in Ostmitteleuropa

Vor dem 2. Weltkrieg lebten in den Gebieten des Deutschen Reiches östlich der Oder und Neiße, ferner in der Freien Stadt Danzig, in der Republik Polen und in der Tschechoslowakischen Republik rd. 14,8 Millionen Deutsche.

Die deutsche Bevölkerung der deutschen Ostgebiete. 1
Volkszählungsergebnisse vom 16. Juni 1925

Gebiet	Wohn-bevölkerung	Personen nur mit deutscher Muttersprache	
		zusammen	v. H.
Ostpreußen	2256349	2133506	94,5
Pommern	1878781	1851462	98,6
Grenzmark Posen-Westpreußen	332485	318455	95,9
RB Frankfurt (Oder)	1292525	1255134	97,1
Schlesien	4511606	3908096	86,6
darunter			
RB Breslau	1897172	1870939	99,1
RB Liegnitz	1235156	1172893	94,9
RB Oppeln (Oberschlesien)	1379278	833572	60,4

Alfred Bohmann: Menschen und Grenzen, Bd. 1, Verlag Wissenschaft und Politik, Köln 1969, S. 247

Bevölkerung der Freien Stadt Danzig nach der Muttersprache. 2
Volkszählung am 1. November 1923

Muttersprache	Danziger Staatsangehörige	
	Personen	v. H.
Deutsch	327827	97,6
Deutsch und Polnisch	1108	0,4
Polnisch, Kassubisch, Masurisch	6788	2,0
Russisch, Ukrainisch	99	0,0
Jüdisch, Hebräisch	23	0,0
Sonstige	77	0,0
Zusammen	335922	100,0

Alfred Bohmann, a.a.O., S. 421

In der Republik Polen lebten Deutsche vornehmlich in den bis 1918 preußischen Provinzen Posen und Westpreußen, ferner in dem 1921 zu Polen geschlagenen Teil Oberschlesiens, z.T. auch in Siedlungsinseln in Zentralpolen.

In der Tschechoslowakischen Republik lebten die rd. 3,3 Millionen Bürger deutscher Nationalität (→ Nr. 37) zum größten Teil in geschlossenen Siedlungsgebieten entlang des Erzgebirges, des Riesengebirges, der Sudeten, des Böhmerwaldes und in Südmähren, ferner in Siedlungsinseln inmitten von Tschechen und Slowaken.

Weitere 2,2 Millionen Deutsche lebten im östlichen Europa in Streulagen inmitten ost- und südosteuropäischer Völker.

Mehr als 14 Millionen dieser Menschen mußten während des 2. Weltkrieges und in den ersten Nachkriegsjahren ihre angestammte Heimat verlassen. Sie fanden in überwiegender Zahl Aufnahme in dem Gebiet der heutigen Bundesrepublik Deutschland ($^2/_3$) und der DDR ($^1/_3$).

Diese Bevölkerungsverschiebung in weniger als einem Jahrzehnt ist in ihrem Umfang ohne Beispiel in der Geschichte. Vergleichbar wäre sie im heutigen Europa mit der totalen Aussiedlung aller Menschen, die in den Niederlanden wohnen (13,6 Millionen), oder aller Dänen und Schweden zusammengenommen (13,1 Millionen).

Die Weltöffentlichkeit, noch ganz im Banne des soeben beendeten Krieges, nahm seinerzeit von dieser erzwungenen Völkerwanderung wenig Notiz, auch kaum von den zwei Millionen Menschen, die unter oft grauenvollen Umständen hierbei den Tod fanden.

3 Bevölkerungsbilanz für die Ostgebiete des Deutschen Reiches (Gebietsstand 31. 12. 1937) und die deutschen Siedlungsgebiete im Ausland 1945–1950

Gebiet	Wohnbevölkerung am 17. 5. 1939		Wehrmachtssterbefälle	Verluste der Zivilbevölkerung	Kriegs- und Nachkriegsverluste insgesamt		Vertriebene im Sept. 1950		Zurückgebliebene und zurückgehaltene deutsche Bevölkerung (Sept. 1950)
	insgesamt	darunter deutsche Bevölkerung			absolut	in v.H.	Insgesamt	darunter im Bundesgebiet (ohne Saarld.) einschließlich Berlin (W.)	
Ostgebiete des Deutschen Reiches	9620800	9575200	656000	1236400	1892400	19,8	7107600	4541300	1101000
Ostpreußen	2488100	2473000	210000	279400	489400	19,8	1984400	1375500	160000
Ostpommern	1895200	1883700	125000	336900	461900	24,5	1464600	922800	55000
Ostbrandenburg	644800	642000	41000	173000	214000	33,3	430000	152900	16000
Schlesien	4592700	4576500	280000	447100	727100	15,9	3228600	2090000	870000
Deutsche Siedlungsgebiete im Ausl.	—	7423300	432000	885900	1317900	17,8	4912200	3153200	1452000
Baltische Staaten und Memelgebiet	—	249500	15000	50600	65600	26,3	169500	109900	15000
Danzig	—	380000	22000	89900	111900	29,4	290800	230200	4000
Polen	—	1371000*	108000	185000	293000	21,4	688000	419600	431000
Tschechoslowakei	—	3477000	180000	266600	446600	12,8	3000400	1917800	250000
Ungarn	—	623000	32000	57000	89000	14,3	213000	178200	270000
Jugoslawien	—	536800	40000	135800	175800	32,7	297500	148000	82000
Rumänien	—	786000	85000	101000	136000	17,3	253000	149500	400000
Insgesamt	—	16998500	1088000	2122300	3210300	18,9	12019800	7694500	2553000

* Darunter 383000 Zweisprachige, die zu dem von der Vertreibung nicht betroffenen Bevölkerungsteil gehören.

Nach: Karl Dietrich Erdmann: Das Ende des Reiches und die Entstehung der Republik Österreich, der Bundesrepublik Deutschland und der Deutschen Demokratischen Republik, dtv 4222 (Gebhardt: Handbuch der deutschen Geschichte, 9. Aufl., Bd. 22) 2. Aufl., München 1982, S. 365

Bezogen auf die Siedlungsgeschichte des deutschen Volkes spricht der Kieler Historiker K.D. Erdmann von einer erdrutschartigen »Rückverlagerung des ethnographischen Schwerpunktes in die mittelalterliche Ausgangslage« (Erdmann, a.a.O., S. 123). Dies besagt: Die östliche Siedlungsgrenze des deutschen Volkes, die jetzt – mit Ausnahme des österreichischen Raumes – entlang der Oder-Neiße-Linie verläuft, ist im Ergebnis des 2. Weltkrieges in Richtung auf eine Linie zurückgedrängt worden, von der vor 800 Jahren die deutsche Ostsiedlung ihren Ausgang genommen hatte (Elbe–Saale–Böhmerwald–Ostalpen).

Ursachen und Verlauf dieses für die Geschichte Europas epochalen Ereignisses stehen in unmittelbarem Zusammenhang mit Entwicklungen seit dem Ende des. 1. Weltkrieges, denen wiederum bestimmte historische Konstellationen zugrunde liegen:

1. Die Siedlung der Deutschen im Osten hatte dort nicht zu so klaren Grenzen zwischen Deutschen und Polen, Deutschen und Tschechen geführt, wie dies in der Regel zwischen Sprachen und Nationalitäten in Westeuropa der Fall ist. »Nationalitäten lebten in Gemengelage. Die Linien der Sprachgrenzen zeigten Ausbuchtungen, Verzahnungen, Inseln« (Erdmann, a.a.O., S. 123).
2. Vor dem 1. Weltkrieg, als der in Westeuropa geborene Gedanke des Nationalstaates längst auch Ostmitteleuropa erreicht hatte, lebten die Deutschen mit slawischen Völkern noch in Nationalitätenstaaten zusammen. In ihnen stellten die Deutschen die Führungsschicht. Mit wachsender Verfolgung nationalstaatlicher Gesichtspunkte betrieben sie zunehmend eine Politik, die die slawischen Völker als gegen ihre nationale Identität gerichtet empfanden.

   Im Preußen-Deutschland der Hohenzollern waren die Polen der größte nicht-deutsche Bevölkerungsteil. Sie waren Untertanen des preußischen Königs geworden, als 1772, 1793 und 1795 die Nachbarstaaten Polens den schwachen Staat unter sich aufteilten: Rußland nahm $^2/_3$, Preußen und Österreich teilten sich den Rest.

   In der österreichisch-ungarischen Monarchie der Habsburger siedelten Deutsche mit dem slawischen Volk der Tschechen eng zusammen im Königreich Böhmen, dessen Krone 1526 an die Habsburger gefallen war, in der mit Böhmen verbundenen Markgrafschaft Mähren und in Österreichisch-Schlesien.
3. Als 1917 das russische Zarenreich zusammenbrach und sich 1918 auch der Zusammenbruch des Habsburger- und Hohenzollernreiches ankündigte, rückte für die Polen die Wiedererrichtung, für die Tschechen und Slowaken die Gründung eines eigenen Nationalstaates in greifbare Nähe. Polnische (Dmowski, Paderewski) und tschechische (Masaryk, Beneš) Exilpolitiker hatten im Westen unermüdlich für diese Forderung geworben und schließlich die Unterstützung der

alliierten Mächte gefunden. Der Präsident der USA, die sich seit 1917 im Krieg gegen die Mittelmächte befanden, proklamierte als alliiertes Kriegsziel und als Grundprinzip einer künftigen Friedensregelung die Verwirklichung des »Selbstbestimmungsrechts der Völker«. Das Deutsche Reich und Österreich-Ungarn leiteten auf dieser Grundlage Waffenstillstandsverhandlungen ein.

2 Selbstbestimmungsrecht – Idee und Wirklichkeit

Proklamationen des US-Präsidenten Woodrow Wilson

4 *»Programm für den Weltfrieden«. Ansprache an den Vereinigten Kongreß, die sog. 14 Punkte (8. 1. 1918)*

[...]

X. Den Völkern Österreich-Ungarns, deren Platz unter den Nationen wir gefestigt und gesichert zu sehen wünschen, sollte die freieste Möglichkeit autonomer Entwicklung gewährt werden.

[...]

XIII. Ein unabhängiger polnischer Staat sollte errichtet werden, der die von unbestreitbar polnischer Bevölkerung bewohnten Gebiete umfassen soll, denen ein freier und sicherer Zugang zum Meer gewährleistet und dessen politische und ökonomische Unabhängigkeit sowie dessen territoriale Integrität durch internationalen Vertrag garantiert werden sollen.

[...]

Ein klares Prinzip zieht sich durch das ganze Programm, das ich umrissen habe. Es ist das Prinzip der Gerechtigkeit allen Völkern und Nationalitäten gegenüber und ihres Rechtes, unter den gleichen Bedingungen der Freiheit und Sicherheit miteinander zusammenzuleben, mögen sie stark oder schwach sein. Wenn dieses Prinzip nicht zur Grundlage gemacht wird, vermag kein Teil des Gebäudes internationaler Gerechtigkeit zu bestehen.

5 *»Grundsätze für die Friedensverhandlungen«, Botschaft an den Kongreß (11. 2. 1918)*

[...] Die anzuwendenden Grundsätze sind die folgenden:

1. daß jeder Teil einer endgültigen Vereinbarung im wesentlichen auf der Gerechtigkeit in dem bestimmten Falle und auf einem solchen Ausgleich aufgebaut sein muß, von dem es am wahrscheinlichsten ist, daß er einen Frieden, der dauernd ist, herbeiführen wird;
2. daß Völker und Provinzen nicht von einer Staatsoberhoheit in eine andere herumgeschoben werden, als ob es sich lediglich um Gegenstände oder Steine in einem Spiel handelte, wenn auch in dem großen Spiel des Gleichgewichts der Kräfte, das nun für alle Zeiten diskreditiert ist; daß jedoch

3. jede Lösung einer Gebietsfrage, die durch diesen Krieg aufgeworfen wurde, im Interesse und zugunsten der betroffenen Bevölkerungen und nicht als Teil eines bloßen Ausgleichs oder Kompromisses der Ansprüche rivalisierender Staaten getroffen werden muß;
4. daß alle klar umschriebenen nationalen Ansprüche die weitestgehende Befriedigung finden sollen, die ihnen zuteil werden kann, ohne neue oder die Verewigung alter Elemente von Zwist und Gegnerschaft, die den Frieden Europas und somit der ganzen Welt wahrscheinlich bald wieder stören werden, aufzunehmen. Ein allgemeiner Friede, auf solcher Grundlage errichtet, kann erörtert werden. Bis ein solcher Friede gesichert ist, haben wir keine andere Wahl, als mit dem Krieg fortzufahren.

Aus einer Ansprache in Mount Vernon (4. 7. 1918) **6**

Die Erledigung jeder Frage, ob sie sich auf Gebiete, auf Souveränität, auf wirtschaftliche Vereinbarungen oder auf politische Beziehungen erstreckt, auf Grund der freien Annahme jener Vereinbarung durch das unmittelbar davon betroffene Volk und nicht auf Grund des materiellen Interesses oder des Vorteils irgendeiner anderen Nation oder eines anderen Volkes, das eine abweichende Vereinbarung zugunsten seines eigenen äußeren Einflusses oder seiner Herrschaft wünschen mag [...]

Was wir suchen, ist die Herrschaft des Rechts, gegründet auf die Zustimmung der Regierten und getragen von der organisierten Meinung der Menschheit.

Johannes Hohlfeld (Hg.): Dokumente der Deutschen Politik und Geschichte von 1848 bis zur Gegenwart. Bd. 2. Dokumenten-Verlag Herbert Wendler. Berlin 1951, S. 394ff.

Deutsche und Polen 1918/21: Selbstbestimmungsrecht oder Recht auf historische Grenzen?

1916 hatten Österreich und Deutschland die Wiedererrichtung eines Königreiches Polen proklamiert und einen polnischen Regentschaftsrat eingesetzt. Sie erhofften sich die Unterstützung durch eine polnische Armee. Grenzfragen blieben ungeklärt, die Geste fand wenig Echo. Als sich im Spätherbst 1918 der Zusammenbruch Österreichs und Deutschlands ankündigte, proklamierte der Regentschaftsrat am 7. 10. 1918 die völlige Unabhängigkeit Polens und brach am 13. 12. 1918 die Beziehungen zu Deutschland ab. Kurz darauf rückten polnische Truppen, die im Osten bereits mit Ukrainern im Kampf lagen, ebenfalls nach Westen vor, um auch dort noch vor einer Friedenskonferenz Polens historische Grenzen von 1772 wiederherzustellen.

Polnische Truppen konnten sich der Provinz Posen bemächtigen, wurden dann aber auf alliierten Befehl gestoppt.

Im Friedensvertrag von Versailles (29. 6. 1919) mußte Deutschland ohne Volksabstimmung den größten Teil der Provinz Posen, den überwiegenden Teil der Provinz Westpreußen und kleinere Gebiete von Pommern, Ostpreußen und Niederschlesien an Polen abtreten. Damit hatte Polen hier seine Grenzen von 1772 wieder erreicht. Weitergehende polnische Forderungen wurden nicht erfüllt. Polen erhielt mit dieser Regelung den versprochenen Zugang zum Meer, wodurch Ostpreußen seine Landverbindung zum übrigen Deutschland verlor.

In den abgetretenen Gebieten lebten 1,1 Millionen Menschen, die 1910 Deutsch allein oder zusammen mit einer anderen Sprache als Muttersprache angegeben hatten.

Im südlichen Ostpreußen und in Westpreußen rechts der Weichsel waren Volksabstimmungen vorgesehen, ebenso in Oberschlesien.

Danzig wurde mit dem Gebiet der Weichselmündung zur Freien Stadt erklärt.

Während die Abstimmungen in Ost- und Westpreußen unter alliierter Kontrolle friedlich verliefen, kam es 1919, 1920 und 1921 in Oberschlesien zur drei Aufständen, die vom polnischen Staat unterstützt wurden und vollendete Tatsachen schaffen sollten. Nach der Abstimmung wurde unter dem Eindruck des dritten polnischen Aufstandes Oberschlesien nicht nur unter ethnographischen, sondern auch unter verkehrstechnischen und wirtschaftlichen Gesichtspunkten geteilt. Polen erhielt 25% der Fläche, 42,5% der Bevölkerung und 85% der Kohlevorräte. Auf beiden Seiten der Grenze verblieben Minderheiten.

Polen mußte sich gegen seinen Willen – es fühlte sich in seinem Nationalstolz verletzt – im Vertrag von Versailles verpflichten, einen Minderheitenschutzvertrag mit den alliierten Hauptmächten abzuschließen, der unter die Garantie des Völkerbundes gestellt wurde. Er war Vorbild für weitere Minderheitenschutzverträge, u.a. auch mit der Tschechoslowakei.

7 *Aus einer Denkschrift des britischen Premierministers Lloyd George (26. 3. 1919)*

Unsere Bedingungen dürfen hart, sogar erbarmungslos sein, aber gleichzeitig können sie so gerecht sein, daß das Land, dem sie auferlegt werden, in seinem Herzen fühlen wird, daß es kein Recht zur Klage hat. Aber Ungerechtigkeit und Anmaßung, ausgespielt in der Stunde des Triumphes, werden nie vergessen und vergeben werden.

Aus diesem Grunde bin ich auf das schärfste dagegen, mehr Deutsche, als unerläßlich nötig ist, der deutschen Herrschaft zu entziehen, um sie einer anderen Nation zu unterstellen. Ich kann kaum eine stärkere Ursache für einen künftigen Krieg erblicken, als daß das deutsche Volk, das sich zweifellos als eine der kraftvollsten und mächtigsten Rassen der Welt erwiesen hat, rings von einer Anzahl kleiner Staaten umgeben werden soll, von denen viele aus Völkern bestehen, die noch nie vorher eine selbständige Regierung aufgestellt haben, aber jedes breite Massen von Deutschen umschließt, die die Vereinigung mit ihrem Heimatland fordern. Der Vorschlag der polnischen Kommission, 2100000 Deutsche der Aufsicht eines Volkes von anderer Religion zu unterstellen, das noch nie im Laufe seiner Geschichte die Fähigkeit zur Selbstregierung bewiesen hat, muß meiner Beurteilung nach früher oder später zu einem neuen Krieg in Osteuropa führen.

Wolfgang Lautemann/Manfred Schlenke (Hg.): Geschichte in Quellen, Bd. 5, Bayerischer Schulbuchverlag, München 1961, S. 119

Ergebnisse der Abstimmungen im Abstimmungsgebiet Allenstein (Ostpreußen) und Marienwerder (Westpreußen) vom 11. 7. 1920 und in Oberschlesien vom 20. 3. 1921 8

Abstimmungsgebiet	Stimmberechtigte	Abgegebene Stimmen für Deutschland	Abgegebene Stimmen für Polen	in v.H. der abgegebenen gültigen Stimmen D.R.	in v.H. der abgegebenen gültigen Stimmen Polen
Allenstein	422067	363159	7924	97,9	2,1
Marienwerder	121176	96895	7947	92,4	7,6
Oberschlesien	1215373	702045	479232	59,4	40,6
Ostdeutsche Abstimmungsgebiete	1758616	1162099	495103	70,1	29,9

Alfred Bohmann: Menschen und Grenzen, Bd. 1, Verlag Wissenschaft und Politik, Köln 1969, S. 190

Auszug aus dem Minderheitenschutzvertrag zwischen Polen und den alliierten und assoziierten Hauptmächten USA, Großbritannien, Frankreich, Italien und Japan (28. 6. 1919) 9

Artikel 1. Polen verpflichtet sich, die in den Artikeln 2 bis 8 dieses Kapitels enthaltenen Bestimmungen als Grundgesetze anzuerkennen, mit der Wirkung, daß kein Gesetz, keine Verordnung und keine amtliche Handlung im Gegensatz oder Widerspruch zu ihnen stehen, und daß kein Gesetz, keine Verordnung und keine amtliche Handlung gegen sie Geltung beanspruchen darf.

Artikel 2. Die polnische Regierung verpflichtet sich, allen Einwohnern ohne Unterschied der Geburt, der Staatsangehörigkeit, der Sprache, des Volkstums und der Religion den umfassendsten Schutz ihres Lebens und ihrer Freiheit zu gewähren.

Alle Einwohner Polens sollen das Recht auf freie private und öffentliche Ausübung jeden Bekenntnisses, jeder Religion oder Weltanschauung haben, deren Betätigung nicht mit der öffentlichen Ordnung und den guten Sitten unvereinbar ist.

[...]

Artikel 7. Alle polnischen Staatsangehörigen sind vor dem Gesetze gleich und genießen ohne Unterschied des Volkstums, der Sprache oder der Religion die gleichen bürgerlichen und staatsbürgerlichen Rechte.

Der Unterschied der Religion, der Weltanschauung oder des Bekenntnisses soll keinem polnischen Staatsangehörigen im Genusse der bürgerlichen oder staatsbürgerlichen Rechte schaden, insbesondere bei der Zulassung zu öffentlichen Ämtern, Tätigkeiten und Ehrenstellungen oder bei der Ausübung der verschiedenen Berufe und Gewerbe.

Kein polnischer Staatsangehöriger darf in dem freien Gebrauch einer beliebigen Sprache irgendwie beschränkt werden, weder in seinen persönlichen oder wirtschaftlichen Beziehungen, noch auf dem Gebiete der Religion, der Presse oder bei Veröffentlichungen jeder Art, noch endlich in öffentlichen Versammlungen.

Unbeschadet des Rechts der polnischen Regierung, eine Staats- und Amtssprache zu bestimmen, müssen den fremdsprachigen polnischen Staatsangehörigen für den schriftlichen oder mündlichen Gebrauch ihrer Sprache vor den Gerichten angemessene Erleichterungen gewährt werden.

Artikel 8. Die polnischen Staatsangehörigen, die zu einer völkischen, religiösen oder sprachlichen Minderheit gehören, sollen die gleiche Behandlung und die gleichen rechtlichen und tatsächlichen Sicherheiten genießen wie die übrigen polnischen Staatsangehörigen. Sie sollen insbesondere ein gleiches Recht haben, auf ihre Kosten Wohlfahrts-, religiöse oder soziale Einrichtungen sowie Schulen und andere Erziehungsanstalten zur errichten, zu leiten und zu beaufsichtigen und in ihnen ihre Sprache frei zu gebrauchen und ihre Religion frei auszuüben.

Artikel 9. Auf dem Gebiete des öffentlichen Unterrichts soll die polnische Regierung in den Städten und Bezirken, in denen fremdsprachige polnische Staatsangehörige in beträchtlichem Verhältnis wohnen, angemessene Erleichterungen schaffen, um sicherzustellen, daß den Kindern dieser polnischen Staatsangehörigen in den Elementarschulen der Unterricht in ihrer eigenen Sprache erteilt wird. Diese Bestimmung soll nicht ausschließen, daß die polnische Regierung in diesen Schulen die polnische Sprache zum Pflichtfach macht.

In den Städten und Bezirken, in denen polnische Staatsangehörige einer völkischen, religiösen oder sprachlichen Minderheit in beträchtlichem Verhältnis wohnen, soll für diese Minderheiten ein gerechter Anteil an dem Genusse und der Verwendung der Summen sichergestellt werden, die in staatlichen, kommunalen oder anderen Haushaltsplänen für Zwecke der Erziehung, der Religion oder der Wohlfahrt ausgeworfen werden.

Die Bestimmungen dieses Artikels finden auf die polnischen Staatsangehörigen deutscher Sprache nur in den Teilen Polens Anwendung, die am 1. August 1914 deutsches Gebiet waren.

Materialien der deutschen Gesellschaft für Nationalitätenrecht, hg. v. Richard Schmidt und Max Hildebert Boehm, Heft 5, Berlin 1929, S. 5ff.

Deutsche und Tschechen 1918/19: Selbstbestimmungsrecht – für wen?

Polen wurde 1918 als Staat wiederhergestellt, wie unterschiedlich auch die Meinungen über seine Grenzen sein mochten. Einen Staat Tschechoslowakei aber hatte es noch nie gegeben. Seine Konstituierung warf schwierige Probleme auf, denn Deutsche wie Tschechen/Slowaken beriefen sich in der zerfallenden Habsburger Monarchie auf ihr Selbstbestimmungsrecht.

Beschluß der provisorischen Nationalversammlung für Deutsch-Österreich (21. 10. 1918) **10**

Das deutsche Volk in Österreich ist entschlossen, seine künftige staatliche Ordnung selbst zu bestimmen, einen selbständigen deutschösterreichischen Staat zu bilden und seine Beziehungen zu den anderen Nationen durch freie Vereinbarungen mit ihnen zu regeln.

Der deutschösterreichische Staat beansprucht die Gebietsgewalt über das ganze deutsche Siedlungsgebiet, insbesondere aber auch in den Sudetenländern. Jeder Annektion von Gebieten, die von deutschen Bauern, Arbeitern oder Bürgern bewohnt werden, durch andere Nationen wird sich der deutschösterreichische Staat widersetzen [...]

Ernst Nittner: Dokumente zur sudetendeutschen Frage 1916–1967, Ackermann Gemeinde, München 1967, S. 52

11 *Aus der Entschließung der deutschen Sozialdemokraten in der Provisorischen Nationalversammlung (21. 10. 1918)*

In dieser Stunde senden wir unseren slawischen und romanischen Genossen unseren brüderlichen Gruß und wünschen ihnen Glück dazu, daß ihre Völker endlich die Schwelle der Verwirklichung des Selbstbestimmungsrechts erreicht haben; wir anerkennen dieses Recht ohne Vorbehalte und Einschränkungen, verlangen es aber auch für unser deutsches Volk.

Kurt Rabl: Das Ringen um das sudetendeutsche Selbstbestimmungsrecht 1918/19, Robert Lerche, München 1958, S. 16

12 *Aufruf des tschechoslowakischen Nationalausschusses, Prag (28. 10. 1918)*

Tschechoslowakisches Volk! Dein Traum von altersher ist Wirklichkeit geworden. Der tschechoslowakische Staat ist am heutigen Tage in die Reihe der selbständigen Kulturstaaten der Welt getreten. Der Nationalausschuß, ausgestattet mit dem Vertrauen des gesamten tschechoslowakischen Volkes, hat als einzig berechtigter und verantwortlicher Faktor die Verwaltung Deines Staates in die Hände genommen. Tschechoslowakisches Volk, alles, was Du unternimmst, unternimmst Du von diesem Augenblick als neues, freies Mitglied der großen Familie der selbständigen freien Nationen. Mit neuen Taten beginnt in diesen Stunden Deine neue und, so Gott will, glorreiche Geschichte [...] Unsere Befreier Masaryk und Wilson dürfen nicht in ihrer Überzeugung enttäuscht werden, daß sie die Freiheit einem Volke erobert haben, das sich selbst zu beherrschen versteht. Durch keine einzige störende Handlung dürfen die jetzigen großen Augenblicke getrübt werden, kein einziger von Euch darf etwas tun, was einen Schatten auf den reinen Namen der Nation werfen könnte. Jeder von Euch muß vorbehaltlos alles schonen, was dem andern heilig ist. Die Freiheit der Person und des Privatbesitzes darf nicht angetastet werden [...]

Edvard Beneš: Der Aufstand der Nationen, Berlin 1928, S. 640f.

13 *Zu einer »deutschböhmischen Landesversammlung« hatten sich die deutschen Abgeordneten des böhmischen Landtages und die deutschen Abgeordneten des österreichischen Reichsrates zusammengeschlossen, die Wahlkreise in Böhmen vertraten. Sie erklärten am 29. 10. 1918, ähnlich wie kurz darauf die deutschen Abgeordneten Mährens und Schlesiens:*

Im Namen des von ihr vertretenen Volkes und Gebietes erklärt die Landesversammlung Deutschböhmen als eigenberechtigte Provinz des Staates Deutschösterreich, erkennt bis zur endgültigen Ordnung der

Verfassung die ... deutsch-österreichische Nationalversammlung als ihre einzige und höchste gesetzgebende Körperschaft, die von ihr eingesetzten Behörden als ihre übergeordneten Behörden an und erklärt die Beschlüsse der deutschösterreichischen Nationalversammlung und die Anordnungen der deutschösterreichischen Behörden für sich selbst, wie für das vom Landtag vertretene Volk und Gebiet ohne Vorbehalt für bindend. Die Provinz Deutschböhmen steht somit zu gleichen Rechten und Pflichten den übrigen Ländern Deutschösterreichs zur Seite und gelobt, deren Schicksal mit unverbrüchlicher Gemeinschaft und Treue zu teilen...

Bestrebt, das Selbstbestimmungsrecht Deutschböhmens zu wahren, ohne berechtigte Ansprüche der Tschechen abzulehnen, beauftragt der Landtag den Landeshauptmann, sich über die Einrichtung einer besonderen vorläufigen Verwaltung in den offenkundig gemischtnationalen Gemeinden des Landes bis zur endgültigen Ordnung der Verhältnisse mit den Vertretern des tschechischen Volkes ins Einvernehmen zu setzen [...]

Kurt Rabl, a.a.O., S. 17f.

Am 22. 11. 1918 beschloß die provisorische Nationalversammlung von Deutsch-Österreich ein Gesetz über »Umfang, Grenzen und Beziehungen des Staatsgebietes«. Darin heißt es: **14**

§ 1.

Die Republik Deutsch-Österreich übt die Gebietshoheit über das geschlossene Siedlungsgebiet der Deutschen innerhalb der bisher im Reichsrate vertretenen Königreiche und Länder aus.

Die Republik umfaßt:

Die Länder Österreich unter der Enns einschließlich des Kreises Deutschsüdmähren und des deutschen Gebietes um Neubistritz, Österreich ob der Enns einschließlich des Kreises Deutschsüdböhmen, Salzburg, Steiermark und Kärnten mit Ausschluß der geschlossenen jugoslawischen Siedlungsgebiete, die Grafschaft Tirol mit Ausschluß des geschlossenen italienischen Siedlungsgebietes, Vorarlberg, Deutschböhmen und Sudetenland, sowie die deutschen Siedlungsgebiete von Brünn, Iglau und Olmütz.

Fritz Peter Habel: Dokumente zur Sudetenfrage. Veröffentlichung des Sudetendeutschen Archivs München. Langen Müller. München, Wien 1984, S. 115

Bereits am 11. November 1918 hatte die provisorische Nationalversammlung von Deutsch-Österreich beschlosssen: »Deutsch-Österreich ist ein Bestandteil der Deutschen Republik«. **15**

Beim Zusammentritt der Deutschen Nationalversammlung in Weimar am 6. 2. 1919 erklärte Friedrich Ebert (SPD) als Vorsitzender des Rates der Volksbeauftragten u. a.:

Wir können auch nicht darauf verzichten, die ganze deutsche Nation im Rahmen eines Reichs zu einigen. Unsere deutsch-österreichischen Brüder haben auf ihrer Nationalversammlung bereits am 12. November vorigen Jahres sich als Teil der großdeutschen Republik erklärt. Jetzt hat die deutsch-österreichische Nationalversammlung erneut unter stürmischer Begeisterung uns ihren Gruß entboten und die Hoffnung ausgesprochen, daß es unserer und ihrer Nationalversammlung gelingen wird, das Band, das die Gewalt 1866 zerrissen hat, wieder neu zu knüpfen. Deutsch-Österreich müsse mit dem Mutterland für alle Zeiten vereinigt werden.

Meine Damen und Herren!

Ich bin sicher, im Namen der gesamten Nationalversammlung zu sprechen, wenn ich diese historische Kundgebung aufrichtig und voll Freude begrüße und sie mit gleicher, herzlicher Brüderlichkeit erwidere. Unsere Stammes- und Schicksalsgenossen dürfen versichert sein, daß wir sie im neuen Reich der deutschen Nation mit offenen Armen und Herzen willkommen heißen. Sie gehören zu uns und wir gehören zu ihnen.

Ich darf wohl auch die Erwartung aussprechen, daß die Nationalversammlung die künftige Reichsregierung ermächtigt, baldigst mit der Regierung des deutsch-österreichischen Freistaates über den endgültigen Zusammenschluß zu verhandeln. Dann soll kein Grenzpfahl mehr zwischen uns stehen. Dann wollen wir sein ein einig Volk von Brüdern.

Johannes Hohlfeld (Hg.): Dokumente der Deutschen Politik und Geschichte von 1848 bis zur Gegenwart. Bd. 3. Dokumenten-Verlag Herbert Wendler, Berlin 1951, S. 15f.

16 *Vorentwurf zur Verfassung des Deutschen Reichs (Entwurf I.), 3. 1. 1919 (Auszug)*

§ 29

I. Bis sich die neuen Freistaaten gebildet haben, entsenden folgende Gebiete des Reichs Abgeordnete in das Staatenhaus:

[...]

2. Schlesien, bestehend aus der Provinz Schlesien, dem Regierungsbezirke Posen, dem Sudetenland und Ostböhmen mit $7^1/_2$ Millionen Einwohnern, 8 Abgeordnete,

[...]

7. Obersachsen, bestehend aus dem ehemaligen Königreiche Sachsen, dem Regierungsbezirke Merseburg, dem Regierungsbezirke Magdeburg ohne die Altmark, Anhalt und den südlich angrenzenden Teilen von Deutsch-Böhmen (etwa von Reichenberg bis Saaz) mit annähernd 8 Millionen Einwohnern, 8 Abgeordnete,

[...]

12. Bayern, bestehend aus dem ehemaligen Königreiche Bayern ohne die bayerische Pfalz, sowie dem Egerland und den südlich davon angrenzenden Teilen Deutsch-Böhmens mit 7 Millionen Einwohnern, 7 Abgeordnete,
13. Deutsch-Österreich, bestehend aus Tirol, Nieder- und Oberösterreich ohne Wien, Steiermark, Deutsch-Kärnten und Salzburg mit 5 Millionen Einwohnern, 5 Abgeordnete

[...]

16. Wien mit 2 Millionen Einwohnern, 2 Abgeordnete [...]

Heinrich Triepel: Quellensammlung zum Deutschen Reichtsstaatsrecht. J.C.B. Mohr (Paul Siebeck) Tübingen, 4. Aufl. 1926, S. 7f.

Die Durchsetzung der sudetendeutschen, der deutsch-österreichischen und der reichsdeutschen Positionen scheiterte an den machtpolitischen Gegebenheiten.

Im November und Dezember 1918 besetzten tschechische militärische Verbände die deutschsprachigen Gebiete der ehemaligen österreichischen Kronländer Böhmen, Mähren und Österreichisch-Schlesien.

Am 4. März 1919, dem Tag des Zusammentritts der deutsch-österreichischen Nationalversammlung in Wien, demonstrierten die Deutschen in der Tschechoslowakei mit einem Generalstreik und Kundgebungen. Tschechisches Militär eröffnete das Feuer auf Demonstranten, über 50 Todesopfer waren zu beklagen, darunter auch Kinder, sowie zahlreiche Verletzte. Diese Vorgänge belasteten das Verhältnis der Deutschen zum tschechoslowakischen Staat nachhaltig.

Erklärung des Bürgermeisters von Karlsbad (lt. Volkszählung von 1910: 99,3% Deutsche), 13. 12. 1918 **17**

An die Bevölkerung Karlsbads!

In unserer Stadt sind tschechoslowakische Truppen eingetroffen.

Gegen diesen, durch nichts gerechtfertigten Einmarsch habe ich namens der Stadt und Bevölkerung feierlich Protest erhoben und erklärt:

»Wir geben lediglich, um unsere Bevölkerung vor Schaden an Leben, Gesundheit und Besitz zu schützen, der wider uns angewendeten Gewalt Raum, verwahren uns aber entschieden gegen die uns zugefügte Vergewaltigung.

Wir halten unbedingt fest an dem Recht auf Selbstbestimmung und auf nationale Freiheit Deutschböhmens, zu dessen Zugehörigkeit sich Karlsbad unbedingt und unverändert bekennt.« [...] Im Vertrauen auf unser gutes Recht, auf die Treue unseres Volkes und unseren ungebeugten festen Willen sehen wir dem Kommenden mit Ruhe und bester Hoffnung entgegen.

Kurt Rabl, a.a.O., S. 29

18 *Aus einer Note der österreichischen Regierung an die Alliierten (10. 3. 1919)*

Unter den gegenwärtigen Umständen ist Deutschösterreich nicht in der Lage, Gewalt mit Gewalt zu vergelten. Nichtsdestoweniger vertraut die Regierung der Republik auf ihr gutes Recht, auf allgemein anerkannte Rechtsgrundsätze, die von den Vertretern der fünf Großmächte noch jüngst bekräftigt worden sind und auf den Gerechtigkeitssinn der Friedenskonferenz. Sie erhebt nachdrücklich Protest gegen das Bestreben der Tschecho-Slowaken, aus einer in den deutschen Gebieten Böhmens, Mährens und Schlesiens geschaffenen Gewaltgrundlage Rechte abzuleiten; sie protestiert gegen ein Vorgehen, das nicht mit den vorgenannten Grundsätzen, sondern auch mit freundnachbarlichen Beziehungen und der Völkerbundsidee schlechthin unvereinbar ist.

Kurt Rabl, a.a.O., S. 56f.

Die Entscheidung über die zukünftigen Grenzen der Tschechoslowakei hatte 1919 die Friedenskonferenz von Paris zu fällen.

In ihren Eingaben an die Friedenskonferenz hoben Tschechen und Slowaken einerseits ihr von dem der Deutschen abweichendes Verständnis vom Wesen des Selbstbestimmungsrechtes hervor, machten andererseits aber auch weitreichende Zugeständnisse für den Fall, daß die Sudetendeutschen im tschechoslowakischen Staatsverband verbleiben.

19 *Aus dem Memorandum III der tschechoslowakischen Delegation für die Friedenskonferenz von Paris (1919)*

Wir achten das Nationalitätenprinzip, aber wir glauben nicht, daß es dort angewandt werden dürfte, wo es die Unabhängigkeit einer anderen Nation bedroht. Da müssen Opfer gebracht werden zugunsten dessen, der es verdient und der genügend Garantien für seine Ehrenhaftigkeit und Friedensliebe bietet, besonders in einem Falle, wie es der der Tschechoslowaken und der Deutschen ist.

Hermann Raschhofer: Die tschechoslowakischen Denkschriften für die Friedenskonferenz von Paris 1919/20, Berlin 1937, S. 109

T. G. Masaryk, Präsident der Tschechoslowakischen Republik von 1918–1935 20

Unsere und auch die österreichischen Deutschen haben sich auf das Selbstbestimmungsrecht und Wilsons Autorität berufen. Dagegen führe ich an, daß nicht alle Deutschen sich auf dieses Recht berufen, Männer wie z. B. Lammasch, Redlich u. a. erkannten es nicht an, ganz zu schweigen von den österreichischen Ministern (Czernin u. a.)[1]; ebenso wurde es in Deutschland nicht anerkannt. Tatsächlich hat dieses Recht, das auch von unserer Seite schon vor dem Kriege verkündet wurde, bisher keine klare Formulierung erhalten. Gilt es für die ganze Nation oder auch für Teile von Nationen? Eine Minderheit, auch wenn sie größer ist, ist keine Nation. Die Bezeichnung »Selbstbestimmungsrecht« bedeutet nicht ohne weiteres das Recht politischer Selbständigkeit. Auch unsere Deutschen können bestimmen, mit uns zu bleiben, wie die Deutschen in der Schweiz ihr Verbleiben außerhalb Deutschlands bestimmt haben. Die Selbständigkeit des Ganzen und der Teile wird nicht allein durch das eigene Recht bestimmt, sondern auch durch das Recht der anderen, und über die Selbständigkeit entscheiden stets und überall nicht allein nationale und sprachliche Rücksichten, sondern auch wirtschaftliche u. a. Die Frage unserer deutschen Minderheit ist eine Frage des Rechtes nicht nur der Deutschen, sondern auch unseres Rechtes, der Tschechen, und eine Frage der beiderseitigen Vorteile, namentlich der wirtschaftlichen. Deshalb wurde in der Friedenskonferenz betont, daß die Losreißung der deutschen Minderheit die tschechische Mehrheit schädigen würde.

T. G. Masaryk: Die Weltrevolution. Erinnerungen und Betrachtungen, Berlin 1927, S. 462

Aus dem Memorandum III der tschechoslowakischen Delegation für die Friedenskonferenz (1919) 21

Es ist absolut notwendig, genau zu wissen, wie die Deutschen in dem tschechoslowakischen Staat behandelt werden. Nicht nur ist die tschechoslowakische Republik bereit, gegebenenfalls jede internationale rechtliche Regelung, die zugunsten der Minderheiten durch die Friedenskonferenz festgesetzt wird, anzunehmen, sondern sie ist außerdem noch bereit, über eine solche Regelung hinauszugehen und den Deutschen alle Rechte zu geben, die ihnen zukommen.

Die tschechoslowakische Republik wird ein absolut demokratischer Staat sein; alle Wahlen werden nach dem allgemeinen, direkten und gleichen Wahlrecht vor sich gehen; alle Ämter werden allen Staatsbür-

[1] Lammasch und Czernin, führende Politiker der Habsburger Monarchie (österr. Ministerpräsident bzw. Außenminister); Redlich, österr. Historiker.

gern zugänglich sein; die Sprache der Minderheiten wird überall zugelassen sein; das Recht, ihre eigenen Schulen, ihre Richter und ihre Gerichtshöfe zu haben, wird niemals irgendeiner Minderheit bestritten werden. Hinzugefügt muß noch werden, daß die Tschechen, obwohl sie sich dessen bewußt sind, daß die Deutschen unter dem alten Regime übermäßig bevorrechtigt waren, keineswegs daran denken, beispielsweise die Schulen, Universitäten, technischen Hochschulen der Deutschen, die übrigens vor dem Kriege wenig besucht waren, zu unterdrücken.

Um zusammenzufassen: Die Deutschen würden in Böhmen dieselben Rechte haben wie die Tschechoslowaken. Die deutsche Sprache würde die zweite Landessprache sein, und man würde sich niemals irgendeiner Unterdrückungsmaßnahme gegen den deutschen Bevölkerungsteil bedienen. Das Regime würde ähnlich dem der Schweiz sein.

Hermann Raschhofer, a.a.O., S. 101.

22 *Aus der Note des Bevollmächtigten der tschechoslowakischen Delegation, des späteren Außenministers und Präsidenten der Tschechoslowakei, Edvard Beneš (20. 5. 1919)*

Es ist die Absicht der Tschechoslowakischen Regierung, den Staat so zu organisieren, daß sie als Grundlage für die Nationalitätenrechte die Prinzipien akzeptiert, die in der Verfassung der Schweizerischen Republik angewandt wurden, d. h. sie hat die Absicht, aus der Tschechoslowakischen Republik eine Art Schweiz (»a sort of Switzerland«) zu machen, wobei sie natürlich die besonderen Bedingungen Böhmens in Betracht zieht.

Hermann Raschhofer, a.a.O., S. XI, Anm. 6

23 *Die Schwierigkeit, inmitten divergierender Ansprüche und Forderungen eine vertretbare Lösung zu finden, schildert der Sonderberater der amerikanischen Friedensdelegation, Prof. Coolidge am 10. 3. 1919:*

Der klarste Fall eines Gegensatzes zwischen den Rechten des Volkstums und denen der Geschichte und Geographie ergibt sich bezüglich der Grenzwünsche der Tschechoslowaken, die – unlogisch, aber menschlich – die Ansprüche auf die beiden Hälften ihres Gebiets auf entgegengesetzte Grundsätze stützen. In Böhmen verlangen sie ihre »historischen Grenzen« ohne Rücksicht auf den Protest der zahlreichen Deutschen, die nicht auf solche Art vereinnahmt (taken over) werden wollen. In der Slowakei hingegen bestehen sie auf den Volkstumsrechten und schenken den alten und sehr natürlichen (well marked) »historischen Grenzen« Ungarns keinerlei Beachtung. Ich halte den nationalen Anspruch für den stärkeren, obwohl er nicht überspannt werden darf – d. h. ich bin der

Ansicht, daß ein großer Teil Deutschböhmens dem tschechoslowakischen Staat selbst dann nicht einverleibt werden sollte, wenn durch eine solche Beschneidung die geschichtliche und geographische Einheit Böhmens (einschließlich Mährens und Österreich-Schlesiens) in Mitleidenschaft gezogen werden würde, während die Slowakei dem ungarischen Staat selbst dann genommen werden sollte, wenn Ungarn dadurch noch stärker leiden sollte. Da in beiden Fällen auf Kosten gerechtfertigter Ansprüche entschieden werden müßte, sollte die Einzelentscheidung möglichst dem verletzten Teil entgegenkommen – also den Tschechen in Böhmen und den Magyaren in Ungarn.

Würde man den Tschechoslowaken das ganze Gebiet zuerkennen, das sie beanspruchen, so wäre das nicht nur eine Ungerechtigkeit gegenüber vielen Millionen Menschen, die nicht unter tschechische Herrschaft gelangen wollen, sondern es wäre auch für die Zukunft des neuen Staates gefährlich und vielleicht verhängnisvoll. Die Beziehungen zwischen Deutschen und Tschechen in Böhmen sind in den letzten drei Monaten immer schlechter geworden. Heute besteht zwischen ihnen tiefe Feindschaft, und es ist kein Grund für die Erwartung vorhanden, daß diese Feindschaft in naher Zukunft überwunden werden wird. [...]

Wenn diese Minderheit bleibt, was sie ist – zahlreich und von Grund auf staatsverdrossen –, so kann man sich kaum vorstellen, wie es dem Völkerbund gelingen sollte, sie dazu zu zwingen, auf unabsehbare Zeit unter einer verhaßten Fremdherrschaft zu verharren.

Kurt Rabl, a.a.O., S. 77f.

In den Friedensverträgen, die von Deutschland am 28. 6. 1919 in Versailles und von Österreich am 10. 9. 1919 in St. Germain-en-Laye unterzeichnet wurden, mußten diese anerkennen, daß die historischen Grenzen Böhmen-Mährens gegenüber Deutschland und Österreich erhalten bleiben, d.h. seine deutschen Bewohner tschechoslowakische Staatsbürger werden. **24**

Wie es zu dieser Entscheidung kam, kann dem Schlußbericht (26. 3. 1919) des Ausschusses entnommen werden, der sich mit den Grenzfragen der Tschechoslowakei zu befassen hatte.

Der Ausschuß hat sich nicht verhehlt, daß die Einfügung einer erheblichen Anzahl Deutscher in die tschecho-slowakische Republik für die Zukunft des neuen Staates Schwierigkeiten mit sich bringt. Er hat jedoch einstimmig anerkannt, daß die Abtrennung aller von (Sudeten)Deut-

Fortsetzung auf Seite 32

Das Staatensystem im Jahre 1914

Die Sprachenverteilung um 1923
deutsche Sprache
polnische Sprache

schen bevölkerten Gebiete von der Tschecho-Slowakei eine große Gefahr für den tschecho-slowakischen Staat wäre und auch für diese Deutschen selbst ernste Schwierigkeiten mit sich bringen würde – daher besteht die einzig annehmbare Lösung darin, sie der Tschecho-Slowakei anzuschließen.

Der Ausschuß macht hierfür folgende Gründe geltend: (a) wirtschaftliche Gründe: Der gesamte, von den (Sudeten)Deutschen in Besitz gehaltene Raum gravitiert industriell und wirtschaftlich mehr nach Böhmen als nach Deutschland. Die (Sudeten)Deutschen können weder die wirtschaftliche Zusammenarbeit mit den Tschechen, noch die Tschechen die wirtschaftliche Zusammenarbeit mit den Deutschen entbehren. In dieser Hinsicht besteht völlige gegenseitige Abhängigkeit; (b) geographische Gründe: Böhmen bildet einen natürlichen, durch seine Bergumwallung klar abgegrenzten Raum. Die Tatsache, daß sich in seinen Räumen in relativ neuer Zeit eine deutsche Bevölkerung angesiedelt hat, ist dem Ausschuß nicht als ausreichender Grund dafür erschienen, Böhmen seiner natürlichen Grenzen zu berauben; (c) politische Gründe: Die (Sudeten)Deutschen haben politisch immer zu Böhmen gehört; (d) Gründe der staatlichen Sicherheit: Sie ergeben sich aus den geographischen Gründen. Die Bergumwallung, die Böhmen umgibt, bildet für dieses Land gleichzeitig seine Verteidigungslinie. Würde man das Land dieser Gebirgslinie berauben, so wäre seine Sicherheit Deutschland preisgegeben [...]

Kurt Rabl, a.a.O., S. 86f.

3 Deutsche als Minderheiten in Polen und der Tschechoslowakei

Die Bestimmungen der Friedensverträge von Versailles und St. Germain hatten dazu geführt, daß Deutsche, aus denen sich einst die Führungsschichten rekrutierten, jetzt Minderheiten in slawisch-bestimmten Staaten geworden waren. Dies führte zu Gefühlen der Verbitterung, umgekehrt konnten die neuen Staatsvölker der Versuchung häufig nicht widerstehen, ihre de facto Nationalitätenstaaten nun ihrerseits im nationalstaatlichen Sinne zu regieren.

Deutsche und Polen in der Zwischenkriegszeit

Das Verhältnis der Weimarer Republik zu Polen war schlecht. Die Revision der als unerträglich empfundenen neuen Grenzen war erklärtes Ziel aller Parteien im Reichstag. Ein jahrelanger »Zollkrieg« verschärfte die Situation. »In der Atmosphäre gegenseitigen Mißtrauens gelang auch eine befriedigende Regelung der beiderseitigen Minderheitenprobleme nicht« (Deutsch-polnische Schulbuchempfehlung, 1976). Zwischen 1920 und 1926 wanderten nach polnischen Angaben rd. eine Million Deutsche aus Polen ab, was deutscherseits als »Verdrängung« charakterisiert wurde. Die deutsche Minderheit beklagte die Reduzierung ihres Schulwesens, Behinderungen ihrer Vereinigungen, Zeitungen, Wirtschaftsbetriebe usw., eine Agrargesetzgebung, die vor allem den deutschen Grundbesitz traf, Ungleichbehandlung im öffentlichen Leben. Die deutsche Reichsregierung trug diese Klagen dem Völkerbund vor, Polen fühlte sich verleumdet. Aggressive Propaganda nationalistischer Verbände (Ostmarkenverband in Deutschland/Westmarkenverband in Polen) belastete zusätzlich das Verhältnis.

25 Bevölkerung Polens nach der Muttersprache.
Volkszählung vom 9. 12. 1931

	Personen	v. H.
Polen	21993000	68,9
Ukrainer	4442000	13,9
Juden	2733000	8,6
Weißrussen	1697000	5,3
Deutsche	741000	2,3
Russen	139000	0,4
Litauer	83000	0,3
Tschechen	38000	0,1
Andere/unbek.	50000	0,2
	31916000	100,0

Alfred Bohmann: Menschen und Grenzen, Bd. 1, Verlag Wissenschaft und Politik, Köln 1969, S. 44

26 *Reichsaußenminister Müller, SPD, vor der Nationalversammlung in Weimar (23. 7. 1919):*

Der Versailler Vertrag hat uns nach Osten nicht die Grenzen gebracht, die uns werden mußten, wenn der Wille der Bevölkerung für die Staatsangehörigkeit entscheidend gewesen wäre. Millionen Deutscher stehen in Zukunft unter polnischer Herrschaft. So hat der uns diktierte Friede die vitalen Interessen beider Staatswesen nicht geachtet. Trotzdem wollen wir uns bemühen, gute, auskömmliche Verhältnisse zwischen beiden Teilen zu erzielen. Wir wollen in unmittelbaren Verhandlungen mit Polen die Schäden des Friedensvertrages nach Möglichkeit mildern.

Volkmar Kellermann: Schwarzer Adler – Weißer Adler. Die Polenpolitik der Weimarer Republik, Markus-Verlag, Köln 1970, S. 32.

27 *Aus einer Botschaft von Reichspräsident Ebert (SPD) und der von Reichskanzler Bauer (SPD) geführten Reichsregierung aus SPD, Zentrum und Deutscher Demokratischer Partei »An die deutsche Bevölkerung der aus dem Reichsverband ausscheidenden Landesteile« (10. 1. 1920)*

Der unglückliche Ausgang des Krieges hat uns wehrlos der Willkür der Gegner preisgegeben und legt uns unter dem Titel des »Friedens« die schwersten Opfer auf. Das Schwerste aber, das man uns aufzwingt, ist der Verzicht auf deutsche Gebietsteile im Osten, Westen und Norden. Unter Nichtachtung ihres Rechtes auf nationale Selbstbestimmung werden Hunderttausende deutscher Volksgenossen fremder Staatsgewalt unterstellt.

Deutsche Brüder und Schwestern!

Nicht nur in der Stunde des Abschieds, sondern immerdar wird die Trauer über diesen Verlust unsere Herzen erfüllen, und wir geloben euch im Namen des gesamten deutschen Volkes, daß wir euch nimmer vergessen werden. Auch ihr werdet das gemeinsame Mutterland nicht vergessen, dessen sind wir gewiß. Über die zerrissene Staatsgemeinschaft hinaus werden eure Herzen Treue halten der deutschen Stammes- und Kulturgemeinschaft, die der Nährquell eures geistigen Lebens war und jederzeit bleiben wird [...]

Mit allen Fasern unseres Denkens, unserer Liebe und unseres ganzen Seins bleiben wir verbunden. Was von unserer Seite geschehen kann, um euch die Muttersprache, die deutsche Eigenart, den innigen geistigen Zusammenhang mit dem Heimatland zu erhalten, das wird geschehen. Wie es schon, soweit Verhandlungen möglich waren, unsere vornehmste Sorge war, euch trotz der Trennung eure nationalen Lebensrechte zu wahren, so werden wir nicht aufhören, dafür einzutreten, daß die vertraglich gegebenen Zusagen erhalten werden [...]

Deutsche Herzen verzagen nicht, und deuscher Wille findet den Weg, sich zu behaupten. Seid gewiß, daß unsere Teilnahme, unsere Sorge und unsere heiße Liebe euch unverbrüchlich erhalten bleiben. In diesem gegenseitigen Vertrauen wollen wir in der schwersten Stunde der äußeren Trennung uns unserer unlösbaren inneren Gemeinschaft in erhöhtem Maße bewußt werden. Über alle Grenzpfähle hinaus bleibt das deutsche Volkstum ein einziges Ganzes. Seid stark mit uns in dem Glauben: das deutsche Volk wird nicht untergehen, aus der tiefen Trübsal dieser Tage wird es sich emporarbeiten, von der schwer errungenen freiheitlichen Grundlage aus wird es durch Entfaltung aller guten Kräfte den Aufstieg gewinnen zu höchster politischer, wirtschaftlicher und sozialer Kultur.

Volksgenossen! Mit der gewaltsamen Trennung ist euch und uns hartes Unrecht geschehen, das Recht der Selbstbestimmung ist der deutschen Bevölkerung versagt worden. Wir werden die Hoffnung nicht aufgeben, daß auch euch eines Tages dieses nationale Grundrecht zugesprochen werden wird. Darum wollen wir uns trotz alles Schmerzes voll Hoffnung und Zuversicht in dieser Abschiedsstunde zurufen: Treue um Treue! Für das Recht unseres Volkstums wollen wir miteinander einstehen allezeit und mit ganzer Kraft!

Karl Pannier: Die Verfassung des Deutschen Reiches vom 11. 8. 1919, Textausgabe mit Einleitung. Reclam Nr. 6064, 6. Aufl., Leipzig, o.J., S. 24ff.

28 *Aus einer Denkschrift General v. Seeckts, Chef der Heeresleitung (Reichswehr), an den Reichskanzler (11.9.1922)*

Mit Polen kommen wir nun zum Kern des Ostproblems. Polens Existenz ist unerträglich, unvereinbar mit den Lebensbedingungen Deutschlands. Es muß verschwinden und wird verschwinden durch eigene, innere Schwäche und durch Rußland – mit unserer Hilfe. Polen ist für Rußland noch unerträglicher als für uns; kein Rußland findet sich mit Polen ab. Mit Polen fällt eine der stärksten Säulen des Versailler Friedens, die Vormachtstellung Frankreichs. Dieses Ziel zu erreichen, muß einer der festesten Richtungspunkte der deutschen Politik sein, weil er ein erreichbarer ist. Erreichbar nur durch Rußland oder mit seiner Hilfe.

Polen kann niemals Deutschland irgendwelchen Vorteil bieten, nicht wirtschaftlich, denn es ist entwicklungsunfähig, nicht politisch, denn es ist Vasall Frankreichs. Die Wiederherstellung der Grenze zwischen Rußland und Deutschland ist die Voraussetzung beiderseitiger Erstarkung. Rußland und Deutschland in den Grenzen von 1914 sollte die Grundlage einer Verständigung zwischen beiden sein.

Diese Einstellung Deutschlands zu Polen braucht kein ängstlich zu hütendes Geheimnis zu sein. Rußland gegenüber kann ihre Klarlegung nur Vertrauen erwecken. Polens Deutschlandfeindlichkeit ist keiner Steigerung fähig. Die Bedrohung von beiden Seiten wird auf die Dauer Polens Festigkeit immer mehr erschüttern. Vor allem aber wäre es für Deutschland von kaum hoch genug zu schätzendem Vorteil, wenn Polen sicher wäre, daß es im Falle einer Teilnahme an einem Sanktionskrieg mit Frankreich gegen Deutschland Rußland im Nacken hat.

Otto-Ernst Schüddekopf: Das Heer und die Republik. Norddeutsche Verlagsanstalt O. Goedel, Hannover/Frankfurt a.M. 1955, S. 163

29 *Ernst Thälmann, Vorsitzender der KPD, im Deutschen Reichstag (24.11.1925)*

Die Stellung der kommunistischen Internationale, die Stellung der deutschen und polnischen Kommunistischen Partei zu dem deutsch-polnischen Gebiet ist ebenso eindeutig wie unsere Stellung zu Elsaß-Lothringen. Wir fordern für diese Gebiete das freie Selbstbestimmungsrecht mit dem Rechte des Anschlusses an Deutschland oder Polen oder der völkischen Unabhängigkeit. Wir wissen, daß die polnische Bourgeoisie die nationale Minderheit ebenso vergewaltigt, wie früher die preußischen Junker die polnische Minderheit vergewaltigt haben. Die von der polnischen Bourgeoisie erbarmungslos verfolgte Kommunistische Partei Polens ist die einzige Partei in Polen, die für die nationale Freiheit der unterdrückten Völker kämpft.

Verhandlungen des Reichstags. Stenographische Berichte, Bd. 388, S. 4516

Franz Seldte, Bundesführer der Frontsoldatenorganisation »Stahlhelm«, auf dem 12. Reichsfrontsoldatentag in Breslau (1. 6. 1931): **30**

Stahlhelm-Kameraden! Dort liegt der Osten, dort liegt Deutschlands Schicksal! Der Kampf um das Leben und Sterben des deutschen Volkes wird im Osten entschieden werden, wo die sogenannten Sieger von Versailles den Lebensraum des deutschen Volkes in der unerträglichsten und irrsinnigsten Weise beschnitten und zerdrückt haben. Und nicht genug damit, auch die uns verbliebene Ostmark ist von den Eroberungsgelüsten des polnischen Nachbarn bedroht, dessen Politik Ostpreußen und weitere Teile deutschen Landes bis zur Oder besetzen und sich einverleiben möchte. Das werden wir nie zulassen. Wir geben dieses Land, das wir lieben und das ein unverzichtbarer Besitz der deutschen Nation ist, nie und nimmer preis ... Es war deutsch, es ist deutsch und es bleibt deutsch!

Volkmar Kellermann, S. 141

Flugblatt des Ostmarkenvereins aus dem Jahre 1919 **31**

Brauchen und dürfen wir auf unsere Ostmarken verzichten? Nein! Niemals! Unter keinen Umständen! Warum nicht?

1. Wir besitzen ein historisches und moralisches Recht auf die Ostmarken, denn:

1. sie sind vor der Einwanderung der Polen von germanischen Stämmen bewohnt gewesen;

2. nach der Besitzergreifung durch die Polen sind sie von den durch diese selbst ins Land gerufenen deutschen Bauern und Bürgern seit 8 Jahrhunderten in friedlicher Arbeit der deutschen Kultur erschlossen worden;

3. nach ihrer Eingliederung in den Preußischen Staat 1772 und 1793 verdanken sie ihren gegenüber Galizien und Russisch-Polen unvergleichlichen kulturellen Aufstieg der Fürsorge des preußischen Staates. Alle kulturellen, sozialen und wirtschaftlichen Errungenschaften waren stets und sind noch heute nur deutsch. Eine polnische Kultur hat es dort nie gegeben.

2. Nach den Wilson'schen Thesen braucht kein Fußbreit unserer Ostmarken an Polen abgetreten werden, denn:

1. es gibt keinen einzigen unzweifelhaft polnischen Kreis in der Ostmark; wenn die Polen auch in manchen Kreisen, namentlich des Reg.-Bez. Posen die rein zahlenmäßige Überlegenheit besitzen, so

überwiegen die Deutschen im Grundbesitz, steuerlicher und wirtschaftlicher Leistung;

2. Deutsche und Polen wohnen so durcheinandergemengt, daß es nicht möglich ist, eine reinliche Scheidung nach Nationalitäten durchzuführen; nach Wilson dürfen aber »Völker und Provinzen nicht von einer Staatsoberhoheit in eine andere, wie Steine in einem Spiel, herumgeschoben werden«.

3. Die Ostmarken sind als landwirtschaftliches Überschußgebiet für Deutschland unentbehrlich, denn:

1. die Hälfte unserer Brotration stammt aus den Ostmarken;

2. die Hälfte unserer Kartoffelration verdanken wir der ostmärkischen Landwirtschaft. Der dauernde Verlust der Ostmarken bedeutet daher für Deutschland die dauernde Hungersnot!

3. Oberschlesien fördert $^1/_4$ unserer gesamten Kohlen;

4. Posen bildet die unbedingt notwendige Verbindungsbrücke zwischen Schlesien und Ostpeußen;

5. die Preisgabe der Ostmarken bedeutet die Verlegung der strategischen Grenze an die Oder. Berlin, die Reichshauptstadt, würde somit unter polnischem Geschützfeuer liegen.

Darum können und müssen die Ostmarken unbedingt beim Deutschen Reiche verbleiben! In dieser Forderung sind alle Deutschen ohne Unterschied der Partei einig.

Volkmar Kellermann, a.a.O., S. 33

32 *Aus einem Aufruf des »Deutschen Volksbundes für Polnisch-Oberschlesien« anläßlich der Volkszählung vom 31. 12. 1925 im ehemals preußischen Teil der Woiwodschaft Schlesien, bei der u.a. nach der Staatsangehörigkeit, der Muttersprachee und der Nationalität gefragt wurde, 25. 12. 1925:*

Nationalität heißt: Zugehörigkeit zu einer Nation, zu einem Volk, zum Volkstum. Nationalität ist nicht Zugehörigkeit zu einem Staat, ist nicht Staatsangehörigkeit. Wer sich als Angehöriger des deutschen Volkes fühlt, wer als Deutscher denkt und empfindet, der ist deutscher Nationalität. Er bekennt sich zum deutschen Volkstum, wo immer es sei, in Polen, in Amerika oder in Asien.

Wir betonen noch einmal auf das eindringlichste: Dieses Bekenntnis zur deutschen Minderheit hat nicht das geringste mit der Staatsangehörigkeit zu tun und ist nicht im geringsten und irgendwie ein Bekenntnis politischer Art.

Politische Grenzen trennen Staaten. Sie sind auf die Nationalität, auf das Volkstum ohne Einfluß. Es gibt in unserem Gebiete nur zwei Nationalitäten. Man ist Deutscher oder Pole. Unzulässig ist die Angabe:

Oberschlesier. Es gibt keine Nationalität »Oberschlesier«. Wer sich zum Deutschtum bekennt, der trage in Spalte 16 ein: Deutsch.

Wir wissen, daß einzelnen aus diesem offenen Bekenntnis zum Deutschtum Schwierigkeiten erwachsen können. Es gibt törichte und böswillige Menschen, die uns wegen dieses Bekenntnisses zum Deutschtum als Feinde des polnischen Staates betrachten. Solche Auffassungen dürfen uns nicht beirren. Gegen Torheit gibt es kein Mittel. Gegen Böswilligkeit werden wir alle Mittel anwenden, die uns die Staatsgesetze und das Genfer Abkommen bieten.

Wir müssen den Mut haben, ehrlich unser Volkstum zu bekennen. Nehmen wir uns in dieser Hinsicht ein Beispiel am polnischen Volke. Die polnische Nation hat durch ihr freimütiges Bekenntnis zum Polentum sich die Achtung und die Sympathie der Völker auch in jener Zeit bewahrt, als ein polnischer Staat nicht bestanden hat. Auch heute bekennt der Pole in Deutschland sich zu seinem Volkstum. Der Aufrechte wird überall in der Welt geachtet. Dem Lauen und Feigen wird mißtraut. Er wird verachtet und geknechtet. Deutsche! Denkt daran, daß von Eurer Erklärung über Eure Sprache und Eure Nationalität unendlich viel abhängen kann für Euch und für Eure Kinder. Wir Deutsche können uns stolz als Angehörige eines großen Volkes bekennen, das für Kultur und Zivilisation Unvergängliches geleistet hat. Wir haben nicht die geringste Veranlassung, unser Volk zu verleugnen. Staaten können sterben. Völker leben.

Peter Chmiel: Zur Nationalitätenfrage in Ostoberschlesien im Spiegel der »Kattowitzer Zeitung« und des »Oberschlesischen Kuriers«, in: Oberschlesisches Jahrbuch 2 (1986), S. 80f.

Aus der Warschauer Zeitung »Die Republik Polen« (23. 5. 1922) **33**

Die Zerreißung Oberschlesiens ist, vom wirtschaftlichen Standpunkte aus betrachtet, eine Ungeheuerlichkeit; ein unabhängiges Danzig sperrt uns den Zugang zum Meere, der Pommerellische Korridor ist von zwei Seiten bedroht [. . .] Alle unsere polnischen Vereine müssen sich zusammentun, um den Kampf gegen das Deutschtum zu führen. Die Seebrise belebt die Phantasie der polnischen Patrioten und polnischen Dichter, und diese Phantasie streckt die Arme aus nach den Westslawen an der Elbe und an der Oder [. . .] Von der Posener Hochschule aus sollen die Ermländer und Masuren bearbeitet werden, sogar die Lausitz mit ihren Bewohnern, den Wenden, soll in Angriff genommen werden. Das sind vielleicht Träume von einem Wunder, aber geschehen denn heute keine Wunder? Der slawische Gedanke wird siegen!

Alfred Schickel: Deutsche und Polen. Gustav Lübbe Verlag, Bergisch Gladbach 1984, S. 182

34 *Aus einem Manifest des polnischen Westmarkenvereins (April 1926)*

Die natürliche Grenze Polens ist im Westen die Oder, im Osten dic mittlere und untere Düna. Daher wird unsere Devise lauten: Von Stettin bis Riga! Indessen wollen wir uns im Augenblick nicht mit Rußland streiten, weil es für immer auf Riga verzichtet hat. Riga wird uns später trotz allem gehören. Unsere aktuelle Devise ist dies: Von Stettin bis Polangen!

Volkmar Kellermann, S. 102

35 *Werbepostkarte, herausgegeben von der Vereinigung der polnischen Volksbüchereien, mit Darstellung der »historischen« und der »tatsächlichen« Westgrenze Polens*

Aus Volkmar Kellermann, a.a.O., S. 19

Der polnische nationaldemokratische Politiker Stanislaw Grabski auf einer Versammlung des Posener Landesverbandes seiner Partei im Oktober 1919: **36**

Wir wollen unsere Beziehungen auf die Liebe stützen. Aber es gibt eine andere Liebe für die Landsleute und eine andere für die Fremden. Ihr Prozentsatz ist bei uns entschieden zu groß. Posen kann uns den Weg weisen, in welcher Weise der Prozentsatz von Fremden von 14 oder sogar 20 Prozent auf anderthalb Prozent gebracht werden kann. Das fremde Element wird sich umsehen müssen, ob es sich nicht anderswo besser befindet. Das polnische Land ist ausschließlich für die Polen da.

Volkmar Kellermann, a.a.O., S. 52

Deutsche und Tschechen in der Zwischenkriegszeit: Gleiche unter Gleichen?

In der Eröffnungssitzung des ersten gewählten tschechoslowakischen Parlaments am 1. 6. 1920 protestierten sowohl alle Vertreter der deutschen wie der ungarischen Parteien gegen den tschechoslowakischen Staat, dessen Verfassung und einige grundlegende Gesetze bereits ohne ihre Mitwirkung zustandegekommen waren und deren Inhalte sie z. T. als diskriminierend empfanden (Sprachengesetz, Agrargesetz u. a.). Im Verlauf der weiteren Entwicklung – das Deutsche Reich zeigte sich, anders als am Schicksal der (zumeist) deutschen Reichsbürger in Polen am Schicksal der deutschen Minderheit (aus ehemaligen österreichischen Staatsbürgern) uninteressiert – entschieden sich jedoch drei deutsche Parteien, der Bund der Landwirte, die Christlichsozialen und die Sozialdemokraten, die sog. »Aktivisten«, zu konstruktiver Mitarbeit im tschechoslowakischen Staat. 1926 entsandten der Bund der Landwirte und die Christlichsozialen je einen Minister in eine tschechoslowakische Koalitionsregierung, 1929 traten auch die Sozialdemokraten einer Koalition bei und entsandten ihren Vorsitzenden als Minister in das Prager Kabinett. Die »Aktivisten« erhielten in den Parlamentswahlen von 1925 und 1929 über 75% der deutschen Stimmen. Ihre Hauptaufgabe sahen sie darin, die Gleichbehandlung der Deutschen und ihre kulturelle Eigenständigkeit zu sichern, die sie durch gezielte staatliche Aktionen, wie z. B. die allein im Jahre 1922 erfolgte Schließung von 193 deutschen Schulen, bedroht sahen. Inwieweit die tschechoslowakischen Bürger deutscher Nationalität wirklich »Gleiche unter Gleichen« waren, darüber gehen bis heute die Meinungen auseinander.

37 Die Volkszugehörigkeit der tschechoslowakischen Staatsangehörigen (Volkszählungsergebnisse 1921 und 1930)

Volkszugehörigkeit	15. 2. 1921 Personen	v. H.	1. 12. 1930 Personen	v. H.
Tschechen	6796343	50,8	7406493	51,1
Slowaken	1967870	14,7	2282277	15,8
Deutsche	3123568	23,4	3231688	22,3
Polen	75853	0,6	81737	0,6
Juden*	180855	1,3	186642	1,3
Magyaren	745431	5,6	691923	4,8
Ukrainer	461849	3,4	549169	3,8
Sonstige	25871	0,2	49636	0,3
Tschechoslowakei	13374364	100,0	14479565	100,0

* Nur Personen, die Jüdisch als ihre Volkszugehörigkeit angaben, nicht Personen jüdischen Glaubens!

Alfred Bohmann: Menschen und Grenzen, Bd. 4, Verlag Wissenschaft und Politik, Köln 1969, S. 96

38 *Erklärung der sudetendeutschen Abgeordneten und Senatoren beim ersten Zusammentritt des tschechoslowakischen Abgeordnetenhauses (1. 6. 1920)*

[...] Die Deutschen Böhmens, Mährens und Schlesiens und die Deutschen der Slowakei hatten niemals den Willen, sich mit den Tschechen zu vereinigen und einen Bund zur Schaffung der tschecho-slowakischen Republik zu bilden. Dagegen haben die im Jahre 1911 in den deutschen Sudetengebieten gewählten österreichischen Reichstagsabgeordneten als berufene Vertreter ihrer Heimat in Ausführung des allgemeinen Volkswunsches, wie er in unzähligen Versammlungen und Gemeindebeschlüssen unzweifelhaft zum Ausdruck gekommen ist, nach dem Zerfall Österreichs ausdrücklich erklärt, sich an Deutsch-Österreich und zwar als Deutschböhmen, Sudetenland, Deutschsüdmähren und Böhmerwaldgau anzuschließen. Die tschechoslowakische Republik ist daher das Ergebnis eines einseitigen tschechischen Willensaktes, und sie hat diese deutschen Gebiete widerrechtlich mit Waffengewalt besetzt. Die deutschen Sudetenländer sind in der Tat um ihren Willen niemals befragt worden, und das Ergebnis der Friedensverträge ist daher mit Beziehung auf sie die Sanktionierung einer Gewalt, – aber niemals eines Rechtszustandes. – Unrecht kann auch durch tausendjährige Übung niemals Recht werden, solange es nicht von den Betroffenen selbst auf Grund freier Entschließung anerkannt wurde, und wir verkünden demnach feierlich, daß wir niemals aufhören werden, die Selbstbestimmung unseres Volkes zu fordern, daß wir dies als den obersten Grundsatz aller unserer Maßnahmen und unseres Verhältnisses zu diesem Staate, den gegenwärtigen Zustand aber als unser unwürdig und mit den Grundsätzen moderner Entwicklung unvereinbar betrachten [...]

Ernst Nittner, a.a.O., S. 79f.

In der Zeitschrift seiner Partei »Čas« (»Zeit«) schrieb der tschechoslowakische Politiker Rudolf Raše (Nationalsozialist) über seine Vorstellungen vom Zusammenleben mit den Deutschen u.a., 14.4.1921: **39**

Wem der Boden gehört, dem gehört das Land. Deshalb kommt es darauf an, den Boden in die Hand zu bekommen.

Budweis war keine nur deutsch angestrichene Stadt, sondern eine alte deutsche Stadt, die schrittweise erobert werden mußte. In 50jähriger Arbeit wurde diese Stadt in eine tschechische verwandelt.

Für die Zukunft kann man nur eines tun: Boden und Immobilien erwerben, dort Handwerker, Ärzte und Advokaten ansiedeln. Die Banken sollen Minderheiten-Garantiefonds gründen, welche zur Sicherung tschechischer Unternehmungen im deutschen Sprachgebiet bestimmt sind.

F.P.Habel, a.a.O., S. 157

Aus einer Presseerklärung, in der zwei sudetendeutsche Minister der tschechoslowakischen Regierung sich für ihre Parteien (Deutsche Christlichsoziale Volkspartei und Bund der Landwirte) zu den Gründen der Regierungsbeteiligung äußern, 25.6.1928 **40**

Unsere Regierungsteilnahme ist unserem Willen zur Mitarbeit am Staat und einer besonderen innenpolitischen Lage entsprungen. Sie kann in nationalpolitischer Hinsicht zwar als bedeutsamer Ansatz zu einer Lösung, aber durchaus nicht als endgültige Lösung betrachtet werden. Daher sind unseres Erachtens weder Minderheitenschutzverträge noch wesentliche Verbesserungen des Verfahrens in der Minderheitenfrage beim Völkerbund überflüssig geworden. Wenn wir auch hoffen, daß es gelingen kann, das hiesige Nationalitätenproblem bei einigem guten Willen allmählich innenpolitisch zu lösen, so hängt dies vor allem vom Entgegenkommen des tschechischen und slowakischen Volkes ab. Da man die Entwicklung in so schwierigen Fragen nie mit Sicherheit voraussagen kann, ist eine entsprechend verbesserte, weitgehende Garantie des Minderheitenrechtsschutzes durch den Völkerbund stets geboten.

F.P.Habel, a.a.O., S. 174

41 *Aus einer Erklärung der deutschen Fraktionen – mit Ausnahme der Sozialdemokraten – des Abgeordnetenhauses im tschechoslowakischen Parlament, 7. 4. 1932*

Seit Monaten unternehmen politische Staatsorgane durch Verhöre, Hausdurchsuchungen und Verhaftungen Eingriffe in die Rechte deutscher Staatsbürger; die tschechische Presse bringt täglich unkontrollierte und unkontrollierbare Nachrichten über angebliche hochverräterische oder geheimbündlerische Tätigkeit im deutschen Lager; jede Verdächtigung oder anonyme Anzeige wird zum Ausgangspunkt eines Verfahrens gemacht, das sich oft monatelang hinzieht, ohne daß in der tschechischen Öffentlichkeit verzeichnet würde, daß die anhängigen Fälle fast durchwegs zur Einstellung der Verfahren führen.

Dieses, noch von keiner verantwortlichen Stelle gerügte Verfahren der Behörden und ihrer einzelnen Organe sowie die Verhetzung durch die tschechische Presse hat die politische und nationale Atmosphäre vergiftet und die schwachen Versuche, ein auf ethische und rechtliche Grundsätze aufgebautes Zusammenleben der Völker dieses Staates herbeizuführen, zum Stillstand gebracht.

Indem wir gegen diese neue Welle des Mißtrauens und der Verfolgung aufs entschiedenste Einspruch einlegen, erklären wir, daß wir dieses Vorgehen als gegen das deutsche Volk, nicht nur gegen einzelne deutsche Volksangehörige gerichtet ansehen und daher durch diese Eingriffe der politischen Verwaltung und die Übergriffe ihrer Organe uns in unserer Gesamtheit getroffen fühlen müssen. Der Umfang und die Rücksichtslosigkeit dieser Verfolgung zwingen uns, diese Verfolgung und ebenso das durch sie heraufbeschworene Unrecht als eine gemeinsame sudetendeutsche Angelegenheit anzusehen.

F.P. Habel, a.a.O., S. 178

42 *Edvard Beneš, tschechoslowakischer Außenminister (1918–1935) und Staatspräsident (1935–1938 und 1945–1948) im Jahre 1935:*

Für mich ist das bekannte Losungswort des Präsidenten Masaryk über das Verhältnis von Tschechen und Deutschen bei uns – Gleiche unter Gleichen – das Losungswort, welches auch Antonin Švehla verteidigte, keine leere Phrase. Ich glaube, daß die kulturelle Zusammenarbeit der Völker eine der erhabensten Betätigungen der menschlichen Gemeinschaften überhaupt darstellt. Und kulturelle Zusammenarbeit ist unter Menschen nur dann möglich, wenn sich die Menschen und Völker als einander gleichwertig betrachten. Dobrovský, Palacký, Masaryk – Herder, Schiller, Goethe haben kulturelle Zusammenarbeit der Völker unter diesem Gesichtswinkel betrachtet. Laßt uns alle, Tschechoslowaken und Deutsche, auf dem von ihnen vorgezeichneten Weg folgen.

Edvard Beneš: Rede an die Deutschen in der ČSR, in: ders.: Gedanke und Tat, Bd. 2, Orbis-Verlag, Prag 1937, S. 201

Aus einer Rede des Abgeordneten im tschechoslowakischen Parlament Wenzel Jaksch (Deutsche Sozialdemokratische Partei) in Bodenbach, 26. 4. 1936 **43**

Neben der legalen gibt es hierzulande eine illegale Nationalitätenpolitik. Offiziell werden die Deutschen als »Gleiche unter Gleichen« bezeichnet. Inoffiziell sind die nationalen Kampfvereine als Hüter der Ungleichheit tätig. Die deutsche Sozialdemokratie hat im Grenzgebiet ein positives Verhältnis zu den historischen tschechischen Minderheiten gesucht und zumeist auch gefunden. Sie steht aber in schärfstem Widerspruch zum Geist jener Minderheitsorganisationen, die in jedem Deutschen einen Staatsfeind sehen. Wer den letzten deutschen Briefträger oder Eisenbahner ausrotten will, ist ein Totengräber der Staatsgesinnung im Grenzgebiet. Vom staatspolitischen Standpunkt ist es heller Wahnsinn, immer neuen Menschenzuzug in die ohnedies bereits übervölkerten Krisengebiete zu lenken. Dadurch werden in der deutschen Bevölkerung die Krisenstimmungen immer mehr aufs nationale Gebiet verschoben [...]

Die forcierte nationale Durchdringungspolitik in den Grenzgebieten richtet sich in der ersten Linie gegen den staatstreuen deutschen Arbeiter und Angestellten. Unsere berechtigten Beschwerden sind bisher an einer Mauer des Schweigens abgeprallt. Die tschechische Politik steht aber jetzt vor der inneren Entscheidung darüber, ob in ihrer Staatskonzeption für die Sudetendeutschen Platz ist oder nicht [...]

Nicht die Gleichberechtigung der Bürger bringt die Lösung, sondern der Kern des nationalen Problems besteht darin, ob die qualitative Gleichberechtigung der Völker gesichert werden kann. Wir erklären ganz offen, daß die Benachteiligung der Deutschen in öffentlichem Dienst, in der Sprachenfrage und in der ganzen Verwaltung einen Grad erreicht hat, der allgemein als unhaltbar empfunden wird. Das schweizerische Beispiel zeigt, daß gerade die stärkste Nation eines Völkerstaats mit weiser Mäßigung vorgehen müßte.

Sudetendeutscher Rat (Hg.): München 1938. Dokumente sprechen. Mitteleuropäische Quellen und Dokumente. Band 8, 3. Aufl., C. Wolf, München 1965, S. 58f.

Über Motive und Probleme der »Aktivisten« urteilt Wenzel Jaksch im Rückblick: **44**

So sehr beherrschten die tschechischen Staatsmänner die Erinnerung an ihre eigene Rolle in Österreich, daß ihnen nicht einmal die deutschen Minister vertrauenwürdig genug erschienen, dem Staatsverteidigungsrat anzugehören. Innerhalb der tschechisch-deutschen Regierungskoalition existierte noch eine engere Koalition der tschechischen Regierungsparteien, welche sich die Behandlung »geheimer Staatssachen« vorbehielt. Die Staatsgesinnung der sudetendeutschen Demokraten wurde damit schwer auf die Probe gestellt. Wollten sie nicht unter die Katastrophenpolitiker gehen und zu Werkzeugen Hitlers werden, mußten sie eine äußerst undankbare Rolle in Kauf nehmen. Sie wurden in die defensive Aufgabe abgedrängt, die Existenzen deutscher Staatsangestellter zu schützen, für die Arbeitslosen wenigstens Erleichterungen zu schaffen und Notstandsarbeiten in den Grenzgebieten in Gang zu halten. Freilich hat erst das Jahr 1945 sichtbar werden lassen, wieviel die Sudetendeutschen noch immer zu verlieren hatten. Eine der wichtigsten Früchte der zehnjährigen deutschen Regierungsteilnahme in Prag war z. B. die Erhaltung eines blühenden Schulwesens und auch der sozialen Leistungskraft einer rührigen Selbstverwaltung, die in Städten, Bezirken und Industriegemeinden viele Denkmäler eines zähen Aufbauwillens schuf. Das entscheidende Motiv des Ausharrens der sudetendeutschen Parteien in der Regierungsverantwortung war ihr Bekenntnis zur Freiheit und zum Frieden Europas.

Wenzel Jaksch: Europas Weg nach Potsdam. Verlag Wissenschaft und Politik, Köln 1967, S. 270 f.

In scharfer Opposition zum tschechoslowakischen Staat stand die Kommunistische Partei der Tschechoslowakei (KPTsch), die als einzige Partei der Tschechoslowakei übernational organisiert war. Sie äußerte sich verschiedentlich auch zur Stellung der Deutschen in der Tschechoslowakei.

45 *Aus einer Stellungnahme des IV. Parteitages der KPTsch, 7.–11. 3. 1931 (Hervorhebungen im Original)*

Der VI. Parteitag der KPTs. erklärt die Solidarität des Proletariats der Tschechoslowakei mit dem Kampf der deutschen Proletarier für ein Sowjetdeutschland. Diesen Kampf werden wir aktiv unterstützen durch den Kampf für die Sowjetmacht in der Tschechoslowakei, durch den Kampf für das Selbstbestimmungsrecht bis zur Loslösung für jene Teile der deutschen Nation, welche auf dem Gebiet der Tschechoslowakei leben [...]

2. Hauptlosungen

[...]

23. Für die gegenwärtige Phase des Kampfes um die Befreiung der unterdrückten Nationen aus dem nationalen und sozialen Joch in der Tschechoslowakei stellt die Kommunistische Partei der Tschechoslowakei folgende Hauptthesen auf:

Gegen die Besetzung des deutschen Teiles von Böhmen [...] durch die imperialistische tschechische Bourgeoisie und deren Räumung von Organen der tschechischen Okkupationsmacht. [...]
Für das Selbstbestimmungsrecht der Nationen bis zur Lostrennung vom Staate. [...]
Gegen die obligatorische Staatssprache.
Gegen die rückschrittlichen Sprachgesetze und für freie Verwendung der nichttschechischen Sprachen im amtlichen Verkehr und im öffentlichen Leben.
Gegen die nationalistische Schulpolitik der tschechischen Bourgeoisie in den besetzten Gebieten. Anstelle der tschechisierten Schulen eine genügende Anzahl von Schulen in der Muttersprache.
Gegen die Säuberung des staatlichen Apparates und der staatlichen Unternehmungen von Angehörigen der unterdrückten Nationen.
Gegen die nationale Unterdrückung in der Armee.
[...]
Kampf dem bürgerlich-sozialfaschistischen Betrug mit der Losung »Kulturautonomie«.
Kampf dem Betrug mit der Losung »Autonomie« [...] im deutschen Teil von Böhmen.
Kampf dem imperialistischen Betrug mit der tschechoslowakischen Staatsidee.

F. P. Habel, a.a.O., S. 176f.

Im Abgeordnetenhaus des tschechoslowakischen Parlaments erklärte der kommunistische Abgeordnete Kopecky u.a., 27. 3. 1931 **46**

Wir tschechischen[1] Kommunisten [...] erklären [...], daß wir [...] das Selbstbestimmungsrecht bis zur Abtrennung der vom tschechischen Imperialismus unterdrückten Teile des deutschen Volkes bis zur letzten Konsequenz wahren und durchsetzen werden.

Wir erklären weiter, daß wir in gleicher Entschlossenheit das Recht schützen und durchsetzen werden, alle Teile des deutschen Volkes in einem Staat zu vereinigen.

F. P. Habel, a.a.O., S. 177

Aus einem Memorandum der KPTsch an die Regierung der Tschechoslowakischen Republik (6. 11. 1936) **47**

Die Verletzung der bürgerlichen Rechte der deutschen Bevölkerung in der Tschechoslowakei, die ihr durch die Verfassung der Republik

[1] Im Original: »česky« = »tschechischen«, aber auch »böhmischen«.

gegeben wurden, die nationale Unterdrückung sowohl auf kulturellem wie auch auf sozialem Gebiet leiten heute den Agenten des deutschen Imperialismus Wasser auf die Mühlen. Deshalb ist es unumgänglich nötig, daß der bisherige Zustand der bürgerlichen Ungleichheit, der nationalen Ungerechtigkeit und Not in den Grenzgebieten radikal geändert wird, daß die Regierung den berechtigten politischen und nationalen Forderungen der deutschen Bevölkerung entgegenkommt, den Terror seitens der faschistischen Feinde der Republik aber entschlossen bekämpft. Dadurch würden das Verhältnis der deutschen Bevölkerung zur Republik verbessert und die Verteidigungspositionen der Republik gegen den deutschen Imperialismus verstärkt werden [...]

Die bürgerliche Gleichberechtigung der Deutschen wird verletzt, was den Zutritt zum öffentlichen Dienst und zu den Behörden anbelangt, was die wirtschaftliche Hilfe und Unterstützung der sozial schwachen Schichten, was den Gebrauch der Sprache vor Gericht und bei den Behörden anbelangt usw. [...]

Das Gesetz über den Gebrauch der Sprache in der Tschechoslowakei wurde seinerzeit als eine Konzession an die tschechischen chauvinistischen Hetzer angenommen und widerspricht dem Geist der demokratischen Verfassung der Republik. Dieses Gesetz ist ein ernstes Hindernis des Ausgleiches zwischen Tschechen und Deutschen und wird heute zu einem ernsten Hindernis im Kampfe um die Gewinnung der deutschen Bevölkerung für die Sache der Verteidigung der Republik [...]

Die nationale Unterdrückung in Schulfragen war in Österreich eine der brennendsten Fragen des tschechischen nationalen Lebens. Die Forderung der deutschen Bevölkerung, daß jedes deutsche Kind die Möglichkeit seiner Ausbildung in seiner Muttersprache hat, ist heute für die deutsche Bevölkerung gleicherweise dringend und muß als eine Grundlage des demokratischen nationalen Ausgleiches erfüllt werden [...]

Die Staatsinvestitionen und staatlichen Beiträge für soziale Zwecke mögen mit besonderer Rücksichtnahme auf die Not in den deutschen Gebieten der Republik national gerecht aufgeteilt werden. Bei Notstandsarbeiten und Staatsinvestitionen im deutschen Gebiet möge die dortige Bevölkerung nach dem nationalen Schlüssel beschäftigt werden. Die deutschen Gewerbetreibenden dürfen bei Vergebung von Bauten, Lieferungen und Erteilung von Konzessionen nicht übergangen, sondern müssen in gerechter Weise berücksichtigt werden [...]

Für das Zentralkomitee der KPTsch
Klement Gottwald Bruno Köhler.

Gerhard Fuchs: Gegen Hitler und Henlein. Rütten & Loening, Berlin (Ost) 1961, S. 307ff.

Der britische Politiker Lord Runciman bereiste im Auftrag seiner Regierung in der Sudetenkrise die Tschechoslowakei. In seinem Schlußbericht an den britischen Premierminister Chamberlain heißt es u.a.: (21.9.1938) **48**

Es ist ein schweres Los, von einem fremden Volk regiert zu werden, und ich kann den Eindruck nicht loswerden, daß die tschechoslowakische Herrschaft im Sudetenland während der letzten zwanzig Jahre zwar nicht tyrannisch und bestimmt nicht »terroristisch«, aber doch gekennzeichnet war durch Taktlosigkeit, fehlendes Verständnis, kleinliche Unduldsamkeit und Benachteiligung, bis der Punkt erreicht war, an dem der Unwille der deutschen Bevölkerung unvermeidlich revolutionäre Bahnen einschlug. Die Sudetendeutschen hatten auch das Gefühl, daß die tschechoslowakische Regierung ihnen in der Vergangenheit viele Versprechungen gegeben hatte, daß aber daraufhin nur wenig oder gar nichts erfolgt war. Diese Erfahrung hatte zu einer Haltung unverhüllten Mißtrauens in die führenden tschechischen Staatsmänner geführt. [...]

Zu diesen hauptsächlichen Beschwerden kamen örtliche Ärgernisse hinzu. Tschechische Beamte und Polizisten, die wenig oder gar kein Deutsch sprachen, wurden in großer Zahl in rein deutsche Gebiete versetzt; die Ansiedlung tschechischer landwirtschaftlicher Siedler inmitten der deutschen Bevölkerung auf Ländereien, die auf Grund der Bodenreform an sie übertragen wurden, wurde gefördert, für die Kinder dieser tschechischen Eindringlinge wurden in großem Maßstab Schulen gebaut; es herrscht allgemein die Überzeugung, daß bei der Zuteilung von Staatsaufträgen tschechische vor deutschen Firmen bevorzugt wurden und daß der Staat Tschechen bereitwilliger Arbeit und Unterstützung zuwies, als Deutschen. Ich glaube, daß diese Klagen in der Hauptsache berechtigt sind. Selbst zu so später Zeit, wie es die Zeit meiner Mission war, konnte ich seitens der tschechoslowakischen Regierung keine Bereitschaft feststellen, diese Klagen durch auch nur einigermaßen angemessene Maßnahmen zu beheben.

F.P.Habel, a.a.O., S. 224f.

Aus der »Deklaration der Sudentendeutschen Sozialdemokratie« vom 10. März 1940 in Holmhurst (London) **49**

[...] Es war ein Grundfehler der Staatskonstruktion, daß sie zwei Millionen Slowaken alle Vorrechte eines Staatsvolkes einräumte, außerdem einer halben Million Karpathorussen Provinzialautonomie zusicherte, während drei Millionen Sudetendeutsche als »Minderheit« behandelt wurden. Die alte Tschechoslowakei war de facto ein Nationalitätenstaat. Gegen den Willen fast eines Drittels der Bevölkerung wurde die Republik als ein tschechoslowakischer »Nationalstaat« deklariert. Die einseitig bestimmte Form eines zentralistischen Nationalstaates hat die aufopfernden Bemühungen unserer Verständigungspolitik zum Scheitern verurteilt [...]

Wenzel Jaksch – Edvard Beneš: Briefe und Dokumente aus dem Londoner Exil, hg. v. Friedrich Prinz, Wissenschaft und Politik, Köln 1973, S. 87

Stellungnahmen zeitgenössischer Historiker

50 Die junge Tschechoslowakische Republik war ein kapitalistischer Vielvölkerstaat. Sie beherbergte in ihren Grenzen neben 7,4 Millionen Tschechen und 2,3 Millionen Slowaken 3,2 Millionen Deutsche, 692 000 Ungarn, 549 000 Ukrainer und 81 000 Polen. Gehörten die Tschechen in der Donaumonarchie zu den national unterdrückten Völkern, so hatte sich das Blatt seit 1918 gewendet. Von einer zweitrangigen Stellung im Vergleich zur deutsch-österreichischen Bourgeoisie war die tschechische Großbourgeoisie, indem sie die politische Macht in die Hände nahm, zu einer Position aufgerückt, von der aus sie nicht nur die »eigenen« Werktätigen sozial, sondern die nationalen Minderheiten auch national unterdrückte. Die nationale Unterdrückung der Minderheiten durch die Bourgeoisie der Herrschernation ist in kapitalistischen Vielvölkerstaaten eine gesetzmäßige Erscheinung und kann nur durch den Sturz der Ausbeutergesellschaft und die Erreichtung des Sozialismus beseitigt werden. Die Propagandisten der jeweils herrschenden Ausbeuterklasse sind selbstverständlich bemüht, diesen unversöhnlichen Gegensatz zu vertuschen, sie können ihn aber nicht aus der Welt schaffen. So war auch die angebliche Gleichberechtigung der nationalen Minderheiten in der ČSR mit der Herrschernation eine Fiktion. Die Tatsache, daß die nationalen Minderheiten unter anderem in bezug auf das Schulwesen, die Ansstellung im Staatsdienst, den Gebrauch der Muttersprache und die Vergebung von staatlichen Investitionen benachteiligt wurden, ließ sich nicht wegleugnen.

Gerhard Fuchs, a.a.O., S. 23.

51 Obwohl die Tschechen gegen Österreich-Ungarn heftige Vorwürfe wegen Benachteiligung und Unterdrückung des tschechischen Volkes durch die österreichische Regierung erhoben hatten, kam es in dem neu geschaffenen tschechischen Staat zu keiner echten Nationalitätenpolitik. Die Verwaltungspraxis war die eines Nationalstaates und entsprach nicht dem tatsächlichen Charakter des Nationalitätenstaates. In allen Bereichen wurde der sudetendeutsche Besitzstand geschwächt und im Laufe der Jahre in der Substanz bedroht. Die Bodenreform sollte als soziale Reform das Ausmaß des Großgrundbesitzes verringern, aber der enteignete Boden wurde in tschechische Hände überführt, auch im geschlossenen sudetendeutschen Siedlungsgebiet wurden tschechische Bauern und tschechische Restgutbesitzer angesiedelt. 1921–24 wurden an Deutsche 600 ha, an Tschechen 239 330 ha vergeben [...]

Einseitig nach nationalen Gesichtspunkte gewährte Steuernachlässe oder kreditpolitische Maßnahmen, Vergabe von Staatsaufträgen fast nur an tschechische Firmen führten zu einer krisenhaften Schwächung der sudetendeutschen Wirtschaft [...]

Sudetendeutsche Staatsbeamte und Angestellte, Bedienstete bei der Post und Eisenbahn und in sonstigen staatlichen Betrieben wurden abgebaut, und bei Neueinstellungen wurden fast ausnahmslos nur Tschechen berücksichtigt, so daß der Hundertsatz der sudetendeutschen Staatsbediensteten wenige Jahre nach der Staatsgründung weit unter dem deutschen Bevölkerungsanteil lag.

Im kulturellen Bereich kam es zu einschneidenden Sperrungen deutscher Schulen und Schulklassen, während gleichzeitig im sudetendeutschen Siedlungsgebiet für die neuzugezogenen Tschechen sogenannte »Minderheitsschulen« errichtet wurden, für die der Staat zur Gänze aufkam und auf deren Errichtung die kommunalen Verwaltungen keinen Einfluß hatten [...]

Viktor Aschenbrenner: Die Sudetendeutschen, in: Aschenbrenner/Birke/Kuhn/Lemberg: Die Deutschen und ihre östlichen Nachbarn. Verlag Moritz Diesterweg, Frankfurt/M. 1967, S. 234f.

Es kann von einer Unterdrückung der Rechte der nichtslawischen Bevölkerung keine Rede sein; andererseits gab es keine systematischen Versuche, die bestehenden Schwierigkeiten zu bewältigen. Die Regierung hatte niemals einen präzisen Plan ausgearbeitet, um mit diesem Problem fertig zu werden; vieles wurde dem Zufall und der jeweiligen Machtkonstellation unter den verschiedenen Regierungskoalitionen überlassen. Das Leben, wie es sich in der Tschechoslowakei vor Abschluß des Münchener Abkommens abspielte, war weder der Himmel auf Erden, wie dies in den Erinnerungen der älteren tschechischen Generation manchmal zu sein scheint, noch die Hölle, wie dies nationalistisch-voreingenommene deutsche Geschichtsschreiber gern behaupten. Bis zum 28. Oktober 1918 waren die Deutschen die Herren in Böhmen, das zu zwei Dritteln aus Tschechen bestand, und ebenso in Mähren, wo die tschechische Mehrheit drei Viertel der Bevölkerung ausmachte. Man konnte vernünftigerweise nicht erwarten, daß ein solcher Zustand von ewiger Dauer sein werde, obwohl der deutsche Einfluß auf die Wirtschaft zu tief verwurzelt war, um einfach aus der Welt geschafft werden zu können. Die an sich unvermeidlichen Änderungen wurden nicht immer im Geiste Masaryks durchgeführt, der von humanen und liberalen Grundsätzen ausging. Vielleicht ist es aber **52** unausweichlich, daß eine Befriedigung der berechtigten nationalen Wünsche einer Gruppe dazu führt, daß sich die andere Gruppe mehr oder minder zu Recht als ungerecht behandelt fühlt.

J. W. Brügel (London): Die Deutschen in der Vorkriegs-Tschechoslowakei, in: Victor S. Mamatey/Radomir Luža (Hg.): Geschichte der Tschechoslowakischen Republik 1918–1948. Hermann Böhlaus Nachf., Wien/Köln/Graz 1980, S. 200f.

53 Die tschechische Haltung in der Minderheitenfrage war zwiespältig: Der Tendenz, einen modernen, demokratischen Staat aufzubauen, in dem alle Bürger wirklich Gleichberechtigung genießen sollten, standen Strömungen gegenüber, diesen Staat zu einem Instrument nationaler Aspirationen des tschechischen Volkes auf Kosten seiner nationalen Minderheiten zu machen. Bodenreform, Volkszählung, Beamteneinstellung, Gemeindegrenzänderungen und viele andere Maßnahmen wurden zu einem Kampfmittel in den Händen der Mehrheit zur Benachteiligung der nationalen Minderheiten, das Wort »Demokratie« wurde als Herrschaft des tschechischen Volkes über Deutsche und Madjaren aufgefaßt. Dieser Zwiespalt ging durch die einzelnen politischen Parteien und hinderte verantwortungsbewußte tschechische Mandatare, ihre Auffassung gegen die durch eine chauvinistische Presse und nationale Schutzvereine beeinflußte öffentliche Meinung durchzusetzen.

Helmut Slapnicka (Linz): Die böhmischen Länder und die Tschechoslowakei 1919–1945, in: Karl Bosl (Hg.): Handbuch der Geschichte der böhmischen Länder. Bd. 4, Anton Hiersemann Verlag, Stuttgart 1970, S. 35

4 Hitler und die deutschen Minderheiten

Hitler gab sich in der Minderheitenfrage anfangs sehr gemäßigt. Mit Polen wurden Verträge unter Respektierung des status quo geschlossen, den Sudetendeutschen schenkte er in seinen ersten Regierungsjahren kaum Beachtung. Erst seit 1936 wurde der Führer der 1933 gegründeten »Sudetendeutschen Heimatfront«, Konrad Henlein, für ihn im Rahmen seiner weitergesteckten Ziele interessant.

Polen

Mit Polen schloß Hitler 1934 einen Nichtangriffspakt, 1937 eine Vereinbarung zur Behandlung der Minderheiten ab, nachdem Polen schon 1934 den Minderheitenschutzvertrag von 1919 (→ Nr. 9) aufgekündigt hatte. Im Oktober 1938 beteiligte sich Polen an der Seite Deutschlands an der Zerstückelung der Tschechoslowakei und verleibte sich das Olsa-Gebiet ein. Als Polen jedoch 1939, nachdem deutsche Truppen die Tschechoslowakei vollständig besetzt hatten, die ihm zugedachte Rolle eines Satellitenstaates nicht übernehmen wollte, entschloß sich Hitler zur Gewaltanwendung. Jetzt wurde auch die Minderheitenfrage wieder ein willkommenes Instrument seiner Politik. Durch sensationell aufgebauschte Berichte von Zwischenfällen in der gleichgeschalteten Presse ließ Hitler den Überfall psychologisch vorbereiten und rechtfertigen. Nachdem am 1. 9. 1939 deutsche Truppen ohne Kriegserklärung die Grenzen Polens überschritten hatten, gehörten auch über 5000 Angehörige der deutschen Minderheit, die Opfer polnischer nationalistischer Exzesse wurden, zu den ersten Toten des nun beginnenden 2. Weltkrieges.

Nach Abschluß eines deutsch-polnischen Nichtangriffspaktes am 26. 1. 1934 erklärte Hitler vor dem Reichtsag am 30. 1. 1934: **54**

Als ich am 30. Januar die Regierung übernahm, schienen mir die Beziehungen zwischen den beiden Ländern mehr als unbefriedigend zu sein. Es drohte die Gefahr, daß sich aus zweifellos vorhandenen Differenzen, die ihre Ursachen einerseits in den Territorialbestimmungen des Versailler Vertrages, andererseits in der daraus resultierenden beiderseitigen Gereiztheit hatten, allmählich eine Feindschaft erhärtete, die nur zu leicht bei längerer Fortdauer den Charakter einer beiderseitigen politischen Erbbelastung annehmen könnte. Eine solche Entwicklung würde, abgesehen von den drohenden Gefahren, die sie latent birgt, für die ganze Zukunft einer segensreichen Zusammenarbeit der beiden Völker hinderlich sein. Deutsche und Polen werden sich mit der Tatsache ihrer Existenz gegenseitig abfinden müssen. Es ist daher zweckmäßiger, einen Zustand, den tausend Jahre vorher nicht zu beseitigen vermochten und nach uns genau so wenig beseitigen werden, so zu gestalten, daß aus ihm für beide Nationen ein möglichst hoher Nutzen gezogen werden kann.

Max Domarus: Hitler, Reden und Proklamationen, Bd. 1, Würzburg 1962, S. 357

55 *In einer offiziösen polnischen Darstellung von 1935 heißt es:*

Vor dem nationalsozialistischen Umbruch standen alle deutschen Parteien und Organisationen – mit Ausnahme des »Deutschen Kultur- und Wirtschaftsbundes« – in ständiger Opposition gegen den [polnischen] Staat und wichen in ihren öffentlichen Äußerungen einer entschiedenen Erklärung der Loyalität aus. In den Parlamenten wie im oberschlesischen Sejm nahmen sie eine grundsätzliche oppositionelle Stellung ein. Nach dem Hitlerumsturz erfolgte ein Stellungswechsel.

St. J. Paprocki: Polen und das Minderheitenproblem. Informationen in Umrissen, Institut zur Erforschung der Minderheitsfragen, Warzawa 1935, S. 124

56 *Deutsch-polnische Vereinbarung über die Behandlung der Minderheiten (5. 11. 1937)*

Die Deutsche Regierung und die Polnische Regierung haben Anlaß genommen, die Lage der deutschen Minderheit in Polen und der polnischen Minderheit in Deutschland zum Gegenstand einer freundschaftlichen Aussprache zu machen. Sie sind übereinstimmend der Überzeugung, daß die Behandlung dieser Minderheiten für die weitere Entwicklung der freundnachbarlichen Beziehungen zwischen Deutschland und Polen von großer Bedeutung ist, und daß in jedem der beiden Länder das Wohlergehen der Minderheit umso sicher gewährleistet werden kann, wenn die Gewißheit besteht, daß in dem anderen Land nach den gleichen Grundsätzen verfahren wird.

Zu ihrer Genugtuung haben die beiden Regierungen deshalb feststellen können, daß jeder der beiden Staaten im Rahmen seiner Souveränität für die Behandlung der genannten Minderheiten nachstehende Grundsätze als maßgebend ansieht:

1. Die gegenseitige Achtung deutschen und polnischen Volkstums verbietet von selbst jeden Versuch, die Minderheit zwangsweise zu assimilieren, die Zugehörigkeit zur Minderheit in Frage zu stellen oder das Bekenntnis der Zugehörigkeit zur Minderheit zu behindern. Ins-

besondere wird auf die jugendlichen Angehörigen der Minderheit keinerlei Druck ausgeübt werden, um sie ihrer Zugehörigkeit zur Minderheit zu entfremden.

2. Die Angehörigen der Minderheit haben das Recht auf freien Gebrauch ihrer Sprache in Wort und Schrift sowohl in ihren persönlichen und wirtschaftlichen Beziehungen wie in der Presse und in öffentlichen Versammlungen. Den Angehörigen der Minderheit werden aus der Pflege ihrer Muttersprache und der Bräuche ihres Volkstums sowohl im öffentlichen wie im privaten Leben keine Nachteile erwachsen.
3. Das Recht der Angehörigen der Minderheit, sich zu Vereinigungen, auch zu solchen kultureller und wirtschaftlicher Art, zusammenzuschließen, wird gewährleistet.
4. Die Minderheit darf Schulen in ihrer Muttersprache erhalten und errichten. Auf kirchlichem Gebiet wird den Angehörigen der Minderheit die Pflege ihres religiösen Lebens in ihrer Muttersprache und die kirchliche Organisierung gewährt. In die bestehenden Beziehungen auf dem Gebiete des Bekenntnisses und der caritativen Betätigung wird nicht eingegriffen werden.
5. Die Angehörigen der Minderheit dürfen wegen ihrer Zugehörigkeit zur Minderheit in der Wahl oder bei Ausübung eines Berufes oder einer wirtschaftlichen Tätigkeit nicht behindert oder benachteiligt werden. Sie genießen auf wirtschaftlichem Gebiet die gleichen Rechte wie die Angehörigen des Staatsvolkes, insbesondere hinsichtlich des Besitzes oder Erwerbs von Grundstücken.

Die vorstehenden Grundsätze sollen in keiner Weise die Pflicht der Angehörigen der Minderheit zur uneingeschränkten Loyalität gegenüber dem Staat, dem sie angehören, berühren. Sie sind in dem Bestreben festgesetzt worden, der Minderheit gerechte Daseinsverhältnisse und ein harmonisches Zusammenleben mit dem Staatsvolk zu gewährleisten, was zur fortschreitenden Festigung des freundnachbarlichen Verhältnisses zwischen Deutschland und Polen beitragen wird.

Dokumente der deutschen Politik, Bd. 5, hg. v. Paul Meier-Benneckenstein, Berlin 1938, S. 199f.

In den Tagen vor dem deutschen Überfall auf Polen lasen die deutschen Leser in ihren Zeitungen Überschriften wie diese: **57**

Polen-Terror wächst von Tag zu Tag
Polnische Banditen ermorden fünf Monate alten Säugling
Furchtbare Leiden der Flüchtlinge aus Ost-Oberschlesien
Aufständische Horden vernichten deutsche Häuser
Polens Schuldkonto wächst

Mord reiht sich an Mord
Brandstiftungen, Überfälle und Plünderungen ohne Ende
Unser Volksgenossen in Polen völlig vogelfrei
Polen-Flak beschießt Verkehrsflugzeuge
Fieberhafte Kriegsvorbereitungen in Ostoberschlesien
Volksdeutscher entmannt und zu Tode geprügelt
Deutsche Kinder von polnischen Polizisten schwer mißhandelt
Himmelschreiende polnische Verbrechen
Polenterror fordert fünf neue Todesopfer
Drei Volksdeutsche durch Handgranate gemordet

Völkischer Beobachter, 21. 8. 1939 bis 1. 9. 1939

Tschechoslowakei

In der Tschechoslowakei verloren nach 1930 die »Aktivisten« an Rückhalt bei der deutschen Bevölkerung. Ihre Erfolge in bezug auf die Gleichstellung schienen zu gering. Außerdem trafen die Auswirkungen der Weltwirtschaftskrise die deutschbesiedelten Gebiete unverhältnismäßig stark: mehr als die Hälfte aller Arbeitslosen in der Tschechoslowakei waren Deutsche. So erhielt eine Gruppierung starken Zulauf, die sich 1933 gebildet hatte und sich als nationales Sammelbecken aller Deutschen verstand: die »Sudetendeutsche Heimatfront«, ab 1935 »Sudetendeutsche Partei«. Bei den Parlamentswahlen von 1935 erzielte sie 15,2% aller abgegebenen Stimmen, aber über $^2/_3$ der Stimmen, die für deutsche Parteien abgegeben wurden. Sie stellte nach Selbstauflösung und Eingliederung der bürgerlichen deutschen Parteien (Bund der Landwirte und Deutsche Christlich-Soziale Volkspartei) in die Sudetendeutsche Partei im März 1938 die stärkste Fraktion im Parlament. An der Spitze der Sudetendeutschen Partei stand Konrad Henlein, der aus der deutschen Turnerbewegung hervorgegangen war. Auf Auslandsreisen fand er insbesondere in England Verständnis für seine Autonomieforderungen für die Sudetendeutschen. Innerhalb der Sudetendeutschen Partei wurden anfangs verschiedene Autonomiekonzepte – so z. B. das Schweizer Kantonalprinzip – innerhalb der Tschechoslowakischen Republik diskutiert. Seit 1937 geriet Henlein jedoch immer stärker in den Sog der sehr viel weiterreichenden Expansionspolitik Hitlers. Er steigerte seine Autonomieforderungen in Abstimmung mit Hitler bis zur Forderung des Anschlusses an das Deutsche Reich, eine Forderung, auf die der im März 1938 erfolgte Anschluß Österreichs stimulierend wirkte.

Unter Androhung militärischer Gewalt erreichte Hitler, daß England und auch Frankreich, das 1924 der Tschechoslowakei in einem Defensivpakt militärische Hilfe bei einer kriegerischen Verletzung seiner Grenzen zugesagt hatte, massiv im Sinne der deutschen Forderungen auf die Prager Regierung einwirkten und diese zum Nachgeben zwangen. Als Hitler anschließend ultimativ die Durchführung des Anschlusses der sudetendeutschen Gebiete bis zum 1. 10. 1938 verlangte, konnte er auch diese Forderung auf der eilig zusammengerufenen Konferenz von München durchsetzen.

Nachdem sich mit deutscher Unterstützung die Slowakei am 14. März 1939 für selbständig erklärt hatte, ließ Hitler am 15. März 1939 unter Bruch feierlich gegebener Versprechen deutsche Truppen in die Rest-Tschechoslowakei einrücken und verwandelte sie in das »Reichsprotektorat Böhmen und Mähren«.

Die Sowjetunion, mit der die Tschechoslowakei 1935 ein Militärbündnis abgeschlossen hatte, erkannte am 16. 9. 1939 den slowakischen Staat an und schloß am 14. 12. 1939 die tschechoslowakische Gesandschaft in Moskau, die bis dahin dort noch existiert hatte.

Aus dem Aufruf Konrad Henleins zur Gründung der »Sudetendeutschen Heimatfront«, 1. 10. 1933 **58**

Die »Sudetendeutsche Heimatfront« erstrebt die Zusammenfassung aller Deutschen in diesem Staate, die bewußt auf dem Boden der Volksgemeinschaft und der christlichen Weltanschauung stehen.

Sie bekennt sich zur deutschen Kultur- und Schicksalsgemeinschaft und erblickt ihre Hauptaufgabe in der Sicherung und dem Ausbau unseres Volksbesitzstandes: unseres Heimatbodens, unserer kulturellen Einrichtungen, unserer Wirtschaft und unseres Arbeitsplatzes.

Sie fordert eine gerechte Lösung der sozialen und wirtschaftlichen Fragen aller Stände. Im besonderen erblickt sie in der wirtschaftlichen und sozialen Sicherung des Arbeiters eine der wichtigsten Voraussetzungen für die Erhaltung unserer Volkskraft. Die ›Sudetendeutsche Heimatfront‹ wird auf dem Boden, auf den uns das Schicksal gestellt hat, unter Anerkennung des Staates, bei Einsatz aller gesetzlich zulässigen Mittel an der Erreichung dieses Zieles arbeiten.

Sie bekennt sich zu den demokratischen Grundforderungen vor allem der Gleichberechtigung der Kulturvölker und erblickt in dem friedlichen Ausbau dieser Grundlagen – unter voller Achtung der Volkspersönlichkeiten – die sichtbarste Gewähr für eine gedeihliche Entwicklung der Völker und Staaten des mitteleuropäischen Raumes.

F. P. Habel, a.a.O., S. 179

59 *Aus einer Denkschrift des Führers der Sudetendeutschen Partei, Konrad Henlein, an Hitler (19. 11. 1937)*

Die SdP muß ihr Bekenntnis zum Nationalsozialismus als Weltanschauung und als politischem Prinzip tarnen. Als Partei im demokratisch-parlamentarischen System der Tschechoslowakei muß sie sich nach außen, in mündlichen und schriftlichen Äußerungen, in Kundgebungen und in der Presse, im Parlament, in ihrem eigenen Aufbau und bei der Organisation des Sudetendeutschtums der demokratischen Terminologie und demokratisch-parlamentarischer Methoden bedienen. Sie kann deshalb nichteingeweihten reichsdeutschen Kreisen als zwiespältig und unverläßlich erscheinen. Diese Zwiespältigkeit ist aber solange nicht zu vermeiden als: die Notwendigkeit einer legalen Partei besteht und der Bestand einer solchen in der Tschechoslowakei das Bekenntnis zur Demokratie voraussetzt. Die Zwiespältigkeit im äußeren Bild der SdP wird vertieft durch den Umstand, daß sie innerlich nichts mehr ersehnt als die Einverleibung des sudetendeutschen Gebietes, ja des ganzen böhmisch-mährisch-schlesischen Raumes in das Reich, daß sie aber nach außen hin für die Erhaltung der Tschechoslowakei und die Integrität seiner Grenzen eintreten und versuchen muß, ein real erscheinendes innerpolitisches Ziel für ihren politischen Kampf herauszustellen.

Akten zur deutschen auswärtigen Politik 1918–1945, Serie D. Bd. 2, Baden-Baden 1950, S. 47

60 *Über eine Besprechung mit dem Führer der Sudetendeutschen Partei, Konrad Henlein, in der dieser von seiner Audienz bei Adolf Hitler berichtet, liegt folgende Aufzeichnung des Auswärtigen Amtes vom März 1938 vor:*

Die Tendenz der Anweisung, die der Führer Henlein gegeben hat, geht dahin, daß von Seiten der SdP Forderungen gestellt werden sollen, die für die tschechische Regierung unannehmbar sind. Henlein beabsichtigt, trotz der günstigen Lage durch die österreichischen Ereignisse, nichts zu überspitzen, sondern nur die alten Forderungen auf Selbstverwaltung und Wiedergutmachung am Parteitag (23./24. April 38) zu stellen. Eine Anregung des Führers, eigene deutsche Regimenter, mit deutschen Offizieren und deutscher Kommando-Sprache zu fordern, will er sich für später vorbehalten. Das Reich wird von sich aus nicht eingreifen. Für die Ereignisse sei zunächst Henlein selbst verantwortlich. Es müßte aber eine enge Zusammenarbeit erfolgen. Henlein hat dem Führer gegenüber seine Auffassung folgendermaßen zusammengefaßt: Wir müssen also immer so viel fordern, daß wir nicht zufrieden gestellt werden können. Diese Auffassung bejahte der Führer.

Akten zur deutschen auswärtigen Politik 1918–1945, a.a.O., S. 158

Forderungen Konrad Henleins, des Führers der Sudetendeutschen Partei, auf dem Parteitag der SdP in Karlsbad (24. 4. 1938) **61**

[...]

Als unterdrückt werden wir Deutschen uns so lange fühlen, solange wir nicht das gleiche tun dürfen wie die Tschechen. Alles, was den Tschechen erlaubt ist, muß auch uns erlaubt sein. Mit einem Wort: Wir wollen nur als Freie unter Freien leben.

Wenn es zu einer friedlichen Entwicklung im tschechoslowakischen Staate kommen soll, dann ist neben der dreifachen Revision – der Revision des Geschichtsmythos, der Revision der Auffassung vom Bollwerk gegen das Deutschtum und der Revision der außenpolitischen Stellung – folgende Staats- und Rechtsordnung zu schaffen:

1. Herstellung der vollen Gleichberechtigung und Gleichrangigkeit der deutschen Volksgruppe mit dem tschechischen Volke im Staate.
2. Anerkennung der sudetendeutschen Volksgruppe als Rechtspersönlichkeit zur Wahrung dieser gleichberechtigten Stellung im Staate.
3. Feststellung und Anerkennung des deutschen Siedlungsgebietes.
4. Aufbau einer deutschen Selbstverwaltung im deutschen Siedlungsgebiet in allen Bereichen des öffentlichen Lebens, soweit es sich um Interessen und Angelegenheiten der deutschen Volksgruppe handelt.
5. Schaffung gesetzlicher Schutzbestimmungen für jene Staatsangehörigen, die außerhalb des geschlossenen Siedlungsgebietes ihres Volkstums leben.
6. Beseitigung des dem Sudetendeutschtum seit 1918 zugefügten Unrechts und Wiedergutmachung der ihm durch dieses Unrecht entstandenen Schäden.
7. Anerkennung und Durchführung des Grundsatzes: Im deutschen Gebiet deutsche öffentliche Angestellte.
8. Volle Freiheit des Bekenntnisses zum deutschen Volkstum und zur deutschen Weltanschauung.

[...]

Dokumente der deutschen Politik, Bd. 6, I: Großdeutschland 1938, hg. v. Paul Meier-Benneckenstein, Berlin 1939, S. 272

Weisung Hitlers als Oberstem Befehlshaber der Wehrmacht an die Oberbefehlshaber der drei Wehrmachtsstellen (30. 5. 1938) **62**

[...]

1. Politische Voraussetzungen.

Es ist mein unabänderlicher Entschluß, die Tschechoslowakei in absehbarer Zeit durch eine militärische Aktion zu zerschlagen. Den politisch und militärisch geeigneten Zeitpunkt abzuwarten oder herbeizuführen, ist Sache der politischen Führung. Eine unabwendbare Entwicklung der Zustände innerhalb der Tschechoslowakei oder sonstige politische Ereignisse in Europa, die eine überraschend günstige, vielleicht nie wiederkehrende Gelegenheit schaffen, können mich zu frühzeitigem Handeln veranlassen. Die richtige Wahl und entschlossene Ausnützung eines günstigen Augenblicks ist die sicherste Gewähr für den Erfolg. Dementsprechend sind die Vorbereitungen unverzüglich zu treffen.

2. Politische Möglichkeiten für den Beginn der Aktion.

Als Voraussetzung für den beabsichtigten Überfall sind notwendig

a) ein geeigneter äußerer Anlaß, und damit

b) eine genügende politische Rechtfertigung,

c) ein für den Gegner unerwartetes Handeln, das ihn in einem möglichst geringen Bereitschaftsgrad trifft.

Militärisch und politisch am günstigsten ist blitzschnelles Handeln auf Grund eines Zwischenfalls, durch den Deutschland in unerträglicher Weise provoziert wurde und der wenigstens zu einem Teil der Weltöffentlichkeit gegenüber die moralische Berechtigung zu militärischen Maßnahmen gibt [...]

Akten zur deutschen auswärtigen Politik 1918–1945, a.a.O., S. 282

63 *Im Auftrage seiner Regierung bereiste im August 1938 der britische Lord-Präsident des Geheimen Königlichen Kabinettsrates Lord W. Runciman die Tschechoslowakei, den auf englisches Drängen hin sowohl die Prager Regierung wie die Sudetendeutsche Partei als Vermittler akzeptiert hatten. In seinem Schlußbericht vom 21. 9. 1938 an den britischen Premierminister Chamberlain heißt es u. a.:*

Es ist mir selbsterweislich geworden, daß diesen Grenzgebieten zwischen der Tschechoslowakei und Deutschland, in denen die sudetendeutsche Bevölkerung eine beträchtliche Mehrheit hat, sofort das volle Selbstbestimmungsrecht gewährt werden müßte. Wenn einige Gebietsabtretungen unvermeidlich sind – und ich glaube, sie sind es –, dann wäre es das Beste, dies unverzüglich und ohne Verzögerungstaktik zu tun. Die Fortsetzung des Zustandes der Ungewißheit bringt wirkliche Gefahren mit sich, sogar die Gefahr eines Bürgerkrieges. Infolgedessen liegt für eine Politik sofortigen und gründlichen Handelns aller Grund vor. Jede Art Volksbefragung oder Volksabstimmung hinsichtlich dieser überwiegend deutschen Gebiete wäre meines Erachtens eine reine Formalität. Die überwiegende Mehrheit ihrer Einwohner wünscht die Verschmelzung mit Deutschland. Der mit der Abhaltung einer Volksabstimmung unvermeidlicherweise verbundene Aufschub würde nur dazu dienen, die Bevölkerung noch mehr zu erregen, und das könnte höchst gefährliche Folgen haben. Ich bin deshalb der Ansicht, daß diese

Grenzgebiete unverzüglich von der Tschechoslowakei auf Deutschland übertragen werden sollten [...]

F. P. Habel, a.a.O., S. 225f.

Angesichts der erkennbar werdenden britisch-französischen Haltung in der Sudetenfrage entsandte der tschechoslowakische Staatspräsident Beneš am 15. 9. 1938 seinen Parteifreund, den Minister für soziale Angelegenheiten Nečas, zu Konsultationen mit sozialistischen Politikern nach Paris. Er übergab ihm ein Schreiben, in dem zum ersten Mal der Gedanke einer Bevölkerungsverschiebung großen Stils auftaucht. Überträgt man die von Beneš genannten Zahlen auf die Realitäten des Jahres 1938, so läuft sein Vorschlag darauf hinaus, daß ca. 20% des geschlossenen deutschen Siedlungsgebietes an Deutschland abgetreten werden und gleichzeitig ca. 60% der deutschsprachigen Bevölkerung die Tschechoslowakei zu verlassen hätten. (15./17. 9. 1938) **64**

Herrn Minister Nečas

1. Niemals zugeben, daß gesagt werden könnte, der Plan stamme von den Čechosl.
2. Muß äußerst geheim gehalten werden, veröffentlicht werden darf nichts.
3. Der Umfang des Gebietes, das wir abtreten könnten, muß zwischen Franzosen und Engländern nach unseren genauen Angaben geheim abgesprochen werden. Sonst besteht die Gefahr, daß sie, wenn sie unsere prinzipielle Zustimmung kennen, am Ende Hitler nachgeben und ihm alles geben.
4. Dann muß der ganze Plan schon fertig Hitler als letzte Konzession mit den anderen Konzessionen aufgezwungen werden.
5. Das bedeutet, daß Deutschland so und so viele Tausend km² (ich selbst weiß es nicht, aber es würden ungefähr 4–6000 km² sein – in dieser Sache darf man sich nicht binden) unter der Bedingung erhalten würde, wenigstens 1 500 000 bis 2 000 000 der deutschen Bevölkerung zu übernehmen. Dies würde daher eine Ortsverlagerung der Bevölkerung bedeuten, wobei Demokraten, Sozialisten und Juden bei uns bleiben würden.

F. P. Habel, a.a.O., S. 219

65 *Aus der gemeinsamen Note der britischen und französischen Regierung an die tschechoslowakische Regierung, 18. 9. 1938*[1]

1. Die Vertreter der französischen und der britischen Regierung haben heute über die allgemeine Lage beraten und den Bericht des britischen Ministerpräsidenten über seine Unterredung mit Herrn Hitler zur Kenntnis genommen. Die britischen Regierungsmitglieder haben ihre französischen Kollegen auch mit den Schlußfolgerungen bekannt gemacht, die sich ihrer Ansicht nach aus dem Schlußbericht über die Arbeit der Mission Runciman ergeben. Wir sind beide davon überzeugt, daß nach den jüngsten Ereignissen nunmehr der Zeitpunkt gekommen ist, an dem das weitere Verbleiben der überwiegend von Sudetendeutschen bewohnten Bezirke innerhalb der Grenzen des tschechoslowakischen Staates nicht mehr länger andauern kann, ohne die Interessen der Tschechoslowakei selbst und den europäischen Frieden zu bedrohen. Im Hinblick hierauf sehen sich die beiden Regierungen zu der Schlußfolgerung gezwungen, daß die Aufrechterhaltung des Friedens sowie die Sicherheit lebenswichtiger Interessen der Tschechoslowakei nicht länger gewährleistet werden können, wenn diese Gebiete nicht auf das Reich übertragen werden. [...]
3. Das zu übertragende Gebiet würde vermutlich Gebiete mit mehr als 50 Prozent deutscher Bevölkerung zu umschließen haben. Wir hoffen, auf dem Verhandlungswege Bedingungen zu erreichen, durch welche der Grenzverlauf dort, wo die Umstände dies verlangen, von irgendeiner internationalen Körperschaft festgelegt werden würde, welcher auch ein tschechischer Vertreter angehört. [...]
5. Wir erkennen an, daß die tschechoslowakische Regierung für den Fall ihres Eingehens auf die vorgeschlagene Maßnahme die Verhältnisse des Staates wesentlich ändert, und Sicherungen für die Zukunft zu verlangen das Recht besitzt.
6. Demzufolge wäre S.M. Regierung bereit, sich im Bestreben, zur Befriedung Europas beizutragen, an einer internationalen Garantie der neuen Grenzen des tschechoslowakischen Staates gegen unprovozierte Aggression zu beteiligen. Eine der Hauptbedingungen einer solchen Garantie wäre die Sicherung der Unabhängigkeit der Tschechoslowakei dadurch, daß an die Stelle bestehender Verträge mit gegenseitigen militärischen Verpflichtungen eine allgemeine Garantie gegen unprovozierte Aggression treten würde.
7. Sowohl die französische wie die britische Regierung anerkennen die Schwere des von der tschechoslowakischen Regierung im Interesse des Friedens geforderten Opfers. Da dieses Interesse jedoch sowohl

[1] Die Note wurde am folgenden Tag in Prag überreicht

Europa im allgemeinen als auch die Tschechoslowakei im besonderen betrifft, halten sich beide Regierungen für verpflichtet, klare Bedingungen darzulegen, unter denen es allein gewahrt werden kann.

8. Der Premierminister muß die Verhandlungen mit Herrn Hitler spätestens am Mittwoch – und wenn möglich, bereits früher – wieder aufnehmen. Wir glauben daher genötigt zu sein, die Antwort der tschechoslowakischen Regierung zum frühestmöglichen Zeitpunkt zu erbitten.

F.P.Habel, a.a.O., S. 222f.

Aus der Antwortnote der tschechoslowakischen Regierung auf die britisch-französischen Abtretungsvorschläge, 21. 9. 1938 **66**

Durch die Umstände gezwungen und starkem Druck nachgebend, nimmt die tschechoslowakische Regierung [...] die französisch-englischen Vorschläge schmerzerfüllt an, wobei sie davon ausgeht, daß beide Regierungen alles tun werden, um die Lebensinteressen des tschechoslowakischen Staates im Zuge ihrer Durchführung sicherzustellen. Die tschechoslowakische Regierung stellt mit Bedauern fest, daß diese Vorschläge ohne vorherige Fühlungnahme mit ihr erstattet worden sind. Die Tschechoslowakei bedauert tief, daß ihr Vorschlag eines Schiedsspruches abgelehnt worden ist. Sie nimmt die Vorschläge als Ganzes an, wobei der Grundsatz der Garantie, wie in der Note formuliert, unterstrichen wird. Sie nimmt diese Vorschläge ferner unter der Voraussetzung an, daß beide Regierungen eine deutsche Invasion tschechoslowakischen Staatsgebiets erst zulassen werden, wenn seine Übertragung auf Grund der Festlegung der neuen Grenze durch die in den Vorschlägen erwähnte Internationale Kommission durchgeführt werden wird.

Nach Ansicht der tschechoslowakischen Regierung ist aus den französisch-englischen Vorschlägen auch zu schließen, daß alle praktischen, zu ihrer Durchführung bestimmten Maßnahmen im Einvernehmen mit der tschechoslowakischen Regierung getroffen werden sollen.

F.P.Habel, a.a.O., S. 226

Hitler auf dem Höhepunkt der Sudetenkrise im Berliner Sportpalast (26. 9. 1938): **67**

[...] Ich bin Herrn Chamberlain dankbar für alle seine Bemühungen. Ich habe ihm versichert, daß das deutsche Volk nichts anderes will als Frieden; allein, ich habe ihm auch erklärt, daß ich nicht hinter die Grenzen unserer Geduld zurückgehen kann. Ich habe ihm weiter versichert und wiederhole es hier, daß es – wenn dieses Problem gelöst ist – für Deutschland in Europa kein territoriales Problem mehr gibt!

Und ich habe ihm weiter versichert, daß in dem Augenblick, in dem die Tschecho-Slowakei ihre Probleme löst, das heißt, indem die Tschechen mit ihren anderen Minderheiten sich auseinandergesetzt haben, und zwar friedlich und nicht durch Unterdrückung, daß ich dann am tschechischen Staat nicht mehr interessiert bin. Und das wird ihm garantiert! Wir wollen gar keine Tschechen! Allein, ebenso will ich nun vor dem deutschen Volke erklären, daß in bezug auf das sudetendeutsche Problem meine Geduld jetzt zu Ende ist! Ich habe Herrn Benesch ein Angebot gemacht, das nichts anderes ist als die Realisierung dessen, was er selbst schon zugesichert hat. Er hat jetzt die Entscheidung in seiner Hand! Frieden oder Krieg! Er wird entweder dieses Angebot akzeptieren und den Deutschen jetzt endlich die Freiheit geben, oder wir werden diese Freiheit uns selbst holen! [...]

Dokumente der deutschen Politik, Bd. 6, I: Großdeutschland, hg. v. Paul Meier-Benneckenstein, Berlin 1939, S. 345

Der gleichgeschalteten deutschen Presse fiel in der Sudetenkrise die Aufgabe zu, durch Sensationsberichte von Übergriffen den Nervenkrieg anzuheizen.

68 *Schlagzeilen des »Völkischen Beobachters« (28. 8.–28. 9. 1938)*

Sudetendeutsche sollen Freiwild bleiben
Tschechischer Blutterror wütet weiter
Zeugen des tschechischen Blutterrors
Gehetzt von der tschechischen Soldateska
Vier »standrechtliche« Morde in Eger
Unglaubliche Brutalitäten
Vor der tschechischen Mordwut gerettet
Die tschechischen Bluthunde haben sie gejagt
Deutsches Land unter tschechischer Knute

69 *Aus dem »Münchener Abkommen« (29. 9. 1938)*

Deutschland, das Vereinigte Königreich, Frankreich und Italien sind unter Berücksichtigung des Abkommens, das hinsichtlich der Abtretung des sudetendeutschen Gebietes bereits grundsätzlich erzielt wurde[1], über folgende Bedingungen und Modalitäten dieser Abtretung und über die danach zu ergreifenden Maßnahmen übereingekommen und erklären sich durch dieses Abkommen einzeln verantwortlich für die zur Sicherung seiner Erfüllung notwendigen Schritte:

[1] Nr. 65 und Nr. 66

1. Die Räumung beginnt am 1. Oktober.
2. Das Vereinigte Königreich, Frankreich und Italien vereinbaren, daß die Räumung des Gebietes bis zum 10. Oktober vollzogen wird, und zwar ohne Zerstörung irgendwelcher bestehender Einrichtungen, und daß die Tschechoslowakische Regierung die Verantwortung dafür trägt, daß die Räumung ohne Beschädigung der bezeichneten Einrichtungen durchgeführt wird.
3. Die Modalitäten der Räumung werden im einzelnen durch einen internationalen Ausschuß festgelegt, der sich aus Vertretern Deutschlands, des Vereinigten Königreichs, Frankreichs, Italiens und der Tschechoslowakei zusammensetzt.
4. Die etappenweise Besetzung des vorwiegend deutschen Gebietes durch deutsche Truppen beginnt am 1. Oktober [...]

Zusatz zu dem Abkommen:

Seiner Majestät Regierung im Vereinigten Königreich und die französische Regierung haben sich dem vorstehenden Abkommen angeschlossen auf der Grundlage, daß sie zu dem Angebot stehen, welches im Paragraph 6 der englisch-französischen Vorschläge vom 19. September enthalten ist, betreffend eine internationale Garantie der neuen Grenzen des tschechoslowakischen Staates gegen einen unprovozierten Angriff.[2] Sobald die Frage der polnischen und ungarischen Minderheiten in der Tschechoslowakei geregelt ist, werden Deutschland und Italien ihrerseits der Tschechoslowakei eine Garantie geben.

Adolf Hitler – Neville Chamberlain – Mussolini – Ed. Daladier

Akten zur deutschen auswärtigen Politik 1918–1945, a.a.O., S. 812f.

1938 hatten alle übrigen deutschen Parteien ihre Vereinigung mit der Sudetendeutschen Partei beschlossen. Nur die deutschen Sozialdemokraten verfolgten noch ihren eigenen Kurs.

Memorandum des Klubs der deutschen sozialdemokratischen Abgeordneten an Lord Runciman, 11. 8. 1938 **70**

[...] Die Anerkennung der demokratischen Prinzipien erfordert die Verwirklichung der Gleichbereichtigung der Nationalitäten unseres Staates auf dem Gebiete der Innenpolitik. Die gleichen Prinzipien aber verlangen, daß in außenpolitischen Fragen die Lebensinteressen der kleinen Völker nicht dem Diktat ihrer großen Nachbarn ausgeliefert werden. Wir fordern von der tschechischen Politik, daß sie die Lebensrechte der sudetendeutschen Bevölkerung im vollen Umfange respektiert und im Rahmen einer demokratischen Verständigung verbürgt. Als

[2] Nr. 65

deutsche Demokraten sind wir uns jedoch dessen bewußt, daß als Gegenleistung vom deutschen Standpunkte aus die Lebensinteressen des tschechischen Volkes anerkannt werden müssen. Es wäre ein Unglück für das gesamte deutsche Volk, wenn eine derzeit im Vordergrund stehende politische Richtung eine Lösung des sudetendeutschen Problems erzwingen würde, welche nicht vom Geiste der Gleichberechtigung getragen ist, sondern von dem Streben nach deutscher Vorherrschaft in Mitteleuropa bestimmt wird. Dadurch würden alle Möglichkeiten einer Verständigung zwischen Sudetendeutschen und Tschechen auf unabsehbare Dauer verschüttet [...]

Václav Kral (Hg.): Die Deutschen in der Tschechoslowakei 1933–1947. Acta Occupationis Bohemiae et Moraviae, Praha 1964, S. 258

71 *Nachdem die tschechoslowakische Regierung der Sudetendeutschen Partei in der Sudetenkrise weitgehende Zugeständnisse in der Nationalitätenfrage gemacht hatte (die diese aber als nunmehr ungenügend ablehnte), wandten sich die sudetendeutschen Sozialdemokraten an die Bevölkerung (20. 9. 1938):*

Mitbürger! Es geht um alles!

Die Sudetendeutschen stehen vor historischer Entscheidung.

Es geht um Leben oder Tod unseres Volkes.

Das Tor zur friedlichen Sicherung der sudetendeutschen Lebensinteressen steht weit offen.

Nationale Gleichberechtigung, weitgehendste Selbstverwaltung unserer Angelegenheiten, wirtschaftlicher Wiederaufbau und soziale Hilfe können erreicht werden ohne Krieg.

Auf der anderen Seite lauert die tödliche Gefahr, daß unser Volk als Werkzeug imperialistischer Vorherrschaftspläne mißbraucht und in einen Abgrund der Vernichtung gestürzt wird.

Nur einmal in Jahrhunderten ergibt sich eine solche Gelegenheit, einen dauernden ehrenvollen Frieden mit unserem slawischen Nachbarn zu schließen.

Wir haben die Möglichkeit in der Hand, auf dem heißumkämpften Boden Böhmens und Mährens ein Friedenswerk zu vollbringen und damit einen entscheidenden Beitrag zur friedlichen Neuordnung Europas zu leisten.

Ein Deutschtum aber, welches wieder die verhängnisvolle Bahn der imperialistischen Gewaltpolitik einschlägt, das Gleichberechtigung ablehnt und nach Vorherrschaft über andere Völker strebt, wird früher oder später in einen blutigen Konflikt mit der aufstrebenden slawischen Welt und mit den jungen Völkern des Südostens verstrickt werden.

In einer gewaltsamen Entscheidung wird wieder eine waffenstarrende Welt gegen das deutsche Volk aufstehen [...]

Erfüllt von brennender Sorge um den Frieden Europas und die Zukunft unserer Heimat appellieren wir an euch:

Entscheidet für den friedlichen Ausweg!

Wir rufen alle unsere Mitbürger ohne Unterschied der Weltanschauung und des politischen Bekenntnisses, ob Arbeiter, Bauern, Beamte, Industrielle oder Gewerbetreibende auf, ihren guten Willen zur rettenden Tat zu vereinen, ihre Kräfte zusammenzufassen zur Schaffung eines sudetendeutschen Friedens- und Aufbaublocks.

Wir wenden uns an das Volk mit der Parole:
Vereinigung aller Kräfte für Frieden und Freiheit,
Für eine bessere Zukunft der Sudetendeutschen,
Für ein neues Europa gleichberechtigter Völker!

Deutsche Sozialdemokratische Arbeiterpartei
Der Vorsitzende: Wenzel Jaksch.

Eugen de Witte: Für Heimat und Freiheit, Seliger Archiv, Stuttgart 1982, S. 24

Deutsche Sozialdemokraten und deutsche Kommunisten gehörten zu den ersten Opfern von Gestapo und Sicherheitsdienst, die mit den deutschen Truppen in das Sudetenland einzogen. Der Vorsitzende der sudetendeutschen Sozialdemokraten berichtet: **72**

Nach dem Einmarsch der Wehrmacht waren mindestens 20000 Sozialdemokraten verhaftet und zum größten Teil ins Reich verschleppt worden. Die militärischen Befehlshaber griffen vielfach schützend ein. Sie, und auch manche Gefängnisverwaltungen in Deutschland, standen diesen Verfolgungsmaßnahmen verständislos gegenüber. Sie konnten es nicht fassen, daß Menschen, die loyale Bürger ihres bisherigen Staates gewesen waren, nunmehr in dem neuen Vaterland als Hochverräter verfolgt werden sollten. 7000–8000 sudetendeutschen Hitlergegnern blieb aber der Leidensweg ins Konzentrationslager nicht erspart. In Dachau waren schon vor dem Münchener Abkommen ganze Barackenzüge für sie geräumt worden. Schwerstes erlebten etwa 30000 politische Flüchtlinge aus dem Sudetenland, die in Innerböhmen und Mittelmähren Zuflucht gesucht hatten. Die Prager Kapitulationsregierung verweigerte ihnen zum größten Teil das Asylrecht und lieferte sie in vollen Transportzügen der Gestapo aus, vielfach noch in den Uniformen der Republikanischen Wehr. Auch für viele sudetendeutsche Soldaten, die dem tschechoslowakischen Mobilisierungsbefehl gefolgt waren, wurde die Heimkehr ein Weg in die Folterkammern und Gefängnisse des »Großdeutschen Reiches«.

Wenzel Jaksch: Europas Weg nach Potsdam. Verlag Wissenschaft und Politik, Köln 1967, S. 346

5 Deutsche Politik in Polen und der Tschechoslowakei 1939–1945

Von der Forderung nach Selbstbestimmung zur Unterdrückung und Ausrottung fremder Völker

Mit der Errichtung des »Reichsprotektorats Böhmen und Mähren« im März 1939 und der Zerschlagung des polnischen Staates im September 1939 begann ein neues, das düsterste Kapitel in der 1000jährigen Geschichte des Zusammenlebens von Deutschen mit slawischen Völkern im östlichen Mitteleuropa.

In einem geheimen Zusatzprotokoll zum deutsch-sowjetischen Nichtangriffspakts vereinbarten Hitler und Stalin am 23. August 1939 die (4.) Teilung Polens. Am 1. September 1939 marschierten deutsche, am 17. September 1939 sowjetische Truppen in Polen ein. Der deutsch-sowjetische Grenz- und Freundschaftsvertrag vom 28. 9. 1939 besiegelte die Aufteilung Polens zwischen dem Deutschen Reich und der Sowjetunion.

Hitler leitete nun einerseits Umsiedlungsmaßnahmen großen Stils ein, um Deutsche, die in Osteuropa in Streulagen siedelten, mit dem deutschen »Rassekern« zu verbinden, andererseits forcierte er entweder die Eindeutschung der »rassisch Wertvollen« aus den unterworfenen Völkern bzw. die Vertreibung und Vernichtung derjenigen Teile von ihnen, die als »rassisch minderwertig« oder »nicht umvolkbar« eingestuft wurden. Die brutale und menschenverachtende Herrschaftspraxis – in den letzten Kriegsjahren nur teilweise mit Rücksicht auf die Kriegswirtschaft eingeschränkt – schuf ein unheilvolles Klima der Beziehungen zwischen Deutschen und Polen, Deutschen und Tschechen, in dem Vertreibungs- und Vernichtungsgedanken in umgekehrter Richtung reiften.

73 *Hitler vor dem Reichstag (6. 10. 1939)*

Die Ziele und Aufgaben, die sich aus dem Zerfall des polnischen Staates ergeben, sind dabei, soweit es sich um die deutsche Interessensphäre handelt, etwa folgende:

1. Die Herstellung einer Reichsgrenze, die den historischen, ethnographischen und wirtschaftlichen Gegebenheiten gerecht wird.
2. Die Befriedung des gesamten Gebietes im Sinne der Herstellung einer tragbaren Ruhe und Ordnung.
3. Die absolute Gewährleistung der Sicherheit nicht nur des Reichsgebietes, sondern der gesamten Interessenzone.

4. Die Neuordnung, der Neuaufbau des wirtschaftlichen Lebens, des Verkehrs und damit aber auch der kulturellen und zivilisatorischen Entwicklung.
5. Als wichtigste Aufgabe aber: eine neue Ordnung der ethnographischen Verhältnisse, das heißt, eine Umsiedlung der Nationalitäten, so daß sich am Abschluß der Entwicklung bessere Trennungslinien ergeben, als es heute der Fall ist. In diesem Sinne aber handelt es sich nicht nur um ein Problem, das auf diesen Raum beschränkt ist, sondern um eine Aufgabe, die viel weiter hinausgreift. Denn der ganze Osten und Südosten Europas ist zum Teil mit nichthaltbaren Splittern des deutschen Volkstums gefüllt. Gerade in ihnen liegt ein Grund und eine Ursache fortgesetzter zwischenstaatlicher Störungen. Im Zeitalter des Nationalitätenprinzips und des Rassegedankens ist es utopisch, zu glauben, daß man diese Angehörigen eines hochwertigen Volkes ohne weiteres assimilieren könne. Es gehört daher zu den Aufgaben einer weitschauenden Ordnung des europäischen Lebens, hier Umsiedlungen vorzunehmen, um auf diese Weise wenigstens einen Teil der europäischen Konfliktstoffe zu beseitigen.

Dokumente der deutschen Politik, Bd. 7. I: Das Werden des Reiches, hg. v. F. A. Six, Berlin 1940, S. 347

Reichsführer SS Heinrich Himmler vor NS-Funktionären (9. 6. 42) **74**

Der Krieg hätte keinen Sinn, wenn nicht nach dem Kriege – ich darf das in ganz wenigen Worten umreißen – Böhmen-Mähren, die deutschen Ostgaue Südostpreußen, Danzig-Westpreußen, Warthegau, Oberschlesien, das Generalgouvernement, Ostland, die Krim, Ingermanland nach 20 Jahren total deutsch besiedelt würden, und zwar nur nach rassischen Gesichtspunkten, nach Gesichtspunkten des Blutes.

Heinrich Himmler: Geheimreden 1933–1945. Hg. von B. F. Smith und A. F. Peterson. Propyläen-Verlag, Frankfurt, Berlin, Wien 1974, S. 158

Besatzungspolitik in Polen

Die von sowjetischen Truppen besetzten Teile Ostpolens wurden in die Weißrussische bzw. Ukrainische Sowjetrepublik eingefügt. Etwa 1 500 000 Polen wurden zwischen 1939 und 1941 ins Innere der Sowjetunion deportiert, Mitglieder der polnischen Führungsschicht, Beamte, Offiziere, »Kapitalisten«, z. T. systematisch ermordet.

Ein Teil des von deutschen Truppen besetzten Polen wurde unmittelbar in das Deutsche Reich eingegliedert (Danzig-Westpreußen, Wartheland), der Rest zu einem »Generalgouvernement« erklärt, an dessen Spitze ein deutscher »Generalgouverneur« stand.

Die eingegliederten Gebiete sollten vollständig eingedeutscht, »entpolonisiert« werden, aber auch in anderen Teilen Polens Platz für »heimgeholte« Deutsche aus dem Osten geschaffen werden. Zu diesem Zweck begannen in den eingegliederten Gebieten bereits 1939 zunächst »wilde«, dann »planmäßige« Massenvertreibungen. Hunderttausende von Polen wurden in das Generalgouvernement umgesiedelt, insgesamt 900 000. Wer nach Meinung der Rassenideologen »rassisch wertvoll« war, wurde ausgesondert und »umgevolkt«.

Zu den Massenvertreibungen traten Deportationen von Zwangsarbeitern nach Deutschland. 1944 arbeiteten einschließlich der Kriegsgefangenen 2,8 Millionen Polen im Reichsgebiet.

Gegen die polnische Führungsschicht richteten sich gezielte Ausrottungsmaßnahmen. Die Juden wurden in den Städten, wo ihr Bevölkerungsanteil besonders hoch war – z. B. Lublin 39,5%, Lodz 33,5%, Warschau 30,1% –, in Gettos zusammengepfercht. Dort wurden sie systematisch ihrer Lebensgrundlagen beraubt, so daß Hunger und Epidemien schon hohe Opfer forderten, ehe ihre Deportation und systematische Ermordung in Vernichtungslagern begann. Diese lagen alle auf polnischem Gebiet: Chelmno, Belzec, Sobibor, Treblinka, Majdanek, Auschwitz.

Die Gesamtzahl der polnischen Opfer von 1939 bis 1945 wird auf 5,5 bis 6 Millionen Tote geschätzt, davon rund 3 Millionen Juden.

Die folgenden Dokumente geben einen Einblick in das von Vorstellungen über »Lebensraum« und »Herrenrasse« geprägte Denken führender Nationalsozialisten gegenüber Polen (und slawischen Völkern überhaupt), berichten von menschenverachtenden Maßnahmen, die aus diesem Denken heraus ergriffen wurden und von Eindrücken daran nichtbeteiligter Deutscher, die Zeugen solcher Aktionen wurden.

75 *Heinrich Himmler, Reichsführer SS, vor Gauleitern der NSDAP (29. 2. 1940):*

Dann müssen wir uns klar sein, und so habe ich meinen Auftrag, den ich vom Führer bekommen habe, auch aufgefaßt: Wir müssen zum mindesten in den Provinzen, die jetzt zu Deutschland gehören, sehen, daß das Problem einer polnischen Minderheit zu unserer Zeit aufgelöst und ausgerottet wird. Das Problem muß ausgerottet werden. Ich möchte hier nicht falsch verstanden werden, und die polnische Nationalität und das polnische Volk muß nach zwei Seiten hin aufgelöst werden [...] Es war am Anfang notwendig, daß wir – und ich darf bitten, daß das nur für diesen engen Kreis bestimmt ist –, insbesondere in Westpreußen, wo die

Greuel der Polen am schlimmsten waren und der Aderlaß des deutschen Blutes am schlimmsten war, in einer sehr harten Form durchgegriffen haben [...]

Wir mußten zunächst dem Gegner seine führenden Köpfe nehmen, das waren die Leute im Westmarkverband, in den aufständischen Verbänden, das war die polnische Intelligenz. Die mußten weg, da half nun nichts. Die klugen Reden und Ratschläge, die mir von manchen Stellen gegeben wurden, daß darüber die eigene Truppe Schaden leiden könnte, die weiß ich selbst. Von den Herren, glaube ich, die mir den Ratschlag gegeben haben oder die mir den Ratschlag gaben, ist kein einziger bei der Exekution selbst dabei gewesen. Ich kann Ihnen sagen: Es ist scheußlich und furchtbar für einen deutschen Menschen, wenn er das ansehen muß. Das ist so, und wenn es nicht scheußlich und so furchtbar für uns wäre, dann wären wir ja keine deutschen Menschen mehr und wären wir ja keine Germanen. Ebenso scheußlich wie es ist, ebenso notwendig ist es gewesen und wird es auch in vielen Fällen noch sein, daß wir es durchführen.

Heinrich Himmler, a.a.O., S. 124, 128.

Der Generalgouverneur des »Generalgouvernements« (Polen), Hans Frank, auf einer Sitzung mit SS- und Polizeioffizieren (30. 5. 1940): **76**

Ich gestehe ganz offen, daß das einigen tausend Polen das Leben kosten wird, vor allem aus der geistigen Führerschicht Polens. Für uns alle als Nationalsozialisten bringt aber diese Zeit die Verpflichtung mit sich, dafür zu sorgen, daß aus dem polnischen Volk kein Widerstand emporsteigt [...] Der Führer hat mir gesagt: Die Frage der Behandlung und Sicherstellung der deutschen Politik im Generalgouvernement ist eine ureigene Sache der verantwortlichen Männer des Generalgouvernements. Er drückte sich so aus: Was wir jetzt an Führerschicht in Polen festgestellt haben, das ist zu liquidieren, was wieder nachwächst, ist von uns sicherzustellen und in einem entsprechenden Zeitraum wieder wegzuschaffen. Daher brauchen wir das Deutsche Reich um [lies: und] die Reichsorganisation der deutschen Polizei damit nicht zu belasten. Wir brauchen diese Elemente nicht erst in die Konzentrationslager des Reiches abzuschleppen, denn dann hätten wir nur Scherereien und einen unnötigen Briefwechsel mit den Familienangehörigen, sondern wir liquidieren die Dinge im Lande.

Hans-Adolf Jacobsen: Der Weg zur Teilung der Welt, Wehr und Wissen, 2. Aufl., Koblenz/Bonn 1979, S. 38f.

77 *Aktenvermerk Reichsleiter Bormanns über ein Gespräch Hitlers mit dem Generalgouverneur Hans Frank (2. 10. 1940)*

Der Führer betonte weiter, der Pole sei im Gegensatz zu unserem deutschen Arbeiter geradezu zu niedriger Arbeit geboren; unserem deutschen Arbeiter müßten wir aber alle Aufstiegsmöglichkeiten gewähren, für den Polen komme dies keinesfalls in Frage. Das Lebensniveau in Polen müsse sogar niedrig sein bzw. gehalten werden [...] Noch einmal müsse der Führer betonen, daß es für die Polen nur einen Herren gebe dürfe, und das sei der Deutsche; zwei Herren nebeneinander könne es nicht geben und dürfe es nicht geben, daher seien alle Vertreter der polnischen Intelligenz umzubringen. Dies klinge hart, aber es sei nun einmal das Lebensgesetz [...] Das Generalgouvernement sei eine polnische Reservation, ein großes polnisches Arbeitslager. Auch die Polen profitierten davon, denn wir hielten sie gesund, sorgten dafür, daß sie nicht verhungerten usw.; nie dürften wir sie aber auf eine höhere Stufe erheben, denn sonst würden sie lediglich zu Anarchisten und Kommunisten [...]; das Geld, das der Pole zum Leben benötige, müsse er sich durch Arbeit in Deutschland verdienen. Diese billigen Arbeitskräfte benötigten wir nun einmal, ihre Billigkeit käme jedem Deutschen, auch jedem deutschen Arbeiter zugute. Im Gouvernement sei eine straffe deutsche Verwaltung notwendig, um die Arbeiter-Reservation in Ordnung zu halten [...]

Ursachen und Folgen, Bd. 18, hg. v. H. Michaelis und E. Schraepler, Dokumenten-Verlag H. Wendler, Berlin o.J. Bd. 18, S. 510f.

78 *Reichsführer SS Heinrich Himmler vor SS-Offizieren (4. 10. 1943):*

Wie es den Russen geht, wie es den Tschechen geht, ist mir total gleichgültig. Das, was in den Völkern an gutem Blut unserer Art vorhanden ist, werden wir uns holen, indem wir ihnen, wenn notwendig die Kinder rauben und sie bei uns großziehen. Ob die anderen Völker im Wohlstand leben oder ob sie verrecken vor Hunger, das interessiert mich nur soweit, als wir sie als Sklaven für unsere Kultur brauchen, anders interessiert mich das nicht. Ob bei dem Bau eines Panzergrabens 10000 russische Weiber an Entkräftung umfallen oder nicht, interessiert mich nur insoweit, als der Panzergraben für Deutschland fertig wird. Wir werden niemals roh und herzlos sein, wo es nicht sein muß; das ist klar. Wir Deutsche, die wir als einzige auf der Welt eine anständige Einstellung zum Tier haben, werden ja auch zu diesen Menschentieren eine anständige Einstellung einnehmen, aber es ist ein Verbrechen gegen unser eigenes Blut, uns um sie Sorge zu machen und ihnen Ideale zu bringen, damit unsere Söhne und Enkel es noch schwerer haben mit ihnen.

Der Prozeß gegen die Hauptkriegsverbrecher vor dem Internationalen Militärgerichtshof. Bd. 29, Nürnberg 1948, S. 122f.

Aus einer Denkschrift des Reichsführers SS Himmler an Hitler über die »Behandlung von Fremdvölkischen im Osten« (25. 5. 1940) **79**

Eine grunsätzliche Frage bei der Lösung aller dieser Probleme ist die Schulfrage und damit die Frage der Sichtung und Siebung der Jugend. Für die nichtdeutsche Bevölkerung des Ostens darf es keine höhere Schule geben als die vierklassige Volksschule. Das Ziel dieser Volksschule hat lediglich zu sein: Einfaches Rechnen bis höchstens 500, Schreiben des Namens, eine Lehre, daß es ein göttliches Gebot ist, den Deutschen gehorsam zu sein und ehrlich, fleißig und brav zu sein. Lesen halte ich nicht für erforderlich. Außer dieser Schule darf es im Osten überhaupt keine Schulen geben [...]

Vierteljahrshefte für Zeitgeschichte. Jg. 1957, H. 2, S. 197

Vorlage des SS-Gruppenführers Müller an Reichsführer SS Himmler, die dieser genehmigte und nach der anschließend verfahren wurde (31. 10. 1942): **80**

Mit der angeordneten Evakuierung von Polen im Distrikt Lublin (Zamosc), die zeitlich von der Heranbringung der zur Ansetzung gelangenden Volksdeutschen abhängt, wird voraussichtlich Mitte November begonnen werden [...]

1) Die polnischen Familien der Wertungsgruppen I und II werden ausgesondert und nach Litzmannstadt zur Eindeutschung bezw. Feinmusterung gebracht [...]

2) Von den Angehörigen der Wertungsgruppe III und IV werden die Kinder zusammen mit den über 60 Jahre alten Polen ausgesondert und gemeinsam, also im allgemeinen Kinder mit Großeltern, in sogenannte »Rentendörfer« verbracht [...]

3) Die Unterbringung in die sogenannten »Rentendörfer« ist so geplant, daß die in Betracht kommenden Polen in bereits vorhandene, nur von Polen besiedelte Dörfer zusätzlich untergebracht werden. Ähnliche Maßnahmen wurden bisher bereits im Warthegau im Rahmen der örtlichen Verdrängung von Polen durch Schaffung von »Polenreservaten« erfolgreich durchgeführt.

4) Die von 14 bis 60 Jahre alten arbeitsfähigen Angehörigen der Wertungsgruppe III werden, ohne arbeitsunfähigen Anhang, zum Arbeitseinsatz in das Reich vermittelt. Im Einvernehmen mit dem Generalbevollmächtigten für den Arbeitseinsatz werden sie als Ersatz für die noch im kriegswichtigen Arbeitseinsatz stehenden Juden verwendet.

5) Die Angehörigen der Wertungsgruppe IV im Alter von 14 bis 60 Jahren werden in das KL. Auschwitz abgefördert [...]

Czeslaw Madajczyk: Zamojszczyzna – Sonderlaboratorium SS. Bd. I, Warzawa 1977, S. 152f.

81 *Polizeiverordnung über die Kenntlichmachung der im Reich eingesetzten Zivilarbeiter und -arbeiterinnen polnischen Volkstums (8. 3. 1940)*

§ 1.

(1) Arbeiter und Arbeiterinnen polnischen Volkstums, die im Reichsgebiet zum zivilen Arbeitseinsatz eingesetzt sind oder eingesetzt werden, haben auf der rechten Brustseite jedes Kleidungsstückes ein mit ihrer jeweiligen Kleidung fest verbundenes Kennzeichen stets sichtbar zu tragen.

(2) Das Kennzeichen besteht aus einem auf der Spitze stehenden Quadrat mit 5 cm langen Seiten und zeigt bei $^1/_2$ cm breiter violetter Umrandung auf gelbem Grund ein $2^1/_2$ cm hohes violettes P.

§ 2.

(1) Wer der Vorschrift des § 1 vorsätzlich oder fahrlässig zuwiderhandelt, wird mit Geldstrafe bis zu 150 Reichsmark oder Haft bis zu sechs Wochen bestraft.

(2) Unberührt bleiben Strafvorschriften, in denen eine höhere Strafe angedroht ist, und polizeiliche Sicherungsmaßnahmen.

Reichsgesetzblatt 1940/I, S. 555

82 *Verordnung über die Strafrechtspflege gegen Polen und Juden in den eingegliederten Ostgebieten (4. Dezember 1941)*

I

(1) Polen und Juden haben sich in den eingegliederten Ostgebieten entsprechend den deutschen Gesetzen und den für sie ergangenen Anordnungen der deutschen Behörden zu verhalten. Sie haben alles zu unterlassen, was der Hoheit des Deutschen Reiches und dem Ansehen des deutschen Volkes abträglich ist.

(2) Sie werden mit dem Tode bestraft, wenn sie gegen einen Deutschen wegen seiner Zugehörigkeit zum deutschen Volkstum eine Gewalttat begehen.

(3) Sie werden mit dem Tode, in minder schweren Fällen mit Freiheitsstrafe bestraft, wenn sie durch gehässige oder hetzerische Betätigung eine deutschfeindliche Gesinnung bekunden, insbesondere deutschfeindliche Äußerungen machen oder öffentliche Anschläge deutscher Behörden oder Dienststellen abreißen oder beschädigen, oder wenn sie durch ihr sonstiges Verhalten das Ansehen oder das Wohl des Deutschen Reiches oder des deutschen Volkes herabsetzen oder schädigen.

II

Polen und Juden werden auch bestraft, wenn sie gegen die deutschen Strafgesetze verstoßen oder eine Tat begehen, die gemäß dem Grundgedanken eines deutschen Strafgesetzes nach den in den eingegliederten Ostgebieten bestehenden Staatsnotwendigkeiten Strafe verdient [...]

VI

(1) Jedes Urteil ist sofort vollstreckbar; jedoch kann der Staatsanwalt gegen Urteile des Amtsrichters Berufung an das Oberlandesgericht einlegen. Die Berufungsfrist beträgt zwei Wochen.

(2) Auch das Beschwerderecht steht allein dem Staatsanwalt zu; über die Beschwerde entscheidet das Oberlandesgericht.

VII

Polen und Juden können deutsche Richter nicht als befangen ablehnen [...]

XI

Polen und Juden können weder Privatklage noch Nebenklage erheben.

XII

Gericht und Staatsanwalt gestalten das Verfahren auf der Grundlage des deutschen Strafverfahrensrechts nach pflichtgemäßem Ermessen. Sie können von Vorschriften des Gerichtsverfassungsgesetzes und des Reichsstrafverfahrensrechts abweichen, wo dies zur schnellen und nachdrücklichen Durchführung des Verfahrens zweckmäßig ist.

Reichsgesetzblatt 1941/I, S. 759f.

Verordnung zur Bekämpfung von Angriffen gegen das deusche Aufbauwerk im Generalgouvernement (2. 10. 1943) **83**

§ 1: Nichtdeutsche, die in der Absicht, das deutsche Aufbauwerk im GG (Generalgouvernement) zu hindern oder zu stören, gegen Gesetze, Verordnungen oder behördliche Anordnungen und Verfügungen verstoßen, sind mit dem Tode zu bestrafen.

§ 2: Der Anstifter und der Gehilfe werden wie der Täter, die versuchte Tat wird wie die vollendete bestraft.

§ 3: Zuständig für die Aburteilung sind die Standgerichte der Sicherheitspolizei [...]

Verordnungsblatt Generalgouvernement 1943, S. 589, nach Martin Broszat: Nationalsozialistische Polenpolitik. Deutsche Verlagsanstalt, Stuttgart 1961, S. 191

Bericht eines Mitarbeiters der volksdeutschen Mittelstelle über Polenaussiedlungen im Wartheland 1940 **84**

An einem Abend wurde ein polnisches Dorf umstellt von einer Gruppe SA-Männer, welche die Leitung der Aktion innehatten. Außerdem waren noch einige Volksdeutsche in die Kommandos zwangsweise einbezogen worden. Das Dorf wurde umzingelt, und kurz vor Mitternacht wurden die Leute aus den Betten herausgejagt. Dann kam der Befehl, binnen einer halben oder dreiviertel Stunde mit einem Gepäck von 30 kg reisefertig zu sein. Es wurde dort furchtbar gehaust. Heiligenbilder, Kruzifixe wurden zerbrochen und in den Kehricht geworfen. Die Polen mußten in ihren eigenen Wagen in die Kreisstadt fahren und kamen dort hinter Stacheldraht. In der Kreisstadt warteten bereits Volksdeutsche, die man von woanders geholt hatte. Diese Volksdeutschen wurden dann auf dieselben Wagen geladen, in denen die polnischen Familien gekommen waren. Selbstverständlich waren diese Volksdeutschen sehr entsetzt von den fürchterlichen Dingen, die sie dort anfanden [...]

Martin Broszat: Nationalsozialistische Polenpolitik 1939–1945. Deutsche Verlagsanstalt, Stuttgart 1961, S. 97

85 *Aus einem Brief der Gutsbesitzersfrau Lily Jungblut aus dem Kreis Hohensalza, Parteigenossin seit 1930, an Generalfeldmarschall Göring (6. 12. 1939)*

Ist es, wie behauptet wird, tatsächlich der Wille unserers Führers und der Regierung, die gesamte deutschstämmige polnische Bevölkerung[1] systematisch auszurotten? Fußend auf die unwahre Behauptung, daß die »Verantwortung der ›Morde‹ an Volksdeutschen ausschließlich zu Lasten der intellektuellen Führung des Polentums geht«, wie die Deutsche Rundschau in Bromberg am 12. September 1939 schreibt, sind Tausende und Abertausende unschuldige Menschen dieser Kreise erschossen worden; sämtliche Lehrer und Lehrerinnen, Ärzte und Ärztinnen, Rechtsanwälte, Notare, Richter und Staatsanwälte, Großkaufleute und Gutsbesitzer – soweit sie noch lebten – sind zu Tausenden aus den Schulen vor den Augen der Kinder, aus den Stellen, in die die Wehrmacht sie wieder eingesetzt hatte, aus der Praxis, aus den Kliniken, von den Gütern, so wie sie gingen und standen, von der Danziger Gestapo verhaftet und in Zuchthäuser und Gefängnisse gesperrt [...] Und heute beginnt die gleiche Tragödie mit den Kleinbauern und den Arbeitern [...] Welchen Ruhm erwerben sich Volksdeutsche und Treuhänder, wenn sie fast sämtliche Christus- und Marienkreuze an den Wegen absägen und zerschlagen lassen, in die Häuser der Arbeiter eindringen und heilige Bilder von den Wänden herunterreißen und mit den Füßen zertreten und somit die fromme katholische Landbevölkerung aufs tiefste treffen?

Martin Broszat, a.a.O., S. 42f.

[1] Gemeint ist: die alteingesessene, schon zu preußischer Zeit im Lande wohnende polnische Bevölkerung.

Helmut Stieff, 1944 als Generalmajor und Teilnehmer der Verschwörung vom 20. Juli hingerichtet, in einem Privatbrief aus Warschau (21. 11. 1939) **86**

Die Masse der Millionenbevölkerung der Stadt vegetiert irgendwo und irgendwie, man kann nicht sagen wovon. Es ist eine unsagbare Tragödie, die sich dort abspielt [...] Es ist eine Stadt und eine Bevölkerung, die dem Untergang geweiht ist. Es ist so grausam, daß man keinen Augenblick seines Lebens froh ist, wenn man in dieser Stadt weilt [...] Man bewegt sich dort nicht als Sieger, sondern als Schuldbewußter! Mir geht es nicht allein so, – die Herren, die dort leben müssen, empfinden dasselbe. Dazu kommt noch all das Unglaubliche, was dort am Rande passiert und wo wir mit verschränkten Armen zusehen müssen! Die blühendste Phantasie einer Greuelpropaganda ist arm gegen die Dinge, die eine organisierte Mörder-, Räuber- und Plündererbande unter angeblich höchster Duldung dort verbricht. Da kann man nicht mehr von »berechtigter Empörung über an Volksdeutschen begangenen Verbrechen« sprechen. Diese Ausrottung ganzer Geschlechter mit Frauen und Kindern ist nur von einem Untermenschentum möglich, das den Namen Deutsch nicht mehr verdient. Ich schäme mich, ein Deutscher zu sein! Diese Minderheit, die durch Morden, Plündern und Sengen den deutschen Namen besudelt, wird das Unglück des ganzen deutschen Volkes werden, wenn wir ihnen nicht bald das Handwerk legen. Denn solche Dinge, wie sie mir von kompetentester Seite an Ort und Stelle geschildert und bewiesen wurden, müssen die rächende Nemesis wachrufen. Oder dies Gesindel geht gegen uns Anständige eines Tages ebenso vor und terrorisiert mit seinen pathologischen Leidenschaften auch das eigene Volk [...]

Vierteljahrshefte für Zeitgeschichte, Jg. 1954, H. 3, S. 299f.

Besatzungpolitik in der Tschechoslowakei

Die deutsche Politik im »Reichsprotektorat Böhmen und Mähren« folgte im Prinzip den gleichen Grundsätzen wie in Polen: Ausschaltung der tschechischen Intelligenz bis hin zu deren physischer Vernichtung, Eindeutschung, Ausrottung der Juden. Ein Unterschied war insofern gegeben, als das reibungslose Funktionieren der tschechischen Industrie für die deutsche Kriegswirtschaft von großer Bedeutung war. Deshalb wurde zunächst ein Regiment von »Zuckerbrot und Peitsche« versucht. 1942 veranlaßte die tschechische Exilregierung in London ein Attentat auf den stellvertretenden Reichsprotektor und SS-General Heydrich. Dessen Gelingen führte erwartungsgemäß zu scharfen Repressionen: Das Dorf Lidice wurde ausgelöscht, der Vorsitzende der Protektoratsregierung hingerichtet.

Von den etwa 100000 tschechischen Juden wurden zwischen 1939 und 1945 etwa 65000 Opfer der nationalsozialistischen Ausrottungspolitik. Weitere 36000 – nach anderen Angaben bis zu 55000 – Tschechen, vorwiegend Angehörige des Mittelstandes, Intellektuelle, Politiker, Schriftsteller und Künstler fielen der Gewaltherrschaft zum Opfer.

87 *Bekanntmachung des Reichsprotektors für Böhmen und Mähren, Frh. v. Neurath (17.11.1939)*

Trotz wiederholter ernster Warnungen versucht seit einiger Zeit eine Gruppe tschechischer Intellektueller in Zusammenarbeit mit Emigrantenkreisen im Ausland durch kleine oder größere Widerstandsakte die Ruhe und Ordnung im Protektorat Böhmen und Mähren zu stören.

Es konnte dabei festgestellt werden, daß sich Rädelsführer dieser Widerstandsakte besonders auch in den tschechischen Hochschulen befinden.

Da sich am 28. Oktober und 15. November diese Elemente hinreißen ließen, gegen einzelne Deutsche tätlich vorzugehen, wurden die tschechischen Hochschulen auf die Dauer von drei Jahren geschlossen, neun Täter erschossen und eine größere Anzahl Beteiligter in Haft genommen.

Leon Poliakov/Josef Wulf: Das Dritte Reich und seine Denker. Arani-Verlag, Berlin 1959, S. 491

88 *Aus der Denkschrift des Staatssekretärs beim Reichsprotektor, Karl Hermann Frank, an Hitler, der die Vorschläge billigte (28.8.1940)*

Das Ziel der Reichspolitik in Böhmen und Mähren muß die restlose Germanisierung von Raum und Menschen sein. Um sie zu erreichen, gibt es zwei Möglichkeiten:

I Die totale Aussiedlung der Tschechen aus Böhmen und Mähren in ein Gebiet außerhalb des Reiches und Besiedlung des freigewordenen Raumes mit Deutschen.

Oder

II. bei Verbleiben des Großteils der Tschechen in Böhmen und Mähren die gleichzeitige Anwendung vielfältiger, der Germanisierung dienender Methoden nach einem X-Jahresplan.

Eine solche Germanisierung sieht vor:

1. Die Umvolkung der rassich geeigneten Tschechen;
2. Die Aussiedlung von rassisch unverdaulichen Tschechen und der reichsfeindlichen Intelligenzschicht bzw. Sonderbehandlung[1] dieser und aller destruktiven Elemente;

[1] d.h. Tötung

3. die Neubesiedlung dadurch freigewordenen Raumes mit frischem deutschem Blut.

ad. I.

Die totale Aussiedlung von 7,2 Millionen Tschechen halte ich für undurchführbar.

a) weil kein Raum vorhanden, wo sie neu angesiedelt werden können;

b) weil keine deutschen Menschen vorhanden sind, die den leergewordenen Raum sofort füllen können;

c) weil das hochzivilisierte, wirtschaftlich und verkehrstechnisch hochempfindliche Herzland Europas keine Störung seiner Funktion und kein Vakuum verträgt;

d) weil Menschen Reichskapital sind und wir im neuen Reich die Arbeitskraft von 7 Millionen Tschechen nicht entbehren können;

e) weil wahrscheinlich die Schockwirkung auf andere Südostvölker unerwünscht ist.

ad II.

Die Germanisierung kann jedoch nach meiner Meinung erreicht werden durch die hier angeführten Möglichkeiten. Die erfolgreichen Assimilierungsversuche früherer Jahrhunderte, die dadurch entstandene und oben beschriebene rassische Niveaugleichheit von Millionen Tschechen mit den Deutschen und die Anziehungskraft des neuen Reiches ermöglichen und lassen es wahrscheinlich erscheinen, daß mehrere Millionen Tschechen einer echten Umvolkung zugeführt werden können.

Diesen umvolkbaren Teil des tschechischen Volkes von dem rassisch minderwertigen zu trennen, ist Aufgabe von eigenen hierzu bestellten Untersuchungskommissionen. (Evtl. im Rahmen des öffentlichen Gesundheitsdienstes.)

Jugend: Grundlegende Änderung der Schulbildung – Ausrottung des tschechischen Geschichtsmythos – Erziehung zum Reichsgedanken – Ohne perfekte Kenntnis der deutschen Sprache kein Vorwärtskommen – Erst Abschaffung der Mittelschulen, dann auch der Volksschulen – Nie mehr tschechische Hochschulen, nur für Übergang »Collegium bohemicum« bei der deutschen Universität in Prag.

Neben ständiger Werbung für das Deutschtum und Gewährung von Vorteilen als Anreiz schärfste Polizeimethoden mit Landesverweisung und Sonderbehandlung gegen alle Saboteure; Grundsatz »Zuckerbrot und Peitsche«!

Hans-Adolf Jacobsen, a.a.O., S. 237f.

89 *Aus der Antrittsrede des stellv. Reichsprotektors und SS-Obergruppenführers Heydrich vor deutschem Publikum, das zu strengstem Stillschweigen verpflichtet war (Prag, 2. 10. 1941)*

Alles Handeln hier von deutschen Menschen in diesem Raum kann nur ganz eindeutig ein gleichgerichtetes sein, nämlich daß wir im Augenblick aus kriegswichtigen und taktischen Gründen den Tschechen in gewissen Dingen nicht zur Weißglut und zum Verbrennen bringen dürfen, daß wir im Moment aus bestimmten taktischen Gründen hart sein müssen, aber doch so zu handeln haben, daß er nicht – weil er keinen Ausweg mehr weiß – nun zum endgültigen Aufstand etwa glaubt gehen zu müssen. Aber die Grundlinie muß für all dieses Handeln unausgesprochen bleiben, daß dieser Raum einmal deutsch werden muß, und daß der Tscheche in diesem Raum letzten Endes nichts mehr verloren hat. Das sind Dinge, die meine Aufgabe hier in zwei ganz große und klare Etappen und Aufgabengebiete teilen. Das Eine ist die kriegsmäßige Nahaufgabe und das Zweite ist die Einleitung einer weitsichtigen Endaufgabe.

Václav Kral: Die Vergangenheit warnt. Orbis, Prag 1960, S. 129

90 *Aus dem Abschlußbericht des stellv. Reichsprotektors Kurt Daluege über die Aktionen im Anschluß an das Attentat auf seinen Vorgänger, Reinhard Heydrich (Juli 1942)*

Die Standgerichte Prag und Brünn haben in der Zeit vom 28. 5. 1942 bis 24. 6. 1942 insgesamt 695 Personen, darunter 106 Frauen, zum Tode verurteilt, und zwar wegen Gutheißung des Attentates (231), unbefugten Waffenbesitzes (42), Aufrechterhaltung von Verbindungen und Gewährung von Unterschlupf (343), Unterlassung der polizeilichen Meldung (77) und falscher Anschuldigung (2). Alle Urteile wurden sofort durch Ordnungspolizei vollstreckt.

Gegen die Orte Liditz bei Kladno und Ležaky bei Louka, Bezirk Chrudim, wurden besondere Vergeltungsmaßnahmen durchgeführt. Die Einwohner beider Ortschaften hatten im vollen Bewußtsein ihrer Handlungsweise tschechischen Fallschirmagenten Unterschlupf und Unterstützung gewährt. In der Ortschaft Ležaky lag die Leitstelle der Fallschirmagenten und die Funkverbindung nach London.

Die Ortschaft Liditz wurde mit 95 Häusern vollständig niedergebrannt, 199 männliche Einwohner über 15 Jahre wurden an Ort und Stelle erschossen, 184 Frauen in das Konzentrationslager Ravensbrück, 88 Kinder nach Litzmannstadt überführt, während 7 Kinder unter 1 Jahr in ein Heim nach Prag gebracht wurden. Nur 3 Kinder konnten nach rassischer Untersuchung zur Eindeutschung in das Altreichsgebiet gebracht werden.

Der Ort Ležaky, der aus 8 Häusern bestand, wurde vollständig niedergebrannt. 33 Erwachsene (Männer und Frauen) wurden erschossen. Die Kinder wurden deutschen Stellen übergeben [...]

Václav Kral (Hg.): Die Deutschen in der Tschechoslowakei 1933–1947. Acta Occupationis Bohemiae et Moraviae, Praha 1964, S. 488

Befehl K.H. Franks, des Staatsministers für das Protektorat (3. 11. 1944) **91**

Als Abschreckungsmittel für die Banditen im Grenzgebiet sind ab sofort eine größere Anzahl im Grenzgebiet erfaßter Banditen sowie Unterstützer von solchen oder Arbeitsvertragsbrüchige, bei denen anzunehmen ist, daß sie sich den Banditen anschließen wollen, kurzerhand einer Sonderbehandlung zuzuführen und in Orten oder in der Umgebung von Orten, in denen Banditenüberfälle vorkommen, öffentlich aufzuhängen. Die Exekutierten bleiben 48 Stunden am Galgen zur Schau gestellt und sind jeweils von einem entsprechenden Aufgebot von tschechischer Gendarmerie zu bewachen, um auf alle Fälle ein Abschneiden zu verhindern.

Die Genehmigung zur Sonderbehandlung ist kurzerhand telefonisch bei mir persönlich einzuholen. Die Dienststellen im Grenzgebiet sind ausdrücklich darauf hinzuweisen, daß in den nächsten Tagen eine größere Anzahl derart Exekutierter politisch erwünscht ist und aus diesem Grunde eine Abgabe an die Gerichte zu unterbleiben hat. Die Vernehmungen von Aufgegriffenen sind sofort und kurz durchzuführen, alle bürokratischen und menschlichen Hemmungen haben zu entfallen [...]

Koloman Gajan/Robert Kvacek (Hg.): Deutschland und die Tschechoslowakei 1918–1945. Orbis, Prag 1965, S. 180f.

6 Alliierte Planungen für die Nachkriegszeit

Polnische und tschechoslowakische Politiker hatten im Exil in London schon bald nach Kriegsausbruch Überlegungen über die Zukunft ihrer Länder nach Kriegsende angestellt. Je länger sich der Krieg hinzog, je mehr Schreckensmeldungen aus den von Deutschen besetzten Gebieten ins Ausland gelangten, desto mehr gewannen Pläne an Boden, die radikale Lösungen propagierten, desto mehr waren auch die »Großen Drei«, Großbritannien, die USA und die UdSSR, geneigt, Forderungen zu akzeptieren, die eine dauerhafte Schwächung Deutschlands versprachen.

Die Entstehung der Oder-Neiße-Linie

Das Problem der Nachkriegsgrenze zwischen Deutschland und Polen verband sich in den Diskussionen und Beschlüssen der Kriegskonferenzen mit dem Problem der Grenze zwischen Polen und Sowjetrußland auf folgende Weise:

Im Juli 1920 hatte der britische Außenminister Lord Curzon dem neu entstandenen polnischen Staat und Sowjetrußland, die sich wegen ihrer strittigen Grenzen im Krieg miteinander befanden, eine Grenzlinie vorgeschlagen, die von einer interalliierten Kommission erarbeitet worden war. Sie orientierte sich nicht an den von Polen geforderten »historischen Grenzen«, sondern an den tatsächlichen Siedlungsgebieten von Polen einerseits und Weißrussen und Ukrainern andererseits, wobei freilich – wie fast überall in Ostmitteleuropa – auch hier eine eindeutige Festlegung von Nationalitätengrenzen unmöglich war. Diese später allgemein so genannte »Curzon-Linie« bildete jedoch nach dem Friedensschluß von Riga (1921) nicht die Grenze zwischen Polen und Sowjetrußland, denn Polen hatte den Krieg siegreich für sich entscheiden können und erzwang eine Grenze zu Sowjetrußland, die 200 km östlich der Curzon-Linie verlief und über 6 Millionen Ukrainer und Weißrussen einschloß (→ Nr. 25). Durch den Hitler-Stalin-Pakt von 1939 war die Sowjetunion wieder in den Besitz der 1921 verlorenen Gebiete gelangt und war auch nach Beginn des Krieges mit Deutschland nicht bereit, diese an das jetzt alliierte Polen zurückzugeben.

In dieser Situation wurde der Gedanke geboren, Polen für seine Verluste im Osten auf Kosten Deutschlands zu entschädigen, eine »Westverschiebung« Polens vorzunehmen. Die polnische Exilregierung in London hatte zwar schon 1940 Ansprüche auf Ostpreußen und Danzig angemeldet, war aber nicht gewillt, auf ostpolnisches Gebiet zu verzichten. Daneben bestanden weitergehende Vorstellungen, die die Exilregierung aber noch 1944 ablehnte (→ Nr. 98).

Gegen die Exilregierung, zu der die Sowjetunion überdies 1943 die Beziehungen abgebrochen hatte, setzten die Sowjetunion, die USA und Großbritannien schließlich ihren Kompensationsplan durch. Nach 1945 entfernten sich allerdings die Sowjetunion und Polen wieder von dieser Begründung für die Westverschiebung Polens (→ Nr. 183/184).

Abdruck des Artikels einer polnische Untergrundzeitung aus dem Sommer 1941 in der Londoner Exilzeitung »Dziennik Polski« (London, 9. 10. 1941) **92**

Das sind in Kürze unsere wichtigsten Kriegsziele:

1. Polen muß ganz Ostpreußen und im Westen zumindest die Linie der unteren Oder (die Mündung mit beiden Ufern) sowie ganz Schlesien bis an die Lausitzer Neiße wiedergewinnen. Über diesen Punkt sind keine weiteren Auführungen nötig, er ist genügend erläutert und haftet bereits fest im Bewußtstsein der ganzen Nation.
2. Dem polnischen Volk wird das Recht zustehen, die ganze deutsche Bevölkerung nach freiem Ermessen der zuständigen polnischen Behörden nach Deutschland auszusiedeln, ohne Rücksicht auf eine eventuelle Option dieser Bevölkerung. Die Entschädigung für die deutsche Bevölkerung, die seit langem auf polnischem Boden ansässig ist, zahlt die deutsche Regierung; sie trägt auch die Kosten der Aussiedlung [...] Das uns zugefügte Unrecht muß wiedergutgemacht werden, der Gerechtigkeit muß Genüge getan werden, der künftige Friede muß dauerhaft sein – das alles können wir erreichen, wenn wir bei den Deutschen die Ausführung der obigen Bedingungen durchsetzen [...]

Gotthold Rhode/Wolfgang Wagner: Quellen zur Entstehung der Oder-Neiße-Linie. Brentano-Verlag, 2. Aufl., Stuttgart 1959, S. 14f.

Bericht Harry Hopkins, persönlicher Berater des US-Präsidenten Roosevelt, über eine Konferenz Roosevelts mit dem britischen Außenminister Eden im März 1943 **93**

Polen fordert Ostpreußen, und der Präsident und Eden sind beide der Meinung, daß Polen es bekommen solle. Die Russen, sagte Eden, seien an sich damit einverstanden, aber sie möchten das den Polen nicht sagen, weil sie die Sache als Handelsobjekt bei der Friedenskonferenz benutzen wollen. Polen will seine alten Grenzen wiederhaben, wie sie vor dem Kriege bestanden. Der Präsident sagte, schließlich hätten die Großmächte zu bestimmen, was Polen haben sollte, und er, der Präsident, habe nicht die Absicht, sich zur Friedenskonferenz zu begeben, um mit Polen und anderen kleinen Staaten zu verhandeln; was Polen angehe, so werde es sich darum handeln, es so wieder aufzurichten, daß es sein Teil dazu beitragen könne, den Frieden in der Welt zu wahren.

Der Präsident sagte, wir sollten seiner Meinung nach eine Möglichkeit finden, die Preußen aus Ostpreußen zu entfernen, so wie die Griechen nach dem letzten Kriege aus der Türkei entfernt wurden; es sei zwar eine harte Maßregel, aber der einzige Weg, den Frieden zu sichern, und den Preußen sei ohnehin nicht zu trauen.

Robert E. Sherwood: Roosevelt und Hopkins, Krüger-Verlag, Hamburg 1950, S. 581f.

94 *Aus dem amerikanischen Konferenzprotokoll der Konferenz von Teheran, zu der sich die »Großen Drei« trafen (1. 12. 1943)*

Der Premierminister [Churchill] sagte, er würde gern die Ansichten der Sowjetregierung in bezug auf die Grenzfrage erfahren, und wenn eine vernünftige Formel vorgeschlagen werden könnte, sei er bereit, mit der polnischen Regierung im Exil in Verbindung zu treten und ihr diese Lösung, ohne zu sagen, daß die Sowjetregierung sie annehmen würde, als die wahrscheinlich beste vorschlagen, die zu erreichen sei. Wenn die polnische Regierung sie ablehnte, würde Großbritannien die Sache als erledigt betrachten und der Sowjetregierung bei der Friedenskonferenz unter keinen Umständen widersprechen. Er sagte, die britische Regierung wünsche ein starkes Polen mit freundlichen Beziehungen zu Rußland. Marschall Stalin sagte, daß das wünschenswert sei, aber dann dürften die Polen nicht versuchen, die Ukraine und Weißrußland zurückzubekommen; die Grenzen von 1939 hätten den ukrainischen Boden an die Ukraine und den weißrussischen Boden an Weißrußland zurückzugeben. Die Sowjetregierung bestehe auf der Grenzlinie von 1939, die sie als endgültig und gerecht betrachte. Mr. Eden sagte, daß diese Linie als die Ribbentrop-Molotow-Linie bekannt sei. Marschall Stalin sagte, nennen Sie sie, wie Sie wollen, wir betrachten sie trotzdem als endgültig und gerecht. Mr. Molotow mischte sich ein und sagte, die Grenze von 1939 sei die Curzon-Linie.

Hans-Adolf Jacobsen, a.a.O., S. 325

95 *Churchill berichtet über den weiteren Fortgang:*

Ich schlug dann folgende Formel vor: »Es ist grundsätzlich anzunehmen, daß die Heimstätte des polnischen Staates und der polnischen Nation zwischen der sogenannten Curzon-Linie und der Linie der Oder [Anmerkung Churchills: Die Frage der östlichen oder der westlichen Neiße war bis dahin gar nicht aufgetaucht] liegen und Ostpreußen (wie definiert) sowie Oppeln umschließen sollte; die endgültige Grenzziehung erfordert aber ein eingehendes Studium und möglicherweise an einigen Stellen einen Bevölkerungsaustausch«. Warum sollte man nicht eine Formel finden, die ich den Polen vorlegen könnte, um ihnen ungefähr folgendes zu sagen: »Ich weiß nicht, ob die Russen damit einverstanden sein werden, aber ich glaube, ich könnte das für euch zustande bringen; ihr seht, daß eure Interessen sorgfältig gewahrt werden«. Ich fügte hinzu, es werde freilich unmöglich sein, die Polen soweit zu bringen, daß sie sich als befriedigt erklärten. Es gebe überhaupt nichts, was die Polen zufriedenstellen könnte.

Stalin erklärte nunmehr, die Russen brauchten den eisfreien Hafen Königsberg, und er zeichnete auf der Karte eine Grenzlinie ein. Dann säße Rußland im Nacken Deutschlands. Stalin erklärte, wenn er das zustande bringe, sei er durchaus bereit, meine Formel über Polen anzunehmen.

Gotthold Rhode, Wolfgang Wagner, a.a.O., S. 69f.

Während sich die polnische Exilregierung in London noch dem Drängen Churchills und Roosevelts widersetzte, den Gebietsverlust im Osten hinzunehmen und lediglich Gebietzuwächse im Norden und Westen (jedoch nicht als Kompensation) akzeptierte, hatte die Sowjetunion bereits in einem Geheimabkommen vollendete Tatsachen geschaffen. Mit dem sowjetfreundlichen »Polnischen Komitee der Nationalen Befreiung«, das sie bei Überschreiten der Curzon-Linie durch die Rote Armee selbst eingesetzt hatte, vereinbarte sie die Curzon-Linie als künftige sowjetisch-polnische Grenze und machte dafür weitgehende Zugeständnisse im Westen. Auf der Konferenz von Potsdam erklärte Stalin gleichwohl am 21. 7. 1945 lt. Konferenzprotokoll, die Frage der polnischen Westgrenze sei offen und die Sowjetunion nicht gebunden. Als der amerikanische Präsident Truman nachfragte: »Sie sind nicht gebunden?«, erwiderte Stalin: »Nein«. (vgl. Ernst Deuerlein: Deklamation oder Ersatzfrieden? Kohlhammer. Stuttgart 1970, S. 125)

Abkommen zwischen der Regierung der UdSSR und dem Polnischen Komitee der Nationalen Befreiung über die sowjetisch-polnische Grenze, (Moskau, 27. 7. 1944) (Auszug) **96**

Artikel 1: Bei der Festlegung der Staatsgrenze zwischen der UdSSR und der Republik Polen ist die sogenannte Curzon-Linie zugrundezulegen. [...]

Artikel 2: Die Regierung der UdSSR und das Polnische Komitee der Nationalen Befreiung vereinbarten, daß der nördliche Teil Ostpreußens mit Stadt und Hafen Königsberg an die Sowjetunion fällt und der übrige Teil Ostpreußens sowie das Gebiet von Danzig mit Stadt und Hafen Danzig an Polen fällt.

[...]

Artikel 4: Die Regierung der UdSSR erklärte ferner, daß die Grenze zwischen Polen und Deutschland festgelegt werden soll auf einer Linie westlich von Swinemünde bis zur Oder mit Verbleib der Stadt Stettin auf der polnischen Seite, weiter stromaufwärts bis zur Mündung der Neiße und von dort entlang der Neiße bis zur tschechoslowakischen Grenze.

Die sowjetische Regierung übernimmt die Verpflichtung, bei dem Beschluß über die Staatsgrenze zwischen Polen und Deutschland die Forderung auf Festlegung der Grenze gemäß der oben beschriebenen Linie zu unterstützen.

Akademie der Wissenschaften der UdSSR/Polnische Akademie der Wissenschaften (Hg.): Dokumenti i materiali po istorii sowetskopolskich otnoschenij. Bd. 8, S. 76, Moskau 1974, S. 156f. (eigene Übersetzung)

97 *Premierminister Churchill vor dem britischen Unterhaus zur Westverschiebung Polens (15. 12. 1944):*

Die Umsiedlung von mehreren Millionen Menschen müßte vom Osten nach dem Westen oder Norden durchgeführt werden, ebenso die Vertreibung der Deutschen – denn das wurde vorgeschlagen: völlige Vertreibung der Deutschen – aus den Gebieten, die Polen im Westen und Norden gewinnt. Denn die Vertreibung ist, soweit wir in der Lage sind es zu überschauen, das befriedigendste und dauerhafteste Mittel. Es wird keine Mischung der Bevölkerung geben, wodurch endlose Unannehmlichkeiten entstehen, wie zum Beispiel im Fall Elsaß-Lothringen. Reiner Tisch wird gemacht werden. Mich beunruhigt die Aussicht des Bevölkerungsaustausches ebensowenig wie die großen Umsiedlungen, die unter modernen Bedingungen viel leichter möglich sind als je zuvor.

[...] Ich sehe auch nicht ein, warum in Deutschland kein Platz für die Bevölkerung Ostpreußens und der anderen von mir erwähnten Gebiete sein sollte. Schließlich wurden bereits sechs bis sieben Millionen Deutsche in diesem schrecklichen Kriege getötet, in den sie zum zweiten Male in einer Generation Europa ohne Zaudern gestürzt haben.

Gotthold Rhode/Wolfgang Wagner, a.a.O., S. 124

98 *Erklärung des Ministerpräsidenten der polnischen Exilregierung in London, Arciszewski (17. 12. 1944)*

Hier möchte ich erklären, daß wir keine großen Expansionsideen haben. Wir versuchen lediglich, die Einheit und Unversehrtheit des polnischen

Staates zu bewahren. Wir haben unsere Forderungen gegen Deutschland gestellt, wir haben die Eingliederung Ostpreußens, Oberschlesiens und von Teilen Pommerns in Polen verlangt, und wir begrüßen die positive Haltung der Alliierten, einschließlich Sowjetrußlands, das uns in dieser Angelegenheit seine Hilfe versprochen hat. Aber wir wollen unsere Grenzen im Westen nicht so weit ausdehnen, daß sie acht bis zehn Millionen Deutsche umschließt. Wir wollen weder Breslau noch Stettin. Wir fordern nur unsere ethnisch und historisch polnischen Gebiete, die unter fremder Herrschaft stehen.

Gotthold Rhode/Wolfgang Wagner, a.a.O., S. 132

Die Konferenz von Jalta, die zweite der Gipfelkonferenzen, führte noch nicht zu eindeutigen Entscheidungen in der Grenzfrage

Erklärung Roosevelts, Churchills und Stalins im Schlußbericht über die Konferenz von Jalta (11. 2. 1945) **99**

Die drei Regierungschefs sind der Ansicht, daß die östliche Grenze Polens der Curzon-Linie folgen sollte, mit Abweichungen von fünf bis acht Kilometern in gewissen Gebieten zugunsten Polens. Sie anerkennen, daß Polen beträchtlichen Gebietszuwachs im Norden und Westen erhalten muß. Sie sind der Meinung, daß die Ansicht der neuen Polnischen Provisorischen Regierung der Nationalen Einheit über den Umfang dieses Zuwachses zu gegebener Zeit einzuholen ist und daß die endgültige Festlegung der Westgrenze Polens danach bis zur Friedenskonferenz zurückzustellen ist.

Gotthold Rhode/Wolfgang Wagner, a.a.O., S. 196

Zur Frage der Sudetendeutschen

Pläne, das Problem der Deutschen in der Tschechoslowakei radikal, d. h. durch Ausweisung, zu lösen, tauchten im Umkreis der tschechischen Exilregierung in London schon 1940 auf (vgl. auch Nr. 64). Exilpräsident Beneš widersprach ihnen zunächst öffentlich. Im weiteren Kriegsverlauf, nachdem er bei Großbritannien und der französischen Exilregierung den Widerruf des Münchener Abkommens und auch die Garantie der Wiederherstellung der Tschechoslowakei bei den übrigen Alliierten durchgesetzt hatte, betrieb er jedoch die Aussiedlungspläne aktiv. Großbritannien, die USA und die UdSSR stimmten ihnen 1943 im Prinzip zu. Danach wuchs die Zahl derer, die von der Ausweisung betroffen werden sollten, in den Verlautbarungen ständig. Selbst die noch 1944 in Aussicht gestellte Verschonung eines beträchtlichen Teiles der deutschen Bevölkerung schrumpfte nach 1945 auf die Realität zusammen, daß ca. 100000 sudetendeutsche Antifaschisten ihre bewegliche Habe nach Deutschland mitnehmen konnten.

100 *Mitteilung des Sekretärs von Edvard Beneš, P. Drtina, an die Widerstandsgruppen in der Tschechoslowakei (16. 7. 1944)*

Das Verhältnis zu den Deutschen und zu Deutschland, zu der Methode, wie mit Deutschland nach dem Krieg verfahren werden soll, also auch zu der Frage, was mit unseren Deutschen zu geschehen hat, nimmt in der ganzen öffentlichen Weltmeinung immer mehr eine Wendung zum Besseren, und zwar so, wie unser Volk es braucht. Wir rechnen heute also mit der Möglichkeit der Durchführung eines Transfers unserer deutschen Bevölkerung. Es kann jedoch heute noch nicht definitiv gesagt werden, daß sämtliche über drei Millionen Deutschen auf Grundlage irgendeiner internationalen Regelung transferiert werden können. Auf diesem Wege wird es vielleicht möglich sein, sie nur zum Teil loszuwerden, maximal vielleicht zwei Millionen, und wir können uns daher nicht auf eine internationale Lösung verlassen und können eine solche nicht abwarten. Es ist notwendig, daß wir in den ersten Tagen nach der Befreiung vieles selbst erledigen, daß möglichst viele schuldige Nazisten vor uns fliehen, aus Angst vor einer Bürgerrevolte gegen sie in den ersten Tagen der Revolution, und daß möglichst viele derjenigen, die als Nazisten sich wehren und Widerstand leisten, in der Revolution erschlagen werden, denken Sie immer daran, darauf muß die ganze Nation vorbereitet sein.

Ernst Nittner, a.a.O., S. 292

101 *Hubert Ripka, führendes Mitglied der tschechoslowakischen Exilregierung in London (Oktober 1944):*

Ich selbst glaube, daß die Zahl der Deutschen, die sich nicht schlecht verhalten haben und denen man ohne Befürchtungen um die Sicherheit und Einheit des Staates die tschechoslowakische Staatszugehörigkeit anerkennen kann, etwa 800000, vielleicht 1 Million betragen wird. Aber das alles ist heute eine recht willkürliche Schätzung. Jeder von uns kann sich heute leicht irren und deshalb können für keinen von uns diese oder jene Zahlen bindend sein; über die Frage der Anzahl der einen oder anderen Kategorie und ebenso über die Modalitäten der Durchführung der ganzen Angelegenheit kann man nicht vor der Befreiung des Landes nach den konkreten Verhältnissen entscheiden, die man erst an Ort und Stelle zuverlässig feststellen und überprüfen kann.

Dokumentation der Vertreibung der Deutschen aus Ost-Mitteleuropa. In Verbindung mit Adolf Diestelkamp, Rudolf Laun, Peter Rassow und Hans Rothfels bearbeitet von Theodor

Schieder. Bd. IV, 1, S. 43 (Unveränderter Nachdruck der Ausgabe von 1954ff.) dtv 3273, München 1984

Aus einem Memorandum der tschechoslowakischen Exilregierung in London an die Regierungen Frankreichs, Großbritanniens, der USA und der UdSSR (23. 11. 1944) **102**

Nach den Erfahrungen der Vergangenheit und der schrecklichen Massenmorde und Brutalitäten, die Deutsche an Tschechoslowaken verübt haben, kann nicht erhofft werden, daß das tschechoslowakische Volk friedlich mit der Mehrzahl der Deutschen in der Tschechoslowakei zusammenleben könnte.

Die befreite Republik kann darüber hinaus nicht die Anwesenheit von Elementen auf ihrem Territorium tolerieren, die durch ihre Haltung gezeigt haben, daß sie sich nicht als Bürger des tschechoslowakischen Staates betrachten, sondern als Mitglieder einer benachbarten und freindseligen Nation bzw. Staates, die sie als ihre eigentliche kulturelle und politische Heimat ansehen. Ihre Anwesenheit bedeutet eine ständige Gefahr für den Bestand der Republik [...]

Jeder Versuch, die deutsche Minderheit in einem Land zu behalten, in dem sie sich so schwer kompromittiert hat wie in der Tschechoslowakei, würde dieses Land in einen Teufelskreis verstricken, dem es nur schwer entrinnen könnte, ohne eine neue internationale Krise zu verursachen [...]

Unter diesen Umständen und unter Anerkennung der Tatsache, daß es nicht beabsichtigt ist, deutsche Methoden anzuwenden und die drei Millionen Deutschen, die auf tschechoslowakischem Territorium leben, entweder zwangsweise zu assimilieren oder auszurotten, ist der Transfer des größeren Teils der deutschen Bevölkerung, der seine aktive feindselige Haltung gegenüber dem tschechoslowakischen Staat gezeigt hat und der darauf besteht, in Deutschland seine kulturelle und politische Heimat zu sehen, ohne Zweifel eine zwingende Notwendigkeit [...]

[In weiteren Teilen des Memorandums setzen sich die Verfasser auch mit möglichen Einwänden auseinander, so mit dem, »die Methode einer Zwangsumsiedlung ist unmenschlich und gewalttätig, sie erinnert an den Nazismus und sein brutales Herausreißen von Menschen aus ihrer Heimat«. Darauf antworten die Verfasser:]

Der Transfer muß nicht notwendigerweise in unmenschlicher Weise ausgeführt werden, es gibt andere Formen als die, die Hitler gewählt hat [...]

Václav Kral (Hg.): Die Deutschen in der Tschechoslowakei 1933–1947. Acta Occupationis Bohemiae et Moraviae, Praha 1964, S. 539, 546, (eigene Übersetzung)

Leidenschaftlichen Widerstand gegen die Aussiedlungspläne leisteten die sudetendeutschen Sozialdemokraten, deren Parteileitung mit dem Vorsitzenden Wenzel Jaksch sich ebenfalls im Londoner Exil befand. Die Sozialdemokraten hielten anfangs engen Kontakt zu Beneš wie auch zur britischen Labour-Party, fanden jedoch seit 1942/43 mit der Verschärfung des Krieges kein Gehör mehr für ihre Gegenvorstellungen, die auf eine Autonomie der Deutschen in einer nach föderalistischen Prinzipien reorganisierten Tschechoslowakei hinausliefen.

103 *Aus der »Deklaration der Sudetendeutschen Sozialdemokratie« vom 10. 3. 1940 in Holmhurst (London)*

Eine Lösung der deutsch-tschechischen Grenzfragen durch zwangsweisen Bevölkerungsaustausch lehnen wir als undemokratisch und barbarisch ab. In den dicht besiedelten Sudetengebieten lebt eine Bevölkerung, die mit dem Heimatboden durch Jahrhunderte friedlicher Arbeit eng verbunden ist. Es handelt sich vorwiegend um arme Gebirgsgegenden, wo nur ein Fünftel der Bevölkerung von der Landwirtschaft leben kann. Die Existenz ihrer Mehrheit ist auf industrielle Beschäftigung und Qualitätsexport angewiesen. Wir sind uns dessen bewußt, daß die speziellen Lebensinteressen der Sudetendeutschen weder in einem zentralistischen Großdeutschland, noch in einer erneuerten zentralistischen Tschechoslowakei erfolgreich wahrgenommen werden könnten.

Wenzel Jaksch/Edvard Beneš: Briefe und Dokumente aus dem Londoner Exil, hg. v. Friedrich Prinz, Wissenschaft und Politik, Köln 1973, S. 87f.

104 *Eugen de Witte, sozialdemokratischer Abgeordneter im Prager Vorkriegsparlament, berichtet, wie erste Aussiedlungspläne von den sudetendeutschen Sozialdemokraten im Londoner Exil 1940/41 aufgenommen wurden:*

Daß Faschisten, Despoten, Vergötterer der Gewalt und Mißachter aller Menschlichkeit vor keiner Massenaustreibung von Menschen aus deren Heimat zurückscheuen, wenn dies ihren augenblicklichen Plänen dienstbar sein mag, hat uns die Geschichte schon gelehrt; ebenso gewiß jedoch schien es uns zu sein, daß niemand dieses Mittels sich bedienen und dennoch weiter einen »Demokraten« sich nennen dürfe. Gab es noch etwas in der Welt, das man als ein »demokratisches Gewissen« bezeichnen durfte, mußte es nun gegen die Austreibungspläne mobilisiert werden [...]

Es schien uns undenkbar, daß die demokratischen Weltmächte nicht nur mit flammenden Worten die Niederhaltung kleiner Nationen durch die faschistischen Armeen verdammen, sondern für deren Wiederbefreiung alle ihre Machtmittel, alles Gut und Blut der großen Demokratien, einsetzen – und gleichzeitig dulden sollten, daß ein ganzes Volk aus seiner Heimat vertrieben würde, das an Zahl seiner Angehörigen den Norwegern und Dänen nicht nachsteht, die Albaner um das Fünffache, die Luxemburger sogar um des Zehnfache übertrifft, und das an Kultur und Leistung sich jedem anderen Volke an die Seite stellen kann.

Eugen de Witte, a.a.O., S. 128

7 Potsdam

Das Schicksal der Deutschen in den Ostprovinzen des Reiches, in Polen und der Tschechoslowakei entschied sich auf der Konferenz von Potsdam, der letzten Kriegskonferenz der »Großen Drei«. Die Beschlüsse der Konferenz wurden in einem Protokoll niedergelegt, das Präsident Truman (USA), Premierminister Attlee (Großbritannien) und Generalissimus Stalin (UdSSR) unterzeichneten. Dieses häufig »Potsdamer Abkommen« genannte Protokoll, das zahlreiche Interpretationsspielräume eröffnende Unschärfen enthält, wird heute in rechtlicher Hinsicht im Westen eher als ein Regierungsabkommen, das nirgendwo ratifiziert wurde, im Osten als völkerrechtlicher Vertrag angesehen. Daraus ergeben sich unterschiedliche Aussagen über den Grad seiner Verbindlichkeit, insbesondere auch zu der Frage, ob die Vereinbarungen der Siegermächte nichtbeteiligte Dritte, nämlich die Deutschen, rechtlich binden können.

Trotz der grundsätzlichen Übereinstimmung über eine vorzunehmende Westverschiebung Polens gestaltete sich die Einigung der Konferenzteilnehmer über die Zukunft der deutschen Ostprovinzen besonders schwierig. Nach einer Vereinbarung der Alliierten vom 12. 9. 1944 gehörten sie zur sowjetischen Besatzungszone. In Potsdam erklärte nun Stalin wahrheitswidrig, alle Deutschen seien aus den Gebieten östlich von Oder und Neiße geflohen, deshalb habe er polnische Verwaltungen einsetzen müssen.

Um die Konferenz nicht an dieser Frage scheitern zu lassen, bündelten die USA das Grenzproblem mit Wirtschafts- und Reparationsfragen, an denen sie besonders interessiert waren, und stimmten in diesem Geschäft den vollendeten Tatsachen im Osten de facto zu.

Während allerdings die USA und Großbritannien im Protokoll erklären, daß sie die Annexion des nördlichen Ostpreußens durch die Sowjetunion »bei der bevorstehenden Friedenskonferenz unterstützen werden«, fehlt eine solche Aussage in bezug auf die deutschen Gebiete, die »der Verwaltung des polnischen Staates unterstellt werden sollen.« Die »endgültige Festlegung der Westgrenze Polens« sollte »bis zur Friedensregelung zurückgestellt werden.«

Nicht widerspruchsfrei zu diesen dem Wortlaut nach vorläufigen Regelungen ist der Artikel XIII des Potsdamer Protokolls »Geordnete Umsiedlung deutscher Bevölkerungsteile«. Umstritten ist, ob dieser Beschluß der Siegermächte die in der Folge vom Alliierten Kontrollrat organisierten Massenausweisungen veranlaßt bzw. sanktioniert hat, oder ob er lediglich deshalb in das Protokoll aufgenommen wurde, um eine humane Durchführung der bereits angelaufenen »wilden« Vertreibungen zu sichern. Auffällig in diesem Zusammenhang ist die Tatsache, daß die Deutschen aus dem nördlichen Ostpreußen, das an die Sowjetunion fallen sollte, überhaupt nicht erwähnt werden, andererseits werden in der Folgezeit von der Vertreibung keineswegs nur diejenigen Deutschen betroffen, die, so der Wortlaut, »in Polen« zurückgeblieben sind, sondern zugleich alle Deutschen derjenigen Gebiete, die nach dem Wortlaut des Protokolls nur »der Verwaltung des polnischen Staates unterstellt« waren.

Aus dem Protokoll des amerikanischen Außenministeriums über die Sitzung vom 21. 7. 1945 in Potsdam **105**

[Stalin erklärte:] Von der amerikanischen und britischen Regierung seien verschiedene Mitteilungen des Inhalts eingegangen, daß die polnische Verwaltung in bestimmten Gebieten erst eingerichtet werden solle, wenn die Westgrenzen endgültig festgelegt worden seien. Die Sowjetunion könne die Vorschläge nicht annehmen, da die deutsche Bevölkerung dieser Gebiete der deutschen Wehrmacht nach Westen gefolgt sei und die Polen zurückgeblieben seien. Die Rote Armee habe eine örtliche Verwaltung in diesem Gebiet benötigt, da sie nicht gewohnt sei, eine Verwaltung aufzubauen und gleichzeitig zu kämpfen und feindliche Agenten aufzugreifen. Die amerikanische und britische Regierung seien hiervon unterrichtet worden. Die sowjetische Regierung sei um so mehr bereit, die Arbeit der polnischen Verwaltung zu gestatten, da Polen im Westen Gebiete erhalten solle. Er könne nicht einsehen, was für ein Schaden durch die Einrichtung einer polnischen Verwaltung in einem Gebiete angerichtet werde, in dem nur Polen zurückgeblieben seien [...]

Stalin beharrte darauf, daß auf dem Papier diese Gebiete zwar zum deutschen Staatsgebiet gehörten, in Wirklichkeit aber polnische Gebiete seien, da es in ihnen keine deutsche Bevölkerung gebe.

Der Präsident [Truman] bemerkte, daß 9 Millionen Deutsche sehr viel seien.

Stalin behauptete, daß sie alle geflohen seien [...]

Churchill meinte, daß er einer Entschädigung Polens auf Kosten Deutschlands für das ihm ostwärts der Curzon-Linie genommene Gebiet zustimme. Er habe aber geglaubt, es würde Gleichgewicht gewahrt werden. Polen nehme jetzt ein viel größeres Gebiet, als es verloren habe. Das könne für Europa nicht gut sein [...]

Der Präsident sagte, er wolle offen erklären, was er denke. Er könne der Abtretung des östlichen Teiles von Deutschland unter diesen Umständen nicht zustimmen. Diese Frage müsse im Zusammenhang mit den Reparationen und den Versorgungsproblemen des gesamten deutschen Volkes erörtert werden.

Ernst Deuerlein: Potsdam 1945. dtv-Dokumente 152/153, München 1963, S. 239ff.

106 *Aus dem von Stalin, Truman und Attlee abgezeichneten »Protokoll der Konferenz von Potsdam«, 2. 8. 1945*

VI. Stadt Königsberg und das angrenzende Gebiet

[...]

Die Konferenz hat grundsätzlich dem Vorschlag der sowjetischen Regierung über die endgültige Übergabe der Stadt Königsberg und des [...] angrenzenden Gebietes an die Sowjetunion zugestimmt, vorbehaltlich einer Prüfung der genauen Grenze durch Sachverständige.

Der Präsident der Vereinigten Staaten und der britische Premierminister haben erklärt, daß sie den Vorschlag der Konferenz bei der bevorstehenden Friedensregelung unterstützen werden.

[...]

IX. Polen

[...] Die Westgrenze Polens

[...] Die drei Regierungschefs bekräftigten ihre Auffassung, daß die endgültige Festlegung der Westgrenze Polens bis zur Friedensregelung zurückgestellt werden sollte.

Die drei Regierungschefs kommen überein, daß, bis zur endgültigen Festlegung der Westgrenze Polens, die früheren deutschen Gebiete östlich einer Linie, die von der Ostsee unmittelbar westlich (von) Swinemünde und von dort die Oder entlang bis zur Einmündung der westlichen Neiße und die westliche Neiße entlang bis zur tschechoslowakischen Grenze verläuft, einschließlich des Teiles von Ostpreußen, der in Übereinstimmung mit der auf dieser Konferenz erzielten Vereinbarung nicht der Verwaltung der Union der Sozialistischen Sowjetrepubliken unterstellt wird, und einschließlich des Gebiets der früheren Freien Stadt Danzig der Verwaltung des polnischen Staates unterstellt werden sollen und insofern nicht als Teil der sowjetischen Besatzungszone in Deutschland betrachtet werden sollten.

[...]

XIII. Geordnete Umsiedlung deutscher Bevölkerungsteile

Nachdem sie die Frage nach allen Gesichtspunkten überprüft haben, erkennen die drei Regierungen an, daß die Umsiedlung[1] der deutschen Bevölkerung oder Teile derselben, die in Polen, der Tschechoslowakei und Ungarn zurückgeblieben sind, nach Deutschland durchgeführt

[1] transfer

werden muß. Sie kommen überein, daß alle Umsiedlungen, die stattfinden, in geordneter und humaner Weise durchgeführt weden sollten.

Da der Zustrom einer großen Zahl von Deutschen nach Deutschland die bereits auf den Besatzungsbehörden ruhende Last vergrößern würde, sind sie der Auffassung, daß der Alliierte Kontrollrat in Deutschland in erster Linie das Problem unter besonderer Berücksichtigung der Frage einer gerechten Verteilung dieser Deutschen auf die einzelnen Besatzungszonen prüfen sollte [...]

Die tschechoslowakische Regierung, die Provisorische Polnische Regierung und der Kontrollrat in Ungarn werden gleichzeitig von obigem in Kenntnis gesetzt und ersucht, inzwischen weitere Vertreibungen[2] aufzuschieben, bis die betreffenden Regierungen die Berichte ihrer Vertreter beim Kontrollrat geprüft haben.

Abdruck in der für die »Dokumente zur Deutschlandpolitik II. 1« vorgesehenen Neuübersetzung der englischen Vorlage bei Ernst Deuerlein: Deklamation oder Ersatzfrieden? Kohlhammer, Stuttgart 1970, S. 178ff.

Aus der sowjetischen Zeitung »Tägliche Rundschau« (21. 11. 1945) **107**

Plan der Umsiedlung der aus Österreich, der Tschechoslowakei, Ungarn und Polen ausgewiesenen deutschen Bevölkerung nach den vier Besatzungszonen Deutschlands.

Am 20. November fand in Berlin unter dem Vorsitz Marschall Shukows die ordentliche Sitzung des Kontrollrates statt.

Auf der Sitzung waren anwesend: General Clay, General Robertson und General Koeltz [...]

Der Kontrollrat bestätigte einen Plan der Umsiedlung der aus Österreich, der Tschechoslowakei, Ungarn und Polen ausgewiesenen deutschen Bevölkerung nach allen vier Besatzungszonen Deutschlands. Dieses Dokument wird heute veröffentlicht werden [...]

1. Die gesamte aus Polen ausgewiesene deutsche Bevölkerung (3,5 Millionen Menschen) wird in die sowjetische und in die englische Besatzungszone Deutschlands aufgenommen.

2. Die gesamte aus der Tschechoslowakei, Österreich und Ungarn ausgewiesene deutsche Bevölkerung (3150000 Menschen) wird in die amerikanische, französische und sowjetische Besatzungszone Deutschlands aufgenommen.

3. Die vorläufige Verteilung dieser Bevölkerung auf die Zonen wird orientierungsweise folgende sein:

a) in die sowjetische Zone aus Polen 2,0 Millionen Menschen; in die sowjetische Zone aus der Tschechoslowakei 750000 Menschen;

[2] expulsions

b) in die englische Zone aus Polen 1,5 Millionen Menschen;

c) in die amerikanische Zone aus der Tschechoslowakei 1750000 Menschen:

d) in die französische Zone aus Österreich 150000 Menschen.

Die französische Zone wird mit dem Beginn der Aufnahme dieser Bevölkerung nicht früher als am 15. April 1946 anfangen. Bis dahin wird die französische Zone, nach Beendigung des Austausches deutscher Flüchtlinge nach dem Grundatz 1:1, etwa 250000 Flüchtlinge aus der amerikanischen Zone aufnehmen, die früher in der französischen Zone lebten.

4. Es wird für möglich gehalten, nach der Bestätigung dieses grundsätzlichen Planes unverzüglich mit der Aufnahme der Bevölkerung aus den obenerwähnten Staaten laut folgendem Plan zu beginnen:

Im Laufe des Dezember 1945	10% der Gesamtzahl
Im Januar 1946	5% der Gesamtzahl
Im Februar 1946	5% der Gesamtzahl
Im März 1946	15% der Gesamtzahl
Im April 1946	15% der Gesamtzahl
Im Mai 1946	20% der Gesamtzahl
Im Juni 1946	20% der Gesamtzahl
Im Juli 1946	10% der Gesamtzahl

Änderungen sind infolge der Witterungs- oder Verkehrsverhältnisse sowie beim Vorliegen genauer Angaben über die Zahl der umgesiedelten Bevölkerung möglich.

Die britische Zone beginnt die obenerwähnten Flüchtlinge aufzunehmen, wenn dies der Umfang des gegenwärtig stattfindenden Flüchtlingsaustausches gestatten wird. Das Datum des Austauschbeginns wird von dem Chef der Repatriierungsabteilungen der sowjetischen und britischen Seite festgesetzt werden.

5. Die Erfüllung dieses Planes soll nicht die Verwirklichung des früher erzielten Abkommens über den Austausch deutscher Flüchtlinge zwischen den Zonen nach dem Grundsatz 1:1 stören.

6. Nach der Bestätigung dieses Planes werden die Regierungen Polens und der Tschechoslowakei sowie die Kontrollkommissionen Ungarns und Österreichs darüber informiert werden.

Klaus Hohlfeld (Hg.): Dokumente der Deutschen Politik und Geschichte von 1848 bis zur Gegenwart. Bd. 6 Dokumenten-Verlag Herbert Wendler, Berlin 1951, S. 58f.

8 Flucht und Vertreibung

Vor der im Herbst 1944 erstmals und dann im Januar 1945 auf breiter Front in das Reichsgebiet eindringenden Roten Armee hatten sich Millionen von Zivilisten, vor allem Frauen mit ihren Kindern und alte Menschen, in Bewegung gesetzt. Teils in noch halbwegs geregelten Evakuierungen, teils in regelloser Flucht auf eigene Faust versuchten die Menschen nach Westen zu gelangen.

Mit dem Ende der Kampfhandlungen begannen in den deutschen Ostprovinzen, in denen die Rote Armee bereits polnische Behörden eingesetzt hatte, ebenso im polnischen Staatsgebiet und in der Tschechoslowakei die »wilden« Vertreibungen.

Vor den Kriegshandlungen Geflüchtete wurden an der Rückkehr gehindert, bereits Zurückgekehrte oder in ihren Dörfern und Städten Verbliebene wurden unter z.T. barbarischen Umständen aus ihrer Heimat vertrieben. So sollten noch vor der Potsdamer Konferenz endgültige Tatsachen geschaffen werden.

Nach der Potsdamer Konferenz begannen die dort beschlossenen Aussiedlungen, die in »geordneter und humaner Weise« vorgenommen werden sollten. Sie wurden im wesentlichen 1947 beendet. Teile der deutschen Bevölkerung blieben aus unterschiedlichen Gründen zurück (über Ausmaß und Opfer der Vertreibung → Nr. 3).

Deutsche Ostgebiete und Polen

Aus dem Manifest des Polnischen Komitees der Nationalen Befreiung (22. Juli 1944) **108**

[...]

Brüder! Die Stunde der Befreiung hat geschlagen. Die Polnische Armee hat an der Seite der Roten Armee den Bug überschritten. Der polnische Soldat kämpft auf unserer Heimaterde. Über dem gequälten Polen wehen wieder weiß-rote Fahnen [...]

Durch ganz Polen geht ihr Marsch, um Rache an den Deutschen zu üben, solange bis die polnischen Fahnen in den Straßen der Hauptstadt des dreisten Preußentums, in den Straßen Berlins gehißt werden [...]

Die Stunde ist gekommen, um die Leiden und Qualen, die verbrannten Dörfer und vernichteten Städte, die zerstörten Kirchen und Schulen, die Treibjagden auf Menschen, die Lager und Erschießungen, Ausch-

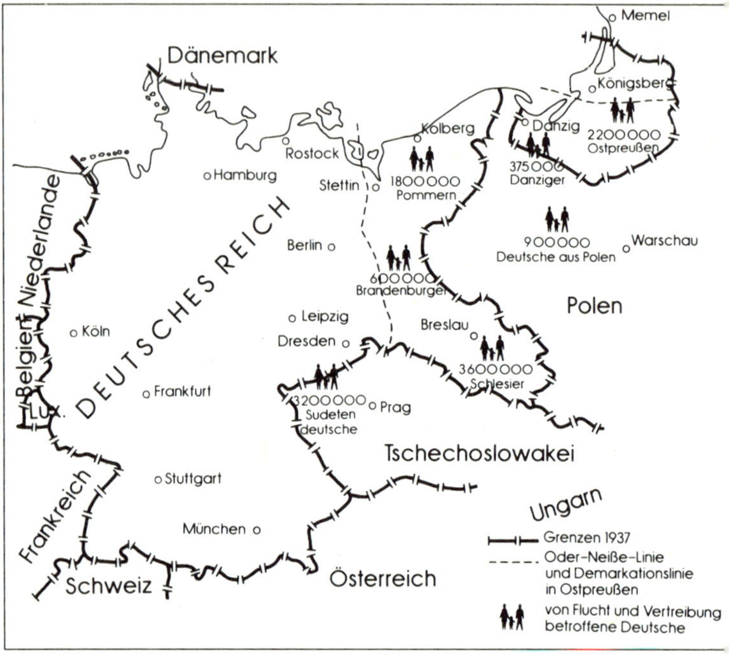

Flucht und Vertreibung der Deutschen aus den deutschen Ostgebieten, aus Polen und der Tschechoslowakei

witz, Majdanek, Treblinka und die Vernichtung des Ghettos an den Deutschen zu vergelten [...]

Auf zum Kampf um die Freiheit Polens, um die Rückkehr des alten polnischen Pommerns und des Oppelner Schlesiens zum Mutterland, um Ostpreußen und einen breiten Zugang zum Meer, um polnische Grenzpfähle an der Oder! [...]

Dokumentation der Vertreibung der Deutschen aus Ost-Mitteleuropa, Bd. 1, 3, dtv 3270, München, S. 1ff.

Aus Artikeln des sowjetischen Schriftstellers Ilja Ehrenburg in Frontzeitungen der Roten Armee, als diese 1944 deutsches Reichsgebiet erreichte **109**

17. 9. 1944: Die Deutschen werden die Stunde verfluchen, da sie unseren Boden betraten. Die deutschen Frauen werden die Stunde verfluchen, in der sie ihre Söhne – Wüteriche – geboren haben. Wir werden nicht schänden. Wir werden nicht verfluchen. Wir werden nicht hören. Wir werden totschlagen.

24. 10. 1944: Jetzt ist die Gerechtigkeit in dieses Land eingezogen. Wir befinden uns in der Heimat Erich Kochs, des Statthalters der Ukraine – damit ist alles gesagt. Wir haben es oft genug wiederholt: das Gericht kommt! Jetzt ist es da.

31. 1. 1945: Wir vergessen nichts. Wir marschieren durch Pommern, vor unseren Augen aber liegt das zerstörte blutende Weißrußland. Den penetrannten Brandgeruch, der in unsere Soldatenmäntel in Smolensk und in Orel drang, wollen wir jetzt nach Berlin tragen. Vor Königsberg, vor Breslau und vor Schneidemühl denken wir an die Ruinen von Woronesch und von Stalingrad. Rotarmisten, die z. Zt. deutsche Städte stürmen, vergessen nicht, wie in Leningrad Mütter ihre toten Kinder auf kleinen Handschlitten fortschafften. Für die Qualen Leningrads hat Berlin uns noch nichts bezahlt.

Alfred M. de Zayas: Die Anglo-Amerikaner und die Vertreibung der Deutschen. dtv 1599. 2. Aufl. München 1981, S. 85f.

Das Schicksal vieler Trecks beschreibt der amerikanische Völkerrechtler de Zayas (1977) **110**

Der Weg über vereiste Straßen und durch sichtbehindernde Schneestürme war nicht leicht. Die Pferde glitten immer wieder aus, Wagen brachen zusammen. Es fehlte an Nahrungsmitteln, vor allem an Milch für die Kleinkinder. Während die Flüchtlinge der frühzeitigen Evakuierung noch nachts in den Dörfern an den Straßen übernachten konnten, nahmen die späteren Züge immer mehr vom »rette sich, wer kann!« an. Angriffe von Tieffliegern auf die Flüchtlingskolonnen waren eine nie aussetzende Gefahr, obwohl sich meistens keine militärischen Ziele in der Nähe der Flüchtlinge befanden und jeder Flieger die nach Westen fliehenden Zivilisten von feindlichen militärischen Marschsäulen unterscheiden konnte.

Alfred M. de Zayas, a.a.O., S. 92

111 *Aus dem »Congressional Record« des US-Senats vom 4. 12. 1945 zitiert der amerikanische Völkerrechtler de Zayas den folgenden Bericht britischer Kriegsgefangener in Deutschland, die den Einmarsch der Roten Armee miterlebten.*

Im Gebiet um unser Internierungslager, wo die Städte Schlawe, Lauenburg, Buckow und viele größere Dörfer lagen, vergewaltigten die Roten Soldaten in den ersten Wochen nach der Eroberung jede Frau und jedes Mädchen zwischen 12 und 60 Jahren. Das klingt übertrieben, ist aber die Wahrheit. Die einzigen Ausnahmen bildeten die Mädchen, denen es gelang, sich in den Wäldern zu verstecken, oder die genug Geistesgegenwart besaßen, um eine Krankheit vorzutäuschen – Typhus, Diphterie oder eine andere ansteckende Sache. Im Siegestaumel – und oft voll von dem Wein, den sie in den Kellern reicher pommerscher Gutsbesitzer gefunden hatten – durchsuchten die Roten jedes Haus nach Frauen, schüchterten sie mit Pistolen und Maschinenpistolen ein und zerrten sie in ihre Panzer oder Wagen. Väter und Gatten, die versuchten, die Frauen zu schützen, wurden erschossen, und Mädchen, die zu viel Widerstand leisteten, wurden ebenfalls ermordet.

Alfred M. de Zayas, a.a.O., S. 87

112 *Aus dem polnischen Gesetz über das verlassene und aufgegebene Vermögen (6. 5. 1945)*

[...] Jegliches bewegliche und unbewegliche Vermögen, das im Eigentum oder Besitz des deutschen Staates und im Zeitpunkt des Inkrafttretens dieses Dekrets noch nicht von Staats- oder Selbstverwaltungsorganen übernommen wurde, sowie das Vermögen deutscher Staatsangehöriger oder von Personen, die zum Feinde übergelaufen sind, ist aufgegebenes Vermögen im Sinne dieses Gesetzes.

Ungültig sind alle Rechtsgeschäfte, die aufgegebenes Vermögen betreffen und seine Übernahme durch die staatliche Verwaltung verhindern sollen [...]

Zur Durchführung der Verwaltung des verlassenen und aufgegebenen Vermögens wird beim Ministerium für Finanzen ein Hauptamt für die Vorläufige Staatliche Verwaltung gebildet [...]

Dokumentation der Vertreibung der Deutschen aus Ost-Mitteleuropa, Bd. I, 3, dtv 3270, München, S. 65f.

Sonderbefehl

für die deutsche Bevölkerung der Stadt Bad Salzbrunn einschliesslich Ortsteil Sandberg.

Laut Befehl der Polnischen Regierung wird befohlen:

1. Am 14. Juli 1945 ab 6 bis 9 Uhr wird eine Umsiedlung der deutschen Bevölkerung stattfinden.
2. Die deutsche Bevölkerung wird in das Gebiet westlich des Flusses Neisse umgesiedelt.
3. Jeder Deutsche darf höchstens 20 kg Reisegepäck mitnehmen.
4. Kein Transport (Wagen, Ochsen, Pferde, Kühe usw.) wird erlaubt.
5. Das ganze lebendige und tote Inventar in unbeschädigtem Zustande bleibt als Eigentum der Polnischen Regierung.
6. Die letzte Umsiedlungsfrist läuft am 14. Juli 10 Uhr ab.
7. Nichtausführung des Befehls wird mit schärfsten Strafen verfolgt, einschließlich Waffengebrauch.
8. Auch mit Waffengebrauch wird verhindert Sabotage u. Plünderung.
9. Sammelplatz an der Straße Bhf. Bad Salzbrunn-Adelsbacher Weg in einer Marschkolonne zu 4 Personen. Spitze der Kolonne 20 Meter vor der Ortschaft Adelsbach.
10. Diejenigen Deutschen, die im Besitz der Nichtevakuierungsbescheinigungen sind, dürfen die Wohnung mit ihren Angehörigen in der Zeit von 5 bis 14 Uhr nicht verlassen.
11. Alle Wohnungen in der Stadt müssen offen bleiben, die Wohnungs- und Hausschlüssel müssen nach außen gesteckt werden.

Bad Salzbrunn, 14. Juli 1945, 6 Uhr.

Abschnittskommandant
(-) Zinkowski
Oberstleutnant

Alfred-Maurice de Zayas: Anmerkungen zur Vertreibung der Deutschen aus dem Osten. Kohlhammer. Stuttgart 1986, S. 124

114 *Bericht des Berliner Korrespondenten der britischen Tageszeitung »TIMES‹ (10. 9. 1945)*

Es darf daran erinnert werden, daß die Erklärung von Potsdam die menschliche Behandlung der vertriebenen Deutschen verlangte, und angesichts der qualvollen Berichte, die der Konferenz aus Städten wie Stettin und Breslau vorgelegt wurden, wurde den in Betracht kommenden Ländern dringend zur Pflicht gemacht, weitere Vertreibungen auf später zu verschieben.

Beweise dafür, daß diese Richtlinien eingehalten worden wären, sind nicht vorhanden. Ich habe heute morgen das hiesige Robert-Koch-Krankenhaus besucht und fand dort mehr als sechzig deutsche Frauen und Kinder, deren viele im letzten Monat summarisch und zwangsweise aus einem Krankenhaus und einem Waisenhaus in Danzig vertrieben worden waren, um alsdann in Viehwagen, ohne Essen, ohne Wasser oder auch nur Strohmatten, nach Deutschland verfrachtet zu werden. Nach ihren Aussagen waren von den dreiundachtzig in zwei der Viehwagen gepferchten Personen zwanzig gestorben, als der Zug in Berlin einlief.

Eine Frau, die vom Typhus genas, erklärte, sie hätte gesehen, wie ihr Mann von den Polen zu Tode geprügelt wurde, und sie wäre dann aus ihrem Bauernhof bei Danzig vertrieben und zur Feldarbeit gezwungen worden. Jetzt hat sie die Reise nach Berlin mit ihren beiden jungen Söhnen überlebt, doch ohne Barmittel, Kleidung oder Verwandte weiß sie nicht, was ihr die Zukunft bringen wird. Ich sah drei acht- bis zwölfjährige Waisen, die nach zehntägiger Behandlung noch immer fast wie Skelette ausschauten, da Fettprodukte in Berlin so gut wie gänzlich fehlten; keine wog mehr als 38 Pfund.

Ein anderer kleiner, aus Danzig ausgewiesener Junge trug eine Postkarte angeheftet, auf der gekritzelt stand, daß sein Vater als Soldat seit langem vermißt und seine Mutter und seine beiden Schwestern Hungers gestorben seien.

Es genügt bestimmt nicht, zu sagen, daß die Deutschen diese Fülle von Elend über sich selbst heraufbeschworen haben; Brutalität und Zynismus, denen der Krieg gegolten, wüten noch immer wie Epidemien in Europa, und wir beginnen die Zeugen menschlicher Leiden zu werden, die den Vergleich mit nahezu allem aushalten, was von den Nazis verursacht wurde.

Victor Gollancz: Unser bedrohtes Erbe, Atlantis Verlag, Zürich 1947, S. 165f.

Aus einem Memorandum des politischen Beraters der amerikanischen Militärregierung in Deutschland, Murphy, an das amerikanische Außenministerium (12. 12. 1945) **115**

Allein auf dem Lehrter Bahnhof in Berlin haben unsere Sanitätsdienststellen täglich im Durchschnitt zehn Menschen gezählt, die an Erschöpfung, Unterernährung und Krankheit gestorben sind. Sieht man das Elend und die Verzweiflung dieser Unglücklichen, spürt man den Gestank des Schmutzes, der sie umgibt, stellt sich sofort die Erinnerung an Dachau und Buchenwald ein. Hier ist Strafe im Übermaß – aber nicht für die Parteibonzen, sondern für Frauen und Kinder, die Armen, die Kranken [...]

Unser Wissen, daß sie Opfer harter politischer Beschlüsse sind, die mit äußerster Rücksichtslosigkeit und Mißachtung der Menschlichkeit durchgeführt werden, mildert die Wirkung nicht. Die Erinnerung an andere Massendeportationen stellt sich ein, von denen die Welt entsetzt war und die den Nazis den Haß eintrugen, den sie verdienten. Diese Massendeportationen, die von den Nazis inszeniert wurden, haben zu unserer moralischen Empörung beigetragen, in der wir den Krieg wagten und die unserer Sache Kraft verlieh.

Nun ist die Sache umgekehrt. Wir finden uns in der scheußlichen Lage, Partner in diesem deutschen Unternehmen zu sein und als Partner unweigerlich die Verantwortung mitzutragen [...]

Wenn die Vereinigten Staaten auch vielleicht keine Mittel haben, einen grausamen, unmenschlichen und immer noch fortgesetzten Prozeß aufzuhalten, so scheint es doch, daß unsere Regierung unsere in Potsdam klar dargelegte Einstellung unmißverständlich wiederholen könnte und müßte. Es wäre sehr bedauerlich, wenn es einmal heißen sollte, daß wir an Methoden beteiligt gewesen seien, die wir bei anderen Gelegenheiten oft verdammt haben.

Alfred M. de Zayas: Die Anglo-Amerikaner und die Vertreibung der Deutschen, dtv 1599, 2. Aufl., München 1981, S. 146, 260 (z. T. eigene Übersetzung).

Der Korrespondent des »Manchester Guardian« aus Lübek (10. 3. 1946): **116**

Trotz des Potsdamer Abkommens, wonach der Abtransport der deutschen Bevölkerung aus dem Osten ordentlich und menschenwürdig durchzuführen wäre, setzen die polnischen Behörden die zwangsweise Vertreibung der Deutschen aus den neuerworbenen polnischen Gebieten mit einer Befristung bis zu ganzen zehn Minuten sowie die Abschiebung dieser Menschen in die Britische Zone ohne Lebensmittel in überfüllten Zügen fort.

In dem ersten Transportzug, der auf Grund des ›Operation Schwalbe‹ genannten Abwicklungsplanes am 3. März in Lübeck eintraf, wurden ein

Mann von dreiundsiebzig Jahren und ein achtzehn Monate altes Kind als Leichen aufgefunden. Der zweite Transport zählte drei Tote. Im Durchschnitt werden fünfzehnhundert Menschen in Zügen mit sechsundzwanzig ungeheizten und zumeist beschädigten Wagen verstaut. Der vierte Transport enthielt zweitausendundsiebzig Menschen, so daß die meisten kaum zum Stehen, geschweige denn zum Sitzen Platz hatten [...]

Im allgemeinen ist der körperliche Zustand dieser Vertriebenen schlimmer als der der früher aus der Russischen Zone eingetroffenen Flüchtlinge, wobei an vielen noch immer die Spuren von Mißhandlungen sichtbar sind. Die meisten Frauen waren, nach dem Untersuchungsbefund des britischen Sanitätspersonals, geschändet worden, darunter auch ein Mädchen von zehn und eines von sechzehn Jahren.

[...] Es ist den Vertriebenen von Amts wegen gestattet, ihr Bettzeug, ihre Küchengegenstände und ihre persönlichen Habseligkeiten mitzunehmen; nur die wenigsten führen freilich ihr Bettzeug und noch weniger ihre Küchengegenstände bei sich. Das ist teilweise der kurzen Befristung ihres Abtransportes zuzuschreiben; man hat nämlich feststellen können, daß in manchen Fällen nur zehn Minuten Zeit gelassen wurden; in anderen Fällen wieder hatte man keinerlei Frist gewährt und kurzerhand das ganze Haus für einen polnischen Neusiedler freigegeben. Auch haben die Polen, vornehmlich auf der Fahrt nach Stettin, einen beträchtlichen Teil der Gepäckstücke, besonders der persönlichen Habseligkeiten, gestohlen.

Victor Gollancz, a.a.O., S. 169ff.

Tschechoslowakei

117 *Aus Dekreten des Präsidenten Beneš (1945)*

[19. 5. 1945:] Das im Gebiete der Tschechoslowakischen Republik befindliche Vermögen der staatlich unzuverlässigen Personen wird gemäß den weiteren Bestimmungen dieses Dekretes unter nationale Verwaltung gestellt [...]

Als staatlich unzuverlässige Personen sind anzunehmen:

a) Personen deutscher oder majdarischer Nationalität [...]

118 [19. 6. 1945:] Wer in der Zeit der erhöhten Bedrohung der Republik [21. 5. 1938–31. 12. 1946] die faschistische oder nazistische Bewegung propagiert oder unterstützt hat, oder wer in jener Zeit durch Druck, Rundfunk, Film oder Theater, oder auf einer öffentlichen Versammlung die feindliche Herrschaft auf dem Gebiete der Republik oder einzelne gesetzwidrige Handlungen der Okkupationskommandos sowie der diesen unterstellten Behörden und Organe gebilligt oder verteidigt hat, wird, wenn er keine strenger zu bestrafende Handlung begangen hat, wegen Verbrechens mit schwerem Kerker von fünf bis zwanzig Jahren bestraft, hat er jedoch ein solches Verbrechen in der Absicht begangen, das moralische, nationale oder staatliche Bewußtsein des tschechoslowakischen Volkes, insbesondere der tschechoslowakischen Jugend, zu zerstören, so wird er mit schwerem Kerker von zehn bis zwanzig Jahren, und bei Vorliegen besonders erschwerender Umstände mit schwerem Kerker von zwanzig Jahren bis lebenslänglich oder mit dem Tode bestraft.

(2) Wer in dem gleichen Zeitraum Funktionär oder Befehlshaber in den Organisationen »Nationalsozialistische Deutsche Arbeiterpartei (NSDAP)« oder »Sudetendeutsche Partei (SdP)« oder »Vlajka«, »Hlinkagarde« oder »Swatoplukgarde« oder in anderen faschistischen Organisationen ähnlichen Charakters war, wird, wenn er keine strenger zu bestrafende Handlungen begangen hat, wegen Verbrechens mit schwerem Kerker von fünf bis zwanzig Jahren bestraft. [...]

Den außerordentlichen Volksgerichten steht die Gerichtsbarkeit über alle Verbrechen zu, die nach diesem Gesetz strafbar sind [...]

Gegen ein Urteil der außerordentlichen Volksgerichte gibt es keine Rechtsmittel [...]

Die Todesstrafe wird in der Regel innerhalb von zwei Stunden nach der Verkündung vollstreckt [...] Das außerordentliche Volksgericht kann auch entscheiden, daß die Todesstrafe öffentlich vollzogen wird [...]

[21. 6. 1945:] (1) Mit augenblicklicher Wirksamkeit und entschädi- **119**
gungslos wird für die Zwecke der Bodenreform das landwirtschaftliche Vermögen enteignet, das im Eigentum steht:

a) aller Personen deutscher und madjarischer Nationalität, ohne Rücksicht auf die Staatsangehörigkeit [...]

(2) Personen deutscher und madjarischer Nationalität, die sich aktiv am Kampf für die Wahrung der Integrität und die Befreiung der Tschechoslowakischen Republik beteiligt haben, wird das landwirtschaftliche Vermögen nach Absatz 1 nicht konfisziert.

[2. 8. 1945:] Die tschechoslowakischen Staatsbürger deutscher oder **120**
madjarischr Nationalität, die nach den Vorschriften einer fremden Besatzungsmacht die deutsche oder madjarische Staatsangehörigkeit erworben haben, haben mit dem Tage des Erwerbs dieser Staatsangehörigkeit die tschechoslowakische Staatsbürgerschaft verloren.

Die übrigen tschechoslowakischen Staatsbürger deutscher oder madjarischer Nationalität verlieren die tschechoslowakische Staatsbürgerschaft mit dem Tage, an dem dieses Dekret in Kraft tritt.

Dieses Dekret erstreckt sich nicht auf die Deutschen und Madjaren, die sich in der Zeit der erhöhten Bedrohung der Republik [21. 5. 1938 bis 21. 12. 1946] bei der amtlichen Meldung als Tschechen oder Slowaken bekannt haben.

Dokumentation der Vertreibung der Deutschen aus Ost-Mitteleuropa, Bd. IV, 1, dtv 3273, a.a.O., S. 204, 212ff., 225, 240

121 *Aufruf der Kommunistischen Partei der Tschechoslowakei (13. 5. 1945)*

Errichtet in jedem Ort eine Nationalgarde, die in Zusammenarbeit mit den zentralen Sicherheitsorganen über Ordnung und Sicherheit von Personen und Eigentum wachen soll! Verhaftet sogleich alle Deutschen, welche zu uns nach dem Abschluß des Münchener Vertrages als Okkupanten kamen. Ähnlich geht vor gegen jene »einheimischen« Deutschen, welche Henlein und Frank aktiv unterstützt und sich an dem Ausrottungsfeldzug gegen unser Volk beteiligt haben. Richtet für die verhafteten Deutschen Arbeitslager ein und zwingt sie für den Wiederaufbau dessen zu arbeiten, was sie selbst zerstört haben! [...]

Stellt das zusammengestohlene Eigentum der Deutschen, der Verräter und Kollaboranten für Nation und Staat sicher! Für alle Eigentumswerte – Fabriksbetriebe, Geldinstitute, landwirtschaftliche Unternehmungen, Gewerbebetriebe, Geschäfte, Hausbesitz usw. – für alles was sich im Eigentum oder in der Verwaltung von Deutschen, von Verrätern und Kollaboranten befand, oder was zurückgelassen wurde, setzt sofort eine Nationalverwaltung ein [...]

Ernst Nittner: Dokumente zur sudetendeutschen Frage 1916–1967, a.a.O., S. 299

122 *Tschechischer Ausweisungsbefehl aus Ebersdorf, Kreis Friedland (15. 6. 1945)*

Es wird Ihnen aufgetragen, sich mit der ganzen Familie bis zum 18. 6. 1945 10 Uhr vorm. zwecks Abreise aus dem Gebiete der ČSR vorzubereiten. Jede Person kann höchstens 30 kg Gepäck mitnehmen. Die Aufforderung zum Abgang wird noch am morgigen Tage erfolgen, vor der Aufforderung dürfen Sie die Wohnung nicht verlassen.

Ich mache Sie darauf aufmerksam, daß jedwede Beschädigung, Vernichtung und ä. des Eigentums und der Einrichtung des Haushalts sogar mit dem Tode bestraft würde. Diese Auswanderung erfolgt in voller Übereinstimmung mit dem Kommando der Russischen Armee. Die bestimmten Personen sammeln sich in Habartice vor dem Gasthaus Kretscham um 11 Uhr.

Pos. Vel. Habartice, ČSR
por. Vaneš

Dokumentation der Vertreibung der Deutschen aus Ost-Mitteleuropa, Bd. IV, 1, dtv 3273, München, S. 325

Rhona Churchill (bei der Dritten amerikanischen Armee) in »Daily Mail«, 6. August 1945 **123**

Die nachfolgende Schilderung soll nur als Beispiel für die Brünner Vorfälle des vergangenen Monats dienen, als sich junge Revolutionäre der tschechischen Nationalgarde dazu entschlossen, die Stadt zu ›säubern‹.

Kurz vor neun Uhr vormittags zogen sie marschierend durch die Straßen; dabei wurden sämtliche deutschen Staatsbürger angewiesen, sich jeder mit nur einem Handkoffer um neun Uhr vor der Haustür aufzustellen und bereitzuhalten, um die Stadt für immer zu verlassen.

Den Frauen wurde zehn Minuten Zeit gelassen,, in denen sie ihre Kinder wecken und ankleiden, einige wenige Habseligkeiten in ihre Koffer werfen und auf den Bürgersteig kommen konnten ... Dann wurden sie mit geladenem Gewehr aus der Stadt an die österreichische Grenze eskortiert.

Es herrschte pechschwarze Dunkelheit, als sie die Grenze erreichten. Die Kinder jammerten, die Frauen wankten. Sie wurden von den tschechischen Wachmannschaften über die Grenze in Richtung auf die österreichischen Grenzposten getrieben.

Dann gab es weitere Verwirrung. Die Österreicher verweigerten die Annahme der Vertriebenen, die Tschechen die Wiederaufnahme. So wurden sie denn für die Nacht auf einem offenen Felde zusammengedrängt, und am nächsten Morgen schickte man einige Rumänen, um sie zu bewachen.

Auf diesem Felde, das in ein Konzentrationslager verwandelt wurde, befinden sie sich immer noch. Die einzigen Nahrungsmittel, über die sie verfügen, erhalten sie von Zeit zu Zeit von den Wachmannschaften. Zuteilungen haben sie nicht empfangen.

Jetzt ist eine Typhusepidemie unter diesen Menschen ausgebrochen, und es heißt, daß täglich hundert von ihnen sterben.

Fünfundzwanzigtausend Männer, Frauen und Kinder haben diesen Gewaltmarsch von Brünn mitgemacht ... Selbst deutsche Juden und Antinazis, die erst kürzlich aus den Konzentrationslagern der Gestapo freigelassen worden waren, genießen keinerlei Immunität; dasselbe gilt für britische Frauen, die mit Deutschen verheiratet sind.

Victor Gollancz, a.a.O., S. 158f.

Anordnung des nationalen Sicherheitsdienstes in Troppau (1945) **124**

Mit sofortiger Gültigkeit wird angeordnet, daß alle Personen deutscher Nationalität vom 6. Lebensjahr an folgende Kennzeichnung tragen: eine weiße Scheibe im Durchmesser von 15 cm und auf ihr, aus schwarzer Leinwand aufgenäht, ein »N« in der Stärke von 2 cm, dessen Rand 1 cm von der Umrißlinie des Kreises entfernt ist. Diese Kennzeichnung wird auf der linken Brustseite getragen. Deutsche, die in der NSDAP, in der SA, SS, NSV, NSF, NSKK, HJ oder in anderen Gliederungen der Partei organisiert waren, müssen diese Zeichen auch auf dem Rücken tragen (also zwei – eines auf der Brust und das zweite auf dem Rücken).

Allen Deutschen wird die Fahrt mit öffentlichen Beförderungsmitteln, der Besuch öffentlicher und Unterhaltungslokale und Anlagen (Parkanlagen) verboten. Allen Deutschen ist verboten, ab 20 Uhr ihre Wohnungen zu verlassen. Bei Begegnungen eines russischen oder tschechoslowakischen Offiziers müssen die Deutschen den Hut abnehmen und müssen in entsprechendem Abstand vorbeigehen. Der Einkauf in den Geschäften ist eine Stunde vor der Sperre erlaubt.

Die Abzeichen laut angeordnetem Muster muß jeder Deutsche sich selbst anschaffen. Die Nichtbefolgung dieses Befehls ist strafbar. Strafbar macht sich ebenfalls jeder Bürger anderer Nationalität, der auf irgendeine Weise die Deutschen begünstigt oder ihnen hilft.

Die österreichischen Staatsangehörigen unterliegen diesen Bestimmungen nur dann, wenn sie bei der NSDAP, der SA, SS, NSV, NSF, NSKK, HJ oder in einer anderen Gliederung der NSDAP organisiert waren.

Der Hauptmann des nationalen Sicherheitsdienstes in Troppau:
Dr. Fr. Grim

Dokumentation der Vertreibung der Deutschen aus Ost-Mitteleuropa, Bd. IV, 1, dtv 3273, München, S. 315

125 *Die tschechische Zeitschrift »Londynské Listy« berichtet von dem Massaker in Aussig/Elbe am 31. 7. 1945, wo die Explosion unsachgemäß gelagerter Beutemunition als deutsche Sabotage ausgelegt wurde und eine Massenjagd auf Deutsche begann (London, 15. 7. 1948):*

Eben sendet uns ein Augenzeuge eine Darstellung der Ereignisse in Aussig an der Elbe ein, die jeden anständigen Menschen mit tiefer Scham erfüllen muß. Er schreibt: »[...]

Die Deutschen, die weiße Armbinden trugen und von der Arbeit heimkehrten, wurden die ersten Opfer auf der Beneš-Brücke. Das Militär, das vom Vorsitzenden des Organisationsausschusses in Aussig a.E., Herrn Vondra, aufgefordert worden war, jedes Massaker zu verhindern, folgte dieser Aufforderung nicht und mordete mit. Eine Mutter, die ihr Kind im Wagen über die Brücke fuhr, wurde mit Latten erschlagen, mit dem Kind über das Geländer in die Elbe geworfen, unter Begleitfeuer aus Maschinenpistolen.

Ein weiterer Vorfall, der mir in Erinnerung blieb und mich mein ganzes Leben begleiten wird, war jener deutsche Antifaschist, der nach vier Jahren aus dem Konzentrationslager zurückkehrte und als Monteur bei der Firma Brönner beschäftigt war. Diesem deutschen Kämpfer gegen den Faschismus, Brainl, wurden die Haare ausgerissen und dann der Bauch durchschossen. Er starb auf der Stelle.

Dergleichen Vorfälle gab es Hunderte. Auf der Brücke und auf dem Hauptplatz wurden Leute erschlagen und in die sogenannten Luftschutz-Wasserbehälter geworfen. In drei Stunden waren mehr als 2000 Menschen erschlagen. Die Toten wurden geplündert, von internierten Deutschen auf Autos geladen und zur Kremation nach Theresienstadt gefahren. Die Begleiter der Toten kehrten nicht zurück [...]

Lidice war ein lebendiges Denkmal des unseligen ›Furor teutonicus‹, und Aussig a. E. war die Rehabilitierung der deutschen nazistischen Mörder. Die Zahl der Opfer war hier fast die vierfache. Wird dieses Verbrechen nicht als ›Furor Czechoslovaka plebs‹ in die Geschichte eingehen?«

Dokumentation der Vertreibung der Deutschen aus Ost-Mitteleuropa, Bd. IV, 2, dtv 3273, München, S. 284

G.E.R. Gedye beschreibt in der Londoner Tageszeitung »Daily Herald« ein Lager in der Tschechoslowakei, in dem Deutsche auf ihre Aussiedlung warten (9.10. 1945): **126**

Sie lebten ohne Rücksicht auf Geschlecht und Alter in Hütten zusammengepfercht [...] Sie waren im Alter von vier Tagen bis zu achtzig Jahren. Jeder sah verhungert aus. [...] Den empörendsten Anblick boten die Babies, von denen es in den meisten Hütten wimmelte [...] Eine Frau saß mit einer Arzneiflasche voll Muttermilch – es gibt keine andere Milch in dem Lager – und suchte damit die Lippen von etwas, das sie ihr Baby nannte, zu benetzen.

Mit seinen zwei Monaten war es kleiner als ein gesundes, neugeborenes Baby. Es hatte ein verrunzeltes, affenähnliches Gesicht; die dunkelbraune Haut war straff über die Knochen gespannt: die Arme waren wie Streichhölzer – es war ein verhungerndes Baby. Nahe dabei stand eine andere Mutter mit einem eingeschrumpften Bündel von Haut und Knochen in den Armen, das kleiner schien als ein normales zwei Monate altes Baby. Ich starrte bloß und wollte es nicht glauben, als sie mir sagte, es wäre vierzehn Monate alt. Auf dem einen Bett lag ein junges, blondes Mädchen inmitten der lärmenden Männer, Frauen und Kinder von Schmerzen gequält, während sie das Kind, dem sie vierundzwanzig Stunden früher ohne ärztliche Hilfe das Leben geschenkt hatte, in den Armen hielt. Auf zwei Schlafstellen nahe dabei lagen zwei alte Frauen wie tot. Erst bei näherem Zusehen entdeckte man, daß sie noch leise atmeten. Sie waren, wie jene Babies, vor Hunger am Sterben [...] Ich fürchte es nicht, der sentimentalen Weichherzigkeit den Nazis gegenüber bezichtigt zu werden, wenn ich diese Lager als ein Verbrechen gegen die Menschlichkeit und gegen den Ruf des tschechoslowakischen Volkes bezeichne.

Victor Gollancz, a.a.O., S. 72

127 *Robert Murphy, der politische Berater der amerikanischen Militärregierung in Deutschland, in einem Memorandum (12. 10. 1945):*

Daß die Deportationen im Sudetenland nicht weitergegangen sind, liegt teilweise auch an der Anwesenheit unserer Truppen, deren Befehlshaber den Tschechen in freundlicher, aber bestimmter Art gesagt haben, daß bestimmte Dinge im Namen der Humanität einfach nicht toleriert werden können. Trotzdem haben sich in reichlich großem Umfang erbarmungslose Ausweisungen ereignet, die bei vielen unserer Soldaten zu einer feindseligen Einstellung gegenüber den befreiten Tschechen geführt haben.

Alfred M. de Zayas: Die Anglo-Amerikaner und die Vertreibung der Deutschen, dtv 1599, 2. Aufl., München, S. 260 (eigene Übersetzung)

128 *Präsident Beneš in einer Rede in Mělnik (14. 10. 1945):*

Aber kürzlich sind wir kritisiert worden in der internationalen Presse, die über einen unwürdigen Transfer berichtet. Es heißt, wir täten das Gleiche, was die Nazis mit uns taten. Es heißt, wir handelten gegen unsere nationale Tradition und moralische Reputation. Es heißt schließlich, wir imitierten die Nazis in ihren unzivilisierten Methoden. Selbst wenn in Einzelfällen Vorwürfe gerechtfertigt sind, erkläre ich kategorisch: unsere Deutschen müssen und werden uns in Richtung Reich verlassen. Sie werden uns verlassen, wegen ihrer unermeßlichen Schuld und ihres Tuns und ihrer Politik vor dem Krieg, die gegen unseren Staat und unser Volk gerichtet war. Diejenigen, die sich als Antifaschisten erwiesen haben und treu zu unserer Republik standen, können bei uns bleiben. Alle unsere Verfahren, die mit dem Transfer zusammenhängen, müssen in humaner, gerechter und korrekter Weise und auf eine moralische Basis ausgeführt werden. Alle untergeordneten Dienststellen, die anders handeln, werden verantwortlich gemacht werden. Die Regierung wird unter keinen Umständen zulassen, daß der gute Ruf der Republik von unverantwortlichen Individuen beschmutzt wird.

Radomír Luža: The Transfer of the Sudeten Germans, New York University Press, 1964, S. 275 (eigene Übersetzung)

Menschliche Solidarität

Neben Schilderungen heute kaum noch vorstellbarer Grausamkeiten unter »zivilisierten« und »christlichen« Europäern liegen auch zahlreiche Berichte darüber vor, wie sich menschliche Solidarität über Nationengrenzen hinweg bewährte. In großer Zahl führten vor allem französische Kriegsgefangene, die auf deutschen Bauernhöfen gearbeitet hatten, Trecks mit Frauen und Kindern nach Westen, gleiches wird von polnischen Landarbeitern berichtet, die erst an der Oder umkehrten. Russische Soldaten und Offiziere geboten Ausschreitungen Einhalt. Polen und Tschechen bewahrten ihre Menschlichkeit, leisteten auch unter eigenem Risiko Hilfe.

Zusammen mit 16 polnischen Arbeiterinnen und Arbeitern sowie deren Kindern **129**
verließ die Familie Grimm am 24.10. 1944 ihren Hof bei Nemmersdorf/Ostpreußen auf Pferdewagen. Unmittelbar nach Verlassen des Hofes halten heranstürmende russische Soldaten den Treck auf. Frau Grimm berichtet über die weiteren Vorgänge:

Die Russen beschimpfen uns. Sie wollen die Deutschen ausrotten, und, nachdem sie den Männern die Uhren fortgenommen haben, umringen sie meinen Ehemann, nehmen ihn einige Schritte mit, und, ehe ich den Vorgang bemerken kann, ist er durch einen Schuß in die Schläfe getötet worden [...] Nun werden die Wagen und alle Gebäude durchsucht und, soweit es geht, alle Dinge vernichtet. Während dieser Zeit ziehen mir die Polen schlechte Sachen an, binden mir ein Tuch um und machen mich unkenntlich. Sie nennen mir einen polnischen Ort, geben mir einen polnischen Namen. Ich solle kein Wort Deutsch sprechen. Zum Glück beherrsche ich einen Teil der polnischen Sprache. Sie halten mich außerdem im Hintergrund [...] Es dauert nicht lange, da kommen mehrere Russen zu uns und fragen, ob wir Deutsche sind. Doch die Polen verneinen diese Frage, obwohl die Russen ihnen mit dem Leben drohen, wenn sie Deutsche versteckt halten. Ein Russe beobachtet mich eine Weile, ohne etwas zu sprechen, wird jedoch abgelenkt [...]

Edgar Günther Lass: Die Flucht. Ostpreußen 1944/45. Podzun-Verlag, Bad Nauheim 1964, S. 47f.

Ich bin am 7. Januar 1947 ausgewiesen worden und sehe heute noch die **130**
alte Polin N.N. auf meinem Grundstück stehen, die mich weinend anflehte, dort zu bleiben, da es meine Heimat ist, und nicht die ihre. Dieser alten Frau verdanke ich es, daß ich bis zur Ausweisung in meinem Hause wohnen durfte. Dieselbe hatte mein Grundstück als Eigentum zugewiesen erhalten, trotzdem konnte ich das gesamte Obst selbst ernten. Eines Tages wurde ich zu ihr in die Wohnung gerufen. Vor mir

stand ihr Sohn, ein grimmig aussehender Mann von 40 Jahren. Nach längerer Musterung reichte er mit folgenden Worten die Hand: »Du bist Deutscher, und die Deutschen haben meinen zweijährigen Alex erschlagen, du kannst nichts dafür, du bist mein Bruder«. Selbiger ist Vater von sieben Kindern. Eine Zeit lang mußte ich in einer polnischen Eisenbahnwerkstatt arbeiten. Ich erhielt Mittagessen in der polnischen Kantine an einem »Tisch« nur für Deutsche. Eines Tages wurde ein polnischer Arbeiter, der sich zu uns gesetzt hatte, vom Aufsichtspersonal verwarnt, worauf der polnische Arbeiter folgendes erwiderte: »Ich bleibe hier sitzen, wenn das auch Deutsche sind. Sie sind nicht besser oder schlechter als wir«. Am nächsten Tage waren ebensoviel Polen als Deutsche an unserem Tisch.

Göttinger Arbeitskreis (Hg.): Dokumente der Menschlichkeit, Holzner-Verlag, Kitzingen 1950, S. 113

131 Mit dem Einbruch der Russen in unseren Kreis (Soldin) war mein Dienst als Revierförster auf dem Rittergut Adamsdorf beendet. Leider gelang es uns nicht mehr, nach Westen durchzukommen. Was wir bis zum Sommer 1947 gelitten haben, möchte ich hier nicht schildern. Doch auch in jenen Jahren fanden sich Menschen, die es gut mit uns meinten.

Nachdem wir es wegen der nächtlichen Überfälle im Forsthaus nicht mehr hatten aushalten können, wies man uns eine kleine Gutswohnung zu. Ich hatte mit einigen deutschen Familien den großen Gutsgarten zu betreuen. Elend genug muß ich damals ausgesehen haben; denn es geschah nicht selten, daß mir jemand auf dem Heimweg ein Stück Brot oder andere Lebensmittel zusteckte. Einmal sprach mich ein polnischer Sattler an; er erzählte, daß man ihn während des Krieges als Arbeiter nach Deutschland verschleppt hatte, dort ging es ihm jedoch gut – also sollten es auch die Deutschen, die er jetzt beaufsichtige und beschäftige, nicht schlecht haben [...]

Nicht selten wurde ich vom polnischen Gutsgärtner, einem schlichten Arbeiter, zum Mittagessen eingeladen, und ich brauchte niemals mit leeren Taschen zu meiner Familie zurückzukehren. Als wir im Sommer 1947 unsere Ausreisepapiere endlich in der Tasche hatten, versuchte uns dieser Mann mit Tränen in den Augen zum Bleiben zu bewegen. Aber daran war natürlich nicht zu denken: wir waren ja froh, daß sich unser Wunsch endlich erfüllte. Mit aus Beständen des Gärtners gefüllten Rucksäcken traten wir die Reise nach Bad Segeberg an.

Göttinger Arbeitskreis (Hg.): Deutsch-polnische Begegnungen 1945–1958, Holzner-Verlag, Würzburg 1960, S. 28f.

132 Unsere Ahnen haben sich durch 3 Jahrhunderte rechtschaffen und manchmal unter schwierigen Verhältnissen auf unserer Scholle behauptet. Unser Name geht in den Büchern der Stadt Leitmeritz bis ins 12. Jahrhundert zurück. Auch in der C.S.R waren wir bestrebt, gute Staatsbürger zu sein. Nach dem Zusammenbruch im Jahre 1945 zeigte das tschechische Volk einen sehr großen Haß und Unmenschlichkeit gegenüber den Deutschen bei der Austreibung, hauptsächlich der Pöbel. Und zu dieser Zeit hat uns der tschechische Bauer N.N. mit Rat und Tat beigestanden unter eigenen Gefahren, ohne eigene Vorteile, nur um uns zu helfen. Sein Sohn, der dann beim tschechischen Militär diente, kam öfters zu uns und erkundigte sich nach unserem Ergehen, auch sein Schwager, ein tschechischer Leutnant, kam zu uns, um uns zu helfen. Wie es damals zuging in Böhmen, brauche ich nicht zu erwähnen, daß Deutsche vogelfrei waren, recht- und schutzlos. Und dieser Familie und auch zwei tschechischen Bauern haben wir viel zu verdanken. Was das bedeutete zu dieser Zeit, kann nur der ermessen, der das miterlebte.

Göttinger Arbeitskreis (Hg.): Dokumente der Menschlichkeit, Holzner Verlag, Kitzingen 1950, S. 166

Einschätzungen

Flucht, Vertreibung und die Verschleppung Hunderttausender aus den deutschen Ostprovinzen zur Zwangsarbeit in die Sowjetunion haben bei den Betroffenen und ihren Angehörigen unauslöschliche Erinnerungen, in Deutschland tiefe Spuren hinterlassen. Über die Abläufe und Vorgänge im einzelnen liegen tausende von Berichten vor, aus denen deutsche Historiker, 1953 beginnend, zusammen mit amtlichen Dokumenten eine »Dokumentation der Vertreibung der Deutschen aus Ost-Mitteleuropa« zusammengestellt haben, die 1984 in acht Bänden nachgedruckt wurde (Deutscher Taschenbuch Verlag, Nrn. 3270–3274, Kassette Nr. 5964). Die Berichte schildern auch Greueltaten und Verbrechen an Deutschen in großer Zahl, an denen sich Angehörige der nach Westen vordringenden Truppen, der hastig aufgestellten und bewaffneten Milizen, rachedurstige oder aufgehetzte Zivilisten oder schlicht kriminelle Plünderer, Schläger und Sadisten mit und ohne Uniform beteiligt haben, die alle Stationen von Flucht, von »wilder« und »humaner« Vertreibung begleiteten und z.T. besonders abscheuliche Formen in Sammel- und Internierungslagern annahmen. (Zu den Vertreibungsverlusten → Nr. 3).

Deutungen und Einschätzungen geschichtlicher Ereignisse entfalten nicht selten eine eigene Wirksamkeit, bestimmen »Geschichtsbilder«, prägen Einstellungen zu anderen Völkern. Zu Flucht und Vertreibung der Deutschen aus Ostmitteleuropa wurden und werden unterschiedliche Urteile vorgetragen in bezug auf den Umfang von Greueltaten an Einzelnen, in bezug auf die Frage, ob die Vertreibung insgesamt im

Lichte internationalen Rechts ein Verbrechen darstellt und schließlich in bezug darauf, ob sie in einem größeren geschichtlichen Rahmen eher als eine notwendige oder eher als eine tragische Entwicklung anzusehen ist.

Der amerikanische Diplomat Murphy fühlte sich schon 1945 angesichts der Konfrontation mit Vertreibungsvorgängen an Nazi-Verbrechen erinnert (→ Nr. 115). Einschätzungen in dieser Richtung teilen Publizisten, Historiker, Völkerrechtler in westlichen Ländern.

Ihnen kraß gegenüber – hier in einem zweiten Abschnitt exemplarisch vorgestellt – stehen Stellungnahmen aus der UdSSR, der Volksrepublik Polen, der ČSSR und der DDR, die der damaligen kommunistischen Partei- und Staatslinie verpflichtet sind, die 1965 in besonderer Schärfe auch die Kritik am Brief der polnischen Bischöfe an ihre deutschen Amtsbrüder bestimmte (→ Nr. 203ff.).

In einem dritten Abschnitt werden Äußerungen von Russen, Polen und Tschechen zitiert, die dieser Linie nicht folgten. Wie wir heute erkennen, sind sie Wegbereiter von Gedanken geworden, die nach den politischen Umwälzungen in Polen und der Tschechoslowakei Teil einer neuen Politik werden (→ Nr. 242; → Nr. 244).

133 *Im Zusammenhang mit dem Brief der polnischen Bischöfe an ihre deutschen Amtsbrüder (→ Nr. 201) schreibt eine österreichische Zeitung (30. 12. 1965):*

Es steht außer Zweifel, daß im Zweiten Weltkrieg nicht nur von deutscher Seite furchtbare Kriegsverbrechen sowie Verbrechen gegen die Menschlichkeit begangen worden sind, sondern auch in so manchen Staaten, die bei Kriegsende im Lager der Sieger standen und ihre Scheußlichkeiten auch in der ersten Nachkriegszeit verübten. Zu den scheußlichsten dieser Verbrechen, deren Übeltäter unter den Siegernationen zu suchen sind, gehören die bei der Deutschenaustreibung von Polen, Tschechen und Jugoslawen an den Deutschen verübten Massenmorde und Greueltaten. In den betreffenden Staaten wurde dies bisher jedoch von offizieller oder sonstiger maßgebender Seite niemals zugegeben, sondern im Gegenteil stets geleugnet. Den polnischen Bischöfen ist es hoch anzurechnen, daß sie es in ihrem Brief an die deutschen Bischöfe gewagt haben, auch auf die Schuld auf polnischer Seite hinzuweisen. Sie taten dies mit den Worten »wir wollen vergeben und vergessen, so wie auch wir um Vergebung bitten«. Damit scheint uns ein Tabu gebrochen zu sein, und sowohl in Polen wie auch in der übrigen Welt wird sich wohl so mancher, der von jenen Greueltaten bei der Deutschenaustreibung nichts wußte, oder nichts wissen wollte, fragen, weshalb und wofür die polnischen Bischöfe um Vergebung bitten. Sie taten dies im Geiste echten Christentums und im Geiste der Wahrheit, und dies wieder ist einer echten Versöhnung förderlich.

Salzburger Nachrichten, Salzburg, 30. Dezember 1965. *nach: Deutsch-polnischer Dialog, Edition Atlantic-Forum, Bonn/Brüssel/New York 1967, S. 111f.*

Der deutsche Historiker Steininger (1983): **134**

Was die Vertriebenen auf ihrer Flucht aus dem Osten erlebten, übertraf die Greuelpropagande der Nazis bei weitem; jene, die überlebten und in den Westen gelangten, waren für den Rest ihres Lebens für diesen Westen und gegen den Osten, gegen den Kommunismus, gegen Polen, Russen und Tschechen, die sie für dieses Elend verantwortlich machten.

Rolf Steininger: Deutsche Geschichte 1945–1961, Bd. 1, Fischer Taschenbuch Verlag Nr. 4315, Frankfurt/M. 1983, S. 89

Der britische Verleger jüdischen Glaubens Victor Gollancz (1946): **135**

Eines der Verbrechen, dessen die Männer von Nürnberg bezichtigt werden, lautet auf »Verschleppung und andere unmenschliche Handlungen gegen die Zivilbevölkerung eines Landes«. Aber noch ehe denn der Sommer vorüber sein wird, werden die Richter dieser Männer die Zwangsverschleppung von einigen vierzehn Millionen Menschen unter derart hartherzigen Begleitumständen, daß ich den Lesern eines späteren Abschnitts das Urteil darüber überlassen möchte, angeordnet, angestiftet oder sich damit abgefunden haben; und diese Massenvertreibungen wurden und werden zu einem Zeitpunkt durchgeführt, in dem es mit dem besten Willen nicht mehr möglich ist, auf militärische Notwendigkeiten als Milderungsgründe zu plädieren.

Victor Gollancz, a.a.O., S. 83f.

Der deutsche Zeithistoriker Graml (1983): **136**

Die deutschlandpolitischen Beschlüsse der Konferenz opferten der Eintracht der Alliierten nicht einfach deutsche Interessen, sondern beraubten, jedenfalls nach damaligem Urteilsvermögen, einen beträchtlichen Teil der geschlagenen Nation seiner Existenzgrundlage. Bei der Entscheidung in der Grenzfrage und über die mit ihr aufs engste verbundene Vertreibung ist das evident. Hier wurden Verbrechen mit Verbrechen vergolten, NS-Methoden mit NS-Methoden [...]

Wenn sich die Westmächte in der Grenzfrage mit der Überlegung beruhigten, daß ihnen im Augenblick doch nichts anderes übribleibe, als sich mit Stalins fait accompli abzufinden, und daß sie für die Zukunft die Möglichkeit von Verhandlungen offengehalten hätten, so war das bestenfalls eine Selbsttäuschung, da die Zustimmung zur Vertreibung künftigen Korrekturen praktisch die Grundlage entzog. Hinsichtlich der

Vertreibung war jedoch nicht einmal eine Selbsttäuschung möglich. Hier drehte es sich nicht darum, ein fait accompli zu akzeptieren. Wenn die Westmächte die Übernahme von Vertriebenen in ihre Besatzungszonen verweigerten, gab es keine Vertreibung; die Sowjetunion hätte es fraglos unterlassen, sämtliche Vertriebenen in die eigene Zone zu pferchen. Wie erwartet werden mußte und wie sich rasch herausstellte, war zu allem Überfluß auch noch das Abkommen über die humane Vertreibung, mit dem die Führer der Westmächte ihr zweifellos verstörtes Gewissen zu salvieren suchten, das Papier nicht wert, auf dem es geschrieben stand.

Hermann Graml: Die deutsche Frage, in: Bracher/Eschenberg/Fest/Jäckel (Hg.): Geschichte der Bundesrepublik Deutschland, Bd. 1. DVA/Brockhaus, Wiesbaden 1983, S. 323f.

Einschätzungen aus der Sicht des Völkerrechts

137 *Dieter Blumenwitz, Professor für Völkerrecht an der Universität Würzburg, 1985*

Die gewaltsame Entfernung der Zivilbevölkerung aus ihren angestammten Wohnsitzen stellt einen Verstoß gegen die Artikel des IV. Abschnittes der HLKO[1] und das – in allgemein anerkannten Rechtsgrundsätzen zum Ausdruck gekommene – Recht auf Heimat dar. Den Vertreiberstaaten sind sämtliche Völkerrechtswidrigkeiten wie Mord, Mißhandlung, Vertreibung etc., die der ortsansässigen Bevölkerung in den deutschen Ostgebieten zugefügt wurden, zuzurechen. Dies, da alle Völkerrechtswidrigkeiten zum Zeitpunkt der Vertreibung einen eindeutigen Niederschlag in allgemein anerkannten Rechtsgrundsätzen gefunden hatten und auch in die Gebietshoheit der Vertreiberstaaten fielen. [...]

So brachten einerseits die Amtsträger der vollziehenden Gewalt durch völkerrechtswidriges Verhalten – durch das Erteilen und das Ausführen von Ausweisungsbefehlen, der ungerechtfertigten Beschlagnahme von privatem und öffentlichem Eigentum der ortsansässigen deutschen Bevölkerung – die Vertreiberstaaten in die völkerrechtliche Verantwortlichkeit, wie auch Angehörige der bewaffneten Streitkräfte, der Milizen oder der Gerichtsbarkeit.

Auch für die Ausschreitungen von privaten Personen tragen die Vertreiberstaaten die völkerrechtliche Verantwortlichkeit, da sie weitgehend nicht hinreichende Vorsorge zur Verhinderung solcher Handlungen getroffen hatten, ja diese Privatpersonen oft sogar ermunterten, völkerrechtswidrige Handlungen an Privatpersonen vorzunehmen. [...]

[1] Haager Landkriegsordnung

Die Vertreiberländer bzw. die Staaten, die für die Vertreibung der deutschen Bevölkerung aus ihrer angestammten Heimat haften, sind zur Wiedergutmachung verpflichtet.

Dieter Blumenwitz (Hg.): Flucht und Vertreibung. Carl Heymanns Verlag KG. Köln, Bonn, München 1987, S. 58f.

Der amerikanische Völkerrechtler de Zayas, tätig bei den Vereinten Nationen (1985): **138**

Bei der völkerrechtlichen Beurteilung der Vertreibung der Deutschen ist es unerläßlich, den Statut des Internationalen Militärtribunals von Nürnberg und seine Rechtsprechung zu berücksichtigen. Freilich wurden in Nürnberg nur die deutschen Kriegsverbrechen und Verbrechen gegen die Menschlichkeit verurteilt, aber, da das Völkerrecht gleichermaßen für alle Staaten gilt, sind die in Nürnberg festgelegten Prinzipien ebenfalls für die Alliierten gültig und man kann und soll die alliierten Handlungen in Zusammenhang mit der Vertreibung daran messen. [...]

Punkt 3, Abschnitt J der Nürnberger Anklage lautete:

»In gewissen besetzten, als von Deutschland annektiert ausgegebenen Gebieten, zielten die Bestrebungen der Angeklagten methodisch und fortgesetzt darauf ab, diese Gebiete politisch, kulturell, sozial und wirtschaftlich dem Deutschen Reiche anzugleichen. Die Angeklagten bemühten sich, den bisherigen Volkscharakter dieser Gebiete zum Verschwinden zu bringen. In Verfolgung dieses Planes und Bestrebens deportierten die Angeklagten gewaltsam Einwohner, die überwiegend nicht-deutsch waren und brachten dafür Tausende von deutschen Siedlern in die betreffenden Gebiete.« [...]

Die Rechtsprechung des Nürnberger Tribunals [ist] eindeutig für die Völkerrechtswidrigkeit des Tatbestandes Vertreibung, und mehrere Angeklagte, unter anderem Hans Frank, wurden spezifisch wegen Vertreibungsverbrechen an Polen und Franzosen verurteilt. Nürnberg stellt also einen Präzedenzfall dar. Die Allgemeingültigkeit der Nürnberger Rechtssprechung wurde auch in Resolution 95 (1) der Vollversammlung der Vereinten Nationen am 11. Dezember 1946 anerkannt [...]

Zahlreiche andere Prozesse trugen zur Klärung und Festigung des Begriffs der Völkerrechtswidrigkeit von Vertreibungsaktionen bei. In dem Prozeß gegen Ernst von Weizsäcker u. a. vor dem amerikanischen Militärtribunal in Nürnberg im Jahre 1949 (Fall XI, sogenannter Wilhelmstraße-Prozeß) wurde das nationalsozialistische Programm der Zwangsaustreibung fremder Staatsbürger zwecks Germanisierung der betroffenen Gebiete erneut als Kriegsverbrechen und Verbrechen gegen die Menschlichkeit verurteilt. Die Rechtsprechung des Tribunals bezüglich des Umsiedlungsprogrammes der »Deutschen Umsiedlungs-Treuhandgesellschaft« (DUT) lautet: »Wir haben uns mit diesem Programm befaßt und sind zu der Überzeugung gekommen, daß es eine Verletzung des Völkerrechts und ein Verbrechen gegen die Menschlichkeit im Sinne des Kontrollratsgesetzes Nr. 10 darstellt.« [...]

Nach der Auffassung der vertreibenden Staaten stellt Artikel XIII [des Potsdamer Abkommens → Nr. 106] eine ausreichende Genehmigung und damit auch eine Legalisierung der Vertreibungen dar. Es ist aber höchst zweifelhaft, ob Siegermächte einfach derartige unmenschliche Beschlüsse zu Lasten Dritter völkerrechtlich treffen können, denn, wie oben ausgeführt, widersprechen Vertreibungen (1) den Schutzbestimmungen der Haager Landkriegsordnung, (2) den Nürnberger Prinzipien, und (3) den »Gesetzen der Menschlichkeit« bzw. den Forderungen des öffentlichen Gewissens. [...]

Es mag dahingestellt bleiben, ob die Umsiedlung einer Bevölkerung, wenn sie international beaufsichtigt, graduell und »in geregelter und humaner Weise« durchgeführt wird, mit den allgemein anerkannten Völkerrechtsnormen vereinbar ist. Doch eine Aussiedlung von Menschen, die von Ausschreitungen und Unmenschlichkeiten begleitet wird wie die Vertreibung der Deutschen aus Ostmitteleuropa, stellt in jedem Fall eine ernste Verletzung des positiven Völkerrechts dar – ein »Verbrechen gegen die Menschlichkeit«.

Alfred-Maurice de Zayas: Die Vertreibung in völkerrechtlicher Sicht, in: Dieter Blumenwitz, a.a.O., S. 246ff.

Vertreter der kommunistischen Partei- und Staatlinie

139 *Der sowjetische General Antipenko in einem Interview (1984):*

»Die Sowjetarmee hat mit der Zerschlagung des Faschismus zusammen mit den anderen europäischen Völkern auch das deutsche Volk befreit. Was halten Sie, Nikolai Alexandrowitsch, in diesem Zusammenhang von den mehrbändigen ›Dokumentationen‹, in denen von den ›Verbrechen gegen die Deutschen‹ die Rede ist?«

»Als ich zum ersten Mal hörte, daß in der BRD eine ›Dokumentation über die Verbrechen gegen die Deutschen‹ erschien, dachte ich: Endlich werden die Menschen die Wahrheit über die Verbrechen der Faschisten gegenüber den Antifaschisten und Demokraten erfahren, die in die Gefängnisse und Konzentrationslager geworfen und dort bestialisch gefoltert und ermordet wurden.

Es stellte sich jedoch heraus, daß ich mich bitter getäuscht hatte. Es handelte sich überhaupt nicht um Dokumente, sondern um Schmähschriften und böswilligen Erfindungen. Russen, Polen, Tschechen und andere slawische Völker wurden bezichtigt, Verbrechen begangen zu haben, d.h. alle diejenigen, die infolge der faschistischen Aggression die größten Verluste zu beklagen hatten.

Eine solche Lüge ruft bei mir, einem alten Soldaten, Zorn und Empörung hervor. Derartiges konnte nur in einer Küche zusammengebraut werden, in der neue Goebbels als Köche tätig sind. Welche verheerenden Folgen hat dies für die Jugend der Bundesrepublik! Sie soll kein Geschichtsbewußtsein erhalten, nicht die Wahrheit über den Faschismus erfahren, und es soll bei ihr ein Gefühl der Abneigung, ja der Feindseligkeit gegenüber den Sowjetmenschen und den Bürgern anderer sozialistischer Länder erzeugt werden.

Natürlich hatten die Deutschen, die sich der Untaten des Faschismus bewußt waren, im Jahre 1945 Angst vor der Rache.«

»Für uns, die sowjetischen Soldaten, war es selbstverständlich, sich gegenüber den Deutschen human zu verhalten. Es liegt nicht in der Natur eines sozialistischen Staates, in einem besiegten Land Methoden der Gewalt anzuwenden.«

Sowjetunion heute, hg. von der Presseabteilung der Botschaft der UdSSR in der Bundesrepublik Deutschland. Heft 8/84 (August 1984), S. 8f.

Stellungnahme eines DDR-Historikers (1958) **140**

Die Niederwerfung des von der großen Mehrzahl des deutschen Volkes aktiv oder passiv bis zuletzt unterstützten Faschismus auf deutschem Boden brachte dem ganzen deutschen Volk viele Härten. Angesichts der Greueltaten der faschistischen Militärmaschine in der Sowjetunion und der entsetzlichen Ausrottungsaktionen gegen das polnische Volk konnten auch Übergriffe durch manchen von Zorn und Leid um die zu Tode gequälten Angehörigen und Freunde erfüllten Soldaten und Bürger des sowjetischen und polnischen Volkes nicht ausbleiben.

Joachim Höppner: Die Umsiedlung der deutschen Bevölkerung aus den polnischen Westgebieten im Lichte neofaschistischer Geschichtsklitterung. Zeitschrift für Geschichtswissenschaft, 6. Jg., 1958, S. 344

Der polnische Ministerpräsident Cyraniewicz (5. 3. 1966): **141**

Die Mächte, die an der Potsdamer Konferenz teilnahmen, handelten nicht nur im eigenen Namen, sondern ebenso im Namen der ganzen antihitlerischen Koalition, [...] also auch im Namen Polens. Die Umsiedlung der Deutschen erfolgte nicht auf »Befehl der Siegermächte«, sondern gestützt auf einen internationalen Rechtsakt – den Potsdamer Vertrag –, geschlossen durch die großen Mächte im Namen der vereinigten Nationen. Indem Polen die Deutschen umsiedelte, handelte es also im Rahmen internationalen Rechts. Die Bezeichnungen der Umsiedlung mit dem Ausdruck »Vertreibung«, der aus der Terminologie der westdeutschen Revisionisten stammt, ist eine Beleidigung des legalen Handelns Polens und eine Beleidigung der historischen Wahrheit.

Deutsch-polnischer Dialog, Edition Atlantic-Forum, Bonn/Brüssel/New York 1967, S. 73

142 *Stellungnahme aus tschechisch-kommunistischer Sicht (1956)*

Die Entscheidung der KPČ für die Ausweisung wurde durch die Situation im Lande selbst beeinflußt. Nach der Befreiung unserer Heimat von den deutschen faschistischen Okkupanten beendete das tschechoslowakische arbeitende Volk mit der Arbeiterklasse an der Spitze, die nationale und demokratische Revolution, welche schrittweise zur sozialistischen Revolution herangewachsen war [...]

Unter dem bestehenden Kräfteverhältnis zwischen den einzelnen Klassen im Lande und angesichts der gegebenen internationalen Situation, da sich die anglo-amerikanischen Imperialisten in Westdeutschland anschickten, den Revanchismus zu entfachen, war es nicht möglich, in kurzer Zeit die faschistisch gewordene deutsche Minderheit im demokratischen Geist umzuerziehen. Einerseits wäre ihre Anwesenheit im Lande eine Unterstützung der Reaktion gewesen, andererseits wäre es durch die Anwesenheit der Deutschen der tschechischen Bourgeoisie möglich gewesen, den antideutschen Nationalismus als eine bedeutende ideologische Waffe gegen die Kommunisten auszunützen, welche gegen diesen Nationalsmus hätten auftreten müssen. Die Belastung der deutschen Minderheit in der ČSR hätte den Sieg der Arbeiterklasse über die »Burg« sehr erschwert, wenn nicht ganz unmöglich gemacht!

Ohne Zweifel war die Lösung der deutschen Minderheitenfrage durch Ausweisung hart. Die Ausweisung widerfuhr auch vielen Menschen, welche sich durch nichts anderes schuldig gemacht hatten als dadurch, daß sie nicht aktiv gegen den Faschismus gekämpft hatten.

Man muß aber freilich auch sagen, daß es sich um Maßnahmen handelte, welche eng mit dem 2. Weltkrieg zusammenhingen. Solche historischen Prozesse können nicht ohne gewisse Härten vonstatten gehen [...]

Die deutsche Minderheit in der ČSR spielte die Rolle einer Agentur des Hitlerfaschismus, einer Schlagfaust der internationalen Reaktion, die gehätschelt wurde vom deutschen, englischen, amerikanischen und französischen Finanzkapital. Die tschechische und slowakische Befreiungsbewegung gegen die deutsche faschistische Okkupation war eine fortschrittliche Bewegung, war ein Bestandteil der sozialistischen Weltrevolution. Daher war der Grund für die Art und Weise, wie die KP die deutsche Frage der ČSR löste, keineswegs Chauvinismus, Rache oder die nationalistische Theorie von den historischen Grenzen; dieser Grund lag vielmehr im Interesse des Fortschrittes der Welt.

Aus: Die Nationalitätenfrage in der volksdemokratischen Tschechoslowakei. Prag 1956; nach: Nittner, a.a.O., S. 308f.

Ein Kollektiv von Historikern der DDR (1979): **143**

Das Potsdamer Abkommen und die auf seiner Grundlage später abgeschlossenen Friedensverträge mit den ehemaligen Verbündeten Hitlerdeutschlands fixierten den neuen territorialen Status in Europa. Die deutsch-polnische Grenze wurde entlang der Oder und der Lausitzer Neiße festgelegt. Diese Grenzziehung gab dem neuen polnischen Staat größere Sicherheit gegen die Gefahr einer imperialistischen Aggression. Sie war ein Akt der Wiedergutmachung für das dem polnischen Volk von den herrschenden Klassen Deutschlands in Jahrhunderten zugefügte Unrecht. Die Beschlüsse über die geordnete Überführung deutscher Bevölkerungsteile aus Polen, der Tschechoslowakei und aus Ungarn nach Deutschland unterstrichen, daß die territorialen Regelungen des Potsdamer Abkommens endgültigen Charakter trugen. Die Konferenz bestätigte die Übergabe von Königsberg und des angrenzenden Gebietes an die Sowjetunion [...]

Das Potsdamer Abkommen entsprach mit seinen demokratischen Grundsätzen dem Charakter des gerechten Krieges gegen die faschistischen Aggressoren und den Interessen aller friedliebender Völker. Sein Abschluß war ein bedeutender Erfolg der sowjetischen Außenpolitik und Ausdruck des gestiegenen internationalen Einflusses der UdSSR. Im Gegensatz zum Versailler Vertrag richtete es sich gegen die wirklichen Schuldigen am Kriege und sah wirksame Maßnahmen zur Sicherung einer demokratischen Entwicklung vor.

Autorenkollektiv: Grundriß der deutschen Geschichte, hg. vom Zentralinsitut für Geschichte der Akademie der Wissenschaften der DDR, VEB Deutscher Verlag der Wissenschaften, Berlin (Ost) 1979, S. 509

Russen und Polen wider die offizielle Linie

Lew Kopelew befand sich als sowjetischer Major im gerade eroberten Allenstein (Ostpreußen). Er berichtet (1975): **144**

Mitten auf der Straße kommt eine Frau. In einer Hand trägt sie ein Bündel und eine Tasche, an die andere klammert sich ein Mädchen. Die

Frau hat um den Kopf, quer über die Stirn, ein schon durchgeblutetes Tuch als Verband. Ihre Haare sind zerzaust. Das Mädchen ist ungefähr 13 oder 14, hat weißblonde Zöpfe, ein verweintes Gesicht. Das kurze Mäntelchen ist schmutzig, die hellen Strümpfe an ihren langen Fohlenbeinchen sind blutig. Vom Bürgersteig her rufen Soldaten sie an, lachen. Die beiden gehen schnell, sehen sich aber immer wieder um, bleiben stehen. Die Frau möchte offenbar umkehren, aber das Mädchen zieht sie vorwärts, in die andere Richtung. Ich gehe zu ihnen herüber, frage. Die Frau bestürmt mich, fleht: »O Herr Offizier, Herr Kommissar! Ich bitte Sie, um Gottes Willen! Mein Junge ist noch zu Hause, er ist doch noch klein, erst elf Jahre. Die Soldaten haben uns fortgejagt, haben uns geschlagen, vergewaltigt. Auch die Tochter, sie ist erst 13 – so ein Unglück – zweimal. Mich haben viele ... Sie haben uns geschlagen, auch den Jungen. Um Gottes willen, helfen Sie. Uns hat man fortgejagt, er liegt noch dort, im Haus. Er lebt doch noch, aber sie fürchtet ... man hat uns fortgejagt, wollte schießen. Sie will nicht nach dem Bruder sehen.«

Das Mädchen, schluchzend: »Mama, aber er ist doch schon tot!«

Ein paar Soldaten kamen zu uns herüber.

»Was ist denn mit denen los?«

Ich erzähle kurz. Einer, schon älter, mürrisch, mit einer MP: »Schändliches Gesindel! Banditen, Bestien, die so was tun!«

Der andere, jüngere: »Na, und die Fritzen, was haben die getan?«

Ich antwortete: »Das waren Faschisten, Deutsche.

Aber wir sind Russen, Sowjetbürger.«

Der Ältere: »Frauen und Kinder haben doch nichts getan.«

Ein Soldat in ölverschmiertem Sweater, wohl ein Fahrer, spuckt einen unverständlichen Fluch aus, geht weg. Zwei andere gucken schweigend zu, rauchen [...]

Wir gehören alle zusammen: der General, der auf dem Bahnhof das Einheimsen deutscher Koffer befehligte, der Pionieroberleutnant, der an den Internationalismus glaubt, die Panzergrenadiere, die hinter der Polin herrannten, und alle, die jetzt dort an der vordersten Linie kämpfen, durch den Schnee mit den schwarzen Flecken frischer Einschläge vorstoßen, alle, die Königsberg erobern werden, die sterben, verbluten, und alle, die in den Etappen saufen und Frauen quälen. Wir alle gehören zusammen. Die Anständigen und die Schufte, die Tapferen und die Feiglinge, die Gutherzigen und die Grausamen. Wir alle zusammen, da gibt es kein Entrinnen, niemals und nirgendwohin. Ruhm und Schande lassen sich nicht voneinander trennen.

Lew Kopelew: Aufbewahren für alle Zeit! dtv 1440, München 1979, S. 130ff.

Aus einem unter dem Pseudonym David Warszawski in der polnischen Untergrundzeitschrift »KOS« 1984 erschienen Artikel: **145**

Die von den Deutschen mehrfach aufgeworfene Frage nach den während der Nachkriegsvertreibung begangenen Verbrechen an der deutschen Bevölkerung sollten wir ernsthafter behandeln. Es ist unwahrscheinlich, daß das polnische Volk nach einem fünfjährigen Besatzungsalptraum den Vertretern der besiegten Unterdrücker immer und überall mit voller Wahrung des Rechts begegnet sein soll. Wenn tatsächlich Verbrechen begangen worden sind, so muß man diesen im Geiste des Briefes der Bischöfe begegnen: »Wir vergeben und bitten um Vergebung.« Wo doppelte Moral herrscht, herrscht keine Moral.

Waldemar Kuwaczka: Entspannung von unten. Burg Verlag. Stuttgart-Bonn 1988, S. 173

Der polnische Literaturwissenschaftler Jan Jozef Lipski in einem Aufsatz, der zunächst vervielfältigt in Polen, dann in der exilpolnischen Zeitschrift »Kultura« (10/1981) erschien (1981): **146**

Der Appell des polnischen Episkopats an den deutschen stellt vor allem ein Problem, das sich nicht umgehen läßt, wenn man dem Christentum treu bleiben will: das Problem auch unserer Schuld gegenüber den Deutschen. Den Polen scheint eine solche Darstellung der Dinge unerträglich – und das ist auch unschwer zu verstehen, denn die Proportionen sind absolut unvergleichlich. Man darf sich aber nicht mit einer Bagatellisierung der eigenen Schuld abfinden, selbst dann nicht, wenn sie unvergleichlich viel geringer ist als die fremde.

Wir haben uns daran beteiligt, Millionen Menschen ihrer Heimat zu berauben, von denen die einen sicherlich sich schuldig gemacht haben, indem sie Hitler unterstützten, die anderen, indem sie seine Verbrechen tatenlos geschehen ließen, andere nur dadurch, daß sie sich nicht zu dem Heroismus eines Kampfes gegen die furchtbare Maschinerie aufraffen konnten, und das in einer Lage, als ihr Staat Krieg führte. Das uns angetane Böse, auch das größte, ist aber keine Rechtfertigung und darf auch keine sein für das Böse, das wir selbst anderen zugefügt haben; die Aussiedlung der Menschen aus ihrer Heimat kann bestenfalls ein kleineres Übel sein, niemals eine gute Tat. Sicherlich wäre es ungerecht, wenn ein Volk, überfallen von zwei Räubern, zusätzlich noch alle Kosten dafür zahlen sollte. Die Wahl eines Auswegs, der, wie es scheint, eine geringere Ungerechtigkeit ist, die Wahl des kleineren Übels darf dennoch nicht unempfindlich machen gegen sittliche Probleme. Das Böse ist Böses und nicht Gutes, selbst wenn es ein geringeres und nicht zu vermeidendes Böses ist [...]

Der Grundsatz geringerer Ungerechtigkeit, die Notwendigkeit, das Leben für Millionen Polen einzurichten, die zwangsweise ihre Heimat in den Ostgebieten der Zweiten Republik verlassen hatten, ist im übrigen die einzige Rechtfertigung für das, was geschehen ist. Auf keinen Fall ist es gerechtfertigt durch geschichtliche Gründe, die sehr zweifelhaft sind, wie wir noch sehen werden, noch durch ethnische, ausgenommen vielleicht das Oppelner Land, worüber man auch streiten kann.

Jan Jozef Lipski: Zwei Vaterländer – zwei Patriotismen, Kontinent Magazin, Ullstein-Verlag, 8. Jg. (1982), Nr. 22, S. 12f.

147 *Der polnische Journalist Maciej Rybinski, der 1982 von den Behörden gezwungen wurde, Polen zu verlassen, schreibt 1986 in der Zeitschrift »Kontakt« u.a.:*

Die Vertriebenen erwarten von uns, daß wir einsehen mögen, daß die Vertreibung von Millionen Menschen aus dem Osten verbrecherisch war. Unsere Verweigerung beruht auf einem Moralkodex, der zu Zeiten eines Hammurabi Gültigkeit hatte, der sich aber für Christen nicht ziemt. Man sagt, daß die Umsiedlungen im Vergleich zu den ungeheuren Naziverbrechen bedeutungslos waren. Das stimmt. Nur ist das keine Entschuldigung. Die Vertreibung – in der kommunistischen Presse wird das Wort »Vertriebene« immer in Anführungsstrichen geschrieben, so als ob es sich hier um eine freiwillige Migration handelte – von Menschen aus ihren Wohnstätten, von ihren Gütern, aus ihren Geburtsorten, aus der Nähe der Friedhöfe, wo ihre Vorfahren begraben sind, ist immer verbrecherisch. Das können wir offen zugeben, um so offener, als nicht wir, Polen, darüber bestimmen konnten, daß auch wir aus den Gebieten hinter dem Bug vertrieben und brutal des Rechts auf Heimat beraubt worden sind.

Sich gegenseitig in der Zuweisung geschichtlichen Unrechts zu überbieten, hat weder heute noch in Zukunft einen Sinn. Es gibt kein Maß, mit dem man Einzelschicksale messen könnte.

Kontakt Nr. 1/1986 nach: Waldemar Kuwaczka, a.a.O., S. 259

Tschechen wider die offizielle Linie

148 *Jiří Veltruský, Teilnehmer am Prager Aufstand vom Mai 1945, in der Prager sozialistischen Wochenschrift »Cil« (23. 5. 1947):*

Wir waren Zeugen dessen, wie sich menschliche Ratten, die vorher vor Angst gezittert hatten, aus ihren Löchern auf den besiegten Feind stürzten, um sich in schändlichster Weise an ihm für ihre eigene Feigheit zu rächen. Wir sahen auch uniformiertes und nichtuniformiertes Gesindel, welches sich frech das rote Armband der Revolutionären Garde anlegte und sich auf längst ausgeräumte Wohnungen stürzte, um sie bis zum letzten auszuplündern. Ein wahres Eldorado für diese Elemente begann mit dem Ende des Aufstandes, als sich auf der einen Seite die siegreichen Kämpfer ihrer Ermüdung hingaben und andererseits die Armbänder der Revolutionären Garde an alle ausgehändigt wurden, die sich gerade meldeten. So entstand der Begriff der Räubergarden, der größte Abschaum, der sich unter die Helden des Aufstandes einschlich. Was dann folgte, ist jedermann bekannt. Es kam das Aufgebot des General Kuttelwascher, welches binnen einiger Tage die Revolutionäre Garde verzehnfachte; damit wurde die Zahl der Partisanen, die man während der Okkupation beinahe an den Fingern abzählen konnte, vervielfacht, und schließlich stürzte man sich auf das verheißene Land – ins Grenzgebiet. Dieser Welle unterlag schließlich auch ein Teil der wirklichen Freiheitskämpfer; dies war das notwendige Ergebnis der allgemeinen Demoralisierung, welche mit diesem Hyänenzug entfesslt worden ist.

Wenzel Jaksch: Europas Weg nach Potsdam. Verlag Wissenschaft und Politik, Köln 1967, S. 435

Der Schriftsteller Vladimír Blažek in der tschechischen Zeitschrift »Host do domu« (Brünn, 1968): **149**

Zur Lösung der deutschen Frage durch Abschiebung haben wir offenbar alle die gleichen Einwendungen [...] Als die Abschiebung begann, roch das Gesindel Blut und wurde Anhänger der Revolution. So war es im übrigen bei allen bewaffneten Revolutionen. Unsere Revolution vermochte sich nicht vom Gesindel zu distanzieren und sich zu reinigen. Das, was mit der Abschiebung begonnen hatte, setzte sich fort. Die KPTsch, die Partei der intellektuellen und kulturellen Elite, die Partei des fortgeschrittenen Teiles der Arbeiterschaft, wurde leider die Partei des Gesindels und unterwarf sich ihm. Natürlich war es nicht nur die KPTsch, die sich 1945 dem Gesindel unterwarf. Die übrigen Parteien waren da nicht besser.

»Host do domu«, Nr. 5. Brünn 1968, S. 22ff.; zitiert nach: Leopold Grünwald: Sudetendeutscher Widerstand gegen Hitler, Bd. I, Fides-Verlagsgesellschaft, München 1978, S. 92

Stellungnahme eines Prager Forscherteams (1980) **150**

Sofern tschechoslowakische Bürger an Deutschen Straftaten verübten, sollten sie dafür die rechtliche Verantwortung tragen. Nach unserem Urteil kann und darf man diese Taten bei weitem nicht damit erklären oder entschuldigen, daß es nur um eine verständliche Reaktion auf die vorausgegangenen Bestialitäten der Nazisten gegangen sei, auch wenn man seinerzeit gerade so argumentierte. Vom Standpunkt der kollektiven Psychologie der Nation ziehen wir auch in Erwägung, daß sich in diesen Taten nicht nur alle Erniedrigung und alle Beleidigungen der vorangegangenen Jahre erkennen lassen, sondern auch das schlechte Gewissen der Kollaborateure, die peinlichen Erlebnisse der eigenen Feigheit, das fieberhafte Bemühen, sich im letzten Augenblick »Verdienste« zu erwerben, da schon alles entschieden war, und sich so vor den anderen »reinzuwaschen«.

Bohemus (Pseudonym): Ein Wort zur Aussiedlung, in: »Die Brücke«, 15. 3. 1980; nach: Leopold Grünwald: Sudetendeutsche – Opfer und Täter, Junius-Verlag, Wien 1983, S. 102

151 *Unter dem Pseudonym Danubius Bratislava veröffentlichte 1978 der slowakische Historiker Jan Mlynarik, der später in die Bundesrepublik Deutschland emigrierte, in Nr. 57/1978 der in Paris erscheinenden Exilzeitschrift Svědectví einen Aufsatz, in dem es u. a. heißt:*

Die Aussiedlung der tschechoslowakischen Deutschen erfolgte in den Zeiten der Freiheit des tschechischen und slowakischen Volkes. In dieser Zeit wurden die Aussiedlungen vorgenommen: Das Massaker von Aussig a. d. Elbe und der Brünner (südmährische) Todesmarsch sind nur die sichtbarsten Höhenpunkte dieser Tragödie von Tausenden Geschlagener und Erschlagener während der »wilden« Phase der Aussiedlung (Mai–November 1945); hinzu gehören Hunderte von Selbstmorden infolge der Aussiedlungen, das Wüten der »Revolutionären Garde« in den Sammellagern, das keinesfalls hinter den faschistischen KZ's zurückgeblieben ist; hier sind Neugeborene und Kleinkinder infolge geplanter und koordinierter Lebensmittelbeschränkungen, Demütigungen, des Versagens von rechtlichem Schutz und Hilfe, öffentlichen Prügelns und Beleidigungen, allgemeinen moralischen und physischen Terrors gegen die tschechoslowakischen Deutschen gestorben. Zu Menschenverbrennungen an Laternen in Prag und öffentlichen Hinrichtungen, die Kinder mitansehen mußten, ist es vor allem in den ersten Wochen nach der Befreiung gekommen; aber noch im Juli 1945 war es mögllich, einen Deutschen öffentlich auf der Straße zu erschießen, und noch 1946 hat der Landesvolksausschuß in Brünn die Vertreibung von Deutschen aus ihren Häusern, Raub an ihrem Besitz, Prügeln und allerlei Schikanen feststellen und strengstens verbieten müssen. Deutsche aller Schichten und Klassen wurden genauso behandelt wie die Juden von deutschen Faschisten und von der Gestapo; einschließlich öffentlicher Kennzeichnung (Armbinden), besonderer Lebensmittelkarten, der erlaubten mitzunehmenden Menge von Personengepäck, Transporten in Güterwagen (»Viehwagen«), Konzentrierung in Sammellagern. Sie wurden genauso wie die Häftlinge in den KZ's Nazideutschlands gegen Ende des Krieges behandelt, einschließlich Todesmärschen.

All dies wurde gegenüber tschechoslowakischen Deutschen angewandt, die sich nur durch ihre Nationalität schuldig gemacht haben, und deswegen stellt es das erschütterndste Kapitel der tschechoslowakischen Geschichte dar. [...]

Deutschland-Archiv, 12. Jg. (1979), Heft 7, S. 719

Der tschechische Autor Jan Přibram in Nr. 58/1978 der Zeitschrift »Svědectví«: **152**

Das tschechische Volk verlor 1945 das Augenmaß für den Patriotismus, als dieser im Mai 1945 in seiner degeneriertesten und verkommensten Form ausbrach. Wir stürzten uns in den Wahnsinn der Grausamkeit in der trügerischen Überzeugung, daß wir damit unsere Demütigung von 1938 und 1939 loswerden könnten. Wir wollten unser schlechtes Gewissen abschütteln. Wie nach jeder geistigen Katastrophe lockerten sich damals die ungezähmten Urtriebe. Der menschliche Geist und der Sinn für Gerechtigkeit lösten sich im Wahnsinn auf. Die Vertreibung der 3,5 Millionen Menschen findet in der europäischen Geschichte nichts Vergleichbares. Wir selbst ahnten vielleicht das Ausmaß der Katastrophe, gingen aber dem Trauma drei Jahrzehnte aus dem Weg.

Leopold Grünwald: Sudetendeutsche – Opfer und Täter, Junius-Verlag, Wien 1983, S. 18f.

Der slowakische Historiker Jan Mlynarik (Danubius Bratislava) in der Zeitschrift Svědectví 57/1978: **153**

Die Aussiedlung der tschechoslowakischen Deutschen bedeutete die Verletzung eines elementaren Menschenrechtes: des Rechtes auf ein Heim, des Rechtes auf Heimat. Sofern wir uns heutzutage vehement zu den Menschenrechten bekennen und für ihre Einhaltung kämpfen, müssen wir das Recht auf ein Heim und auf die Heimat für ein erstrangiges Postulat nicht nur im gegenwärtigen, sondern auch im historischen Sinne anerkennen. Dadurch werden wir nicht zu Verteidigern der nazistischen und faschistischen Mörder, die den Namen des großen deutschen Volkes vor der Geschichte geschmäht haben. Sie sind bestraft worden, und die Geschichte wird noch über sie richten. Gleichzeitig dürfen wir aber nicht die Tatsache außer acht lassen, daß es in unserem Land, in unserer unmittelbaren Vergangenheit zu einem Verbrechen gekommen ist, das sich an uns in verschiedenen Formen bis heute rächt und unsere Zukunft und den Frieden unserer Nachkommen trübt.

Die Aussiedlung der tschechoslowakischen Deutschen ist nicht nur eine deutsche, sondern auch unsere eigene Tragödie, mit der und deren Folgen wir uns vor allem unter uns und für uns auseinandersetzen müssen. Was deutsch ist – im guten und schlechten Sinne – überlassen wir den Deutschen. Unsere Schuld müssen wir in voller Verantwortung selbst lösen, falls wir keine Wiederholung einer solchen Tragödie erleben wollen.

Deutschland-Archiv, 12. Jg (1979), Heft 7, S. 727

154 *Zdeněk Mlynář, ein führender Vertreter des »Prager Frühlings«, jetzt Mitarbeiter des Österreichischen Instituts für internationale Politik in Laxenburg (1983):*

Wenn ich das Prinzip der Kollektivschuld ablehne, kann ich allerdings auch nicht das ganze tschechische Volk mit dem belasten, was den Deutschen nach 1945 in Böhmen zugefügt wurde [...] Wir sollten uns nicht fürchten, Fehler und Schuld zu bekennen, die wir aus jener Zeit auf dem Gewissen haben. Denn wenn es auch keine Kollektivschuld gibt, es gibt so etwas wie ein kollektives nationales Gewissen – oder: es sollte eins geben –, und dieses Gewissen ist zweifellos mit der Vertreibung der Deutschen belastet. Wer heute noch nicht einmal den Mut gefunden hat, offen darüber zu sprechen, der hat auch einen persönlichen Anteil daran, daß diese Belastung des nationalen Gewissens sich nach fünfunddreißig Jahren noch nicht wesentlich geändert hat. Wer diesen Mut aber gefunden hat und findet, erleichtert schließlich das gesamte nationale Gewissen.

Zdeněk Mlynář: Tschechoslowakische Stellungnahmen zur Aussiedlung, in: Leopold Grünwald: Sudetendeutsche – Opfer und Täter, Junius-Verlag, Wien 1983, S. 86f.

155 *Der seit 1968 im Exil lebende tschechische Historiker Karel Kaplan (1983):*

Die tschechoslowakische Politik begründete ihre Lösung des Problems der Bürger deutscher Nationalität durch Massenvertreibung mit der Kollektivschuld aller Sudetendeutschen. Dieses Prinzip ist als Grundsatz falsch, ohne Ansehen der Form, in der es angewendet wird. Es widerspricht einer demokratischen Politik gegenüber Minderheiten, weil es alle ihre Angehörigen rechtlos macht und sie bestraft, weil es keinen Unterschied macht zwischen Schuldigen und Unschuldigen – nur ein kleiner Teil, die Antifaschisten, und diese auch nur in unvollständigem Maß, sind »begnadigt« worden. Dieses Prinzip bedeutet absolute Vorherrschaft der Herrschernation über die Minderheit, »des Siegers über den Besiegten«. In der Praxis stellte es die deutschen Bürger außerhalb des Gesetzes. Die unkontrollierte Ausübung der Macht über sie schuf die Grundlage für eine massenhafte Verletzung der Gesetzlichkeit. Von Ungerechtigkeiten und Ungesetzlichkeiten blieben nicht einmal die Antifaschisten verschont, auch sie waren keine gleichberechtigten Bürger des Staates, für den sie gekämpft hatten – ihre Vertreibung forderten besonders die radikal-nationalistischen Strömungen.

Karel Kaplan: Die Aussiedlung der Deutschen aus der Tschechoslowakei, in: Leopold Grünwald: Sudetendeutsche – Opfer und Täter, Junius-Verlag, Wien 1983, S. 68f.

Stellungnahme eines Prager Forschungsteams unter dem Pseudonym »Bohemus«, zuerst veröffentlicht in der Zeitschrift der sudetendeutschen Sozialdemokraten »Die Brücke« (15. 2. 1980) **156**

Die Aussiedlung machte es unmöglich, mit einem der beiden deutschen Staaten, mit der Bundesrepublik, in angemessener Zeit nach dem Kriegsende die Zusammenarbeit aufzunehmen und trug zur Verzögerung der Normalisierung mit ihm bis in die siebziger Jahre bei. Dadurch war aber eigentlich die europäische Alternative der tschechischen Politik mit letzter Gültigkeit eliminiert, und zwar zugunsten einer Ostorientierung. Zum eindeutigen Garanten der Aussiedlung wurde bereitwillig die UdSSR, und die tschechoslowakische Politik war – beginnend mit Beneš – nicht imstande, konsequent nach einer anderen Sicherheitsgarantie für die Sourveränität der ČSR im Nachkriegseuropa zu suchen als jener im Osten [...]

Wir sind selbstverständlich unter den demokratisch denkenden tschechischen Intellektuellen nicht die einzigen, welche die Ansicht vertreten, daß die Ausweisung der deutschen Bevölkerung in der Perspektive eines weiteren geschichtlichen Rückblicks nicht als eine glückliche, ja nicht einmal als eine unausweichliche Begebenheit erachtet werden darf. Es ist eher nötig, auf diese Lösung wie auf eine Tragödie zu blicken, welche zumindest erst noch genau beschrieben werden muß. Denn es ist ja doch wohl eine Tragödie, wenn sich Nationen, die durch Jahrhunderte gemeinsam lebten und vieles gemeinsam erreichten, sei es nun im Wettbewerb oder in gegenseitigen Konflikten oder Zusammenstößen, auf einmal trennen mußten [...]

Daß es eine dauerhafte Trennung sein sollte, ist eine nicht wegzudiskutierende Tatsache, ein machtpolitisches Faktum, bestätigt durch internationale Verträge und durch das gegenwärtige globale Kräfteverhältnis, und darum kann auch kein wie immer auch geartetes Offenlegen und schließlich auch gründliches Überprüfen der Aussiedlungsproblematik mit den Mitteln, die dem Historiker zur Verfügung stehen, von sich aus diesen Tatbestand ändern oder auch nur gefährden.

Wir schließen einstweilen mit der Feststellung, daß der Krieg eine allgemeine Dehumanisierung der Menschheit verursacht hat und daß in diesem Rahmen oftmals demokratische Prinzipien als zuwenig wirksam kleingläubig aufgegeben wurden. Die Tschechen konnten sich keinesfalls diesem allgemeinen Erdrutsch der Werte entziehen, ja sie nützten ihn in verblendetem Egoismus: Sie ließen sich bei der globalen »Lösung« der deutschen Frage »mitreißen«, einer Lösung, deren Prinzip und deren Durchführung auch heute noch, da die Zeit schon viele Wunden geheilt hat, wenigstens zu problematisieren, wenn nicht gar zu verurteilen sind.

Bohemus: Ein Wort zur Aussiedlung, in: Leopold Gründwald: Sudetendeutsche – Opfer und Täter, Junius-Verlag, Wien 1983, S. 106, 108f.

157 *Der Historiker Ludvík Němec, Rosemont-College (USA) (1980):*

Die Nachwirkungen, die sich aus diesen Lösungen des ethnischen Minderheitenproblems in der Tschechoslowakei ergaben, sind sogar noch heute zu verspüren. Die Leiden, die auf diese Völker zukamen, und die feindschaftlichen Gefühle, die aus diesen Leiden entstanden, führten die jahrhundertealte ethnische Symbiose, die ein Merkmal der Geschichte Mitteleuropas gewesen war, ihrem tragischen Ende zu. Die politische Entscheidung des Jahres 1945, einen neuen Nationalstaat dadurch sicherzustellen, indem man ihn von Uruhen und Feindseligkeiten der Minderheitengruppen befreite, schloß jede vorteilhafte kulturelle Integration aus und verhinderte, daß das Gebiet wie der wohl bekannte »Schmelztiegel«, die Vereinigten Staaten, irgendeine bedeutsame Minderheit in sich aufnehme.

Alle Nationen der Welt können von der Erfahrung der Tschechoslowakischen Republik lernen [...] Obwohl jeder einzelne das gleiche Recht auf Patriotismus und Nationalismus hat, wie er auch sein natürliches Recht besitzt, zu seiner Nation zu gehören, werden diese Werte in den Gebieten rechtsungültig, wo sie das Recht anderer verletzen. Diese Erkenntnis sollte sehr wohl den kulturellen Revanchisten, die die Nachkriegsatmosphäre mit ihren unglückseligen Propagandaschriften vergiftet haben, und den politischen Revanchisten, die die alte antagonistische Taktik einsetzen, um die Tschechoslowakische Republik international in Mißkredit zu bringen, eine Lehre sein. Sie vergessen, daß die Behandlung der Minderheiten in der Tschechoslowakei zwischen 1945 bis 1948 zum Großteil durch ihre eigenen Handlungen veranlaßt und durchgeführt wurde. Sollte diese Lehre ein Teil des europäischen Erbes geworden sein, dann kann man von der felix culpa sprechen. Wenn sie in Deutschland und bei seinen ehemaligen Verbündeten diese nicht ungünstige Auswirkung zeitigte, hat diese Tragödie damit Sinn und Zweck gehabt.

Ludvík Němec: Die Lösung des Minderheitenproblems, in: Victor S. Mamatey/Radomir Luža, a.a.O., S. 453

9 Eingliederung

Das Verhältnis der Deutschen zu Polen und Tschechen nach 1945 wurde nachhaltig dadurch geprägt, daß Deutsche entweder selbst direkt von der Vertreibung betroffen waren oder Zeugen des Elends der Vertriebenen wurden. Daß es trotz katastrophaler Ausgangsbedingungen gelang, die Millionen Flüchtlinge und Vertriebenen im übriggebliebenen Rest Deutschlands zunächst notdürftig unterzubringen, sie zu verpflegen und in Arbeit und Brot zu bringen, sie schließlich zu integrieren, muß als eine der herausragenden Leistungen der deutschen Nachkriegsgeschichte gewertet werden.

Staatliche Behörden, karitative Organisationen, insbesondere die Kirchen leisteten erste Hilfen. Das ursprünglich für die Vertriebenen in ganz (Rest-)Deutschland geltende Koalitionsverbot des Alliierten Kontrollrats wurde seit 1948 in Westdeutschland gelockert. Hier schufen sich die Vertriebenen Selbsthilfeorganisationen, schlossen sich in Landsmannschaften zusammen, die später den »Bund der Vertriebenen« bildeten.

1950 traten die Vertriebenen mit der »Charta der Heimatvertriebenen« in die politische Öffentlichkeit. Es kam zur Gründung einer eigenen Partei, »Bund der Heimatvertriebenen und Entrechteten« (BHE), die 1953 27 Abgeordnete in den Deutschen Bundestag entsandte und im zweiten Kabinett Adenauer den Minister für Vertriebene, Flüchtlinge und Kriegsgeschädigte sowie einen weiteren Minister stellte.

Der rasche wirtschaftliche Aufschwung in der Bundesrepublik Deutschland und eine Gesetzgebung, die einen individuellen Lastenausgleich zwischen Einheimischen und Vertriebenen vorsah, beschleunigten die Integration.

Die in dic sowjetische Besatzungszone, die spätere DDR, gelangten Vertriebenen, dort offiziell »Umsiedler« genannt, sollten als eigene Gruppe innerhalb der Gesamtbevölkerung nicht in Erscheinung treten. Deshalb fehlen z. B. verläßliche statistische Angaben über sie, und auch eigene Organisationen wurden nicht zugelassen.

Land	Stand: 13. 9. 1950 Vertriebene* 1000	% der Wohnbevölkerung	Stand: 30. 9. 1958 Vertriebene* 1000	% der Wohnbevölkerung
Schleswig-Holstein	857	33,0	640	28,2
Hamburg	116	7,2	246	13,6
Niedersachsen	1851	27,2	1670	25,6
Bremen	48	8,6	103	15,2
Nordrhein-Westfalen	1332	10,1	2430	15,8
Hessen	721	16,7	860	18,5
Rheinland-Pfalz	152	5,1	296	8,8
Baden-Württemberg	862	13,4	1326	17,9
Bayern	1937	21,1	1768	19,1
Bundesgebiet ohne Berlin (West)	7876	16,5	9339	18,2
außerdem: Berlin (West)	148	6,9	185	8,3

* Als Vertriebene werden alle Deutschen angesehen, die am 1. 9. 1939 in den zur Zeit unter fremder Verwaltung stehenden Ostgebieten des Deutschen Reiches (Gebietsstand 31. 12. 1937) oder im Ausland gewohnt haben, einschließlich ihrer nach 1939 geborenen Kinder.

10 Jahre Bundesrepublik Deutschland, hg. v. Presse- und Informationsamt der Bundesregierung. 5. Aufl., Wiesbaden 1959, S. 49

159 *Aus einem Bericht über eine Informationsfahrt von Vertretern des Evangelischen Hilfswerks durch Flüchtlingslager an der bayerischen Ostgrenze (26. 3. 1946)*

[Über die Flüchtlingslager in Kehlheim:]

In einem Raum von 42 qm Fläche wohnen 40 Personen und zwar 1 Mann, 10 Frauen (darunter 2 sehr alte) und 29 Kinder. Sie haben zusammen 24 Betten, die zu dreien übereinander gestellt sind, weil sonst ja kein Platz wäre. Eine ordentliche Waschgelegenheit für so viele Menschen ist nicht vorhanden. Ein benutzbarer Abort ist ebenfalls nicht vorhanden. In einer dunklen Ecke steht ein Eimer, vor dem eine Decke gespannt ist. Das ist die Abortgelegenheit für 40 (im Anfang sogar 50) Menschen. Das Zimmer ist voll Wanzen. Die Kinder sind teils mit Wanzenstichen, teils mit einem Krätze-Ausschlag bedeckt. Zum Kochen dient ein Herd, von dem die Kochplatte kaputt ist. Die Leute haben auch noch keinen Pfennig Fürsorgeunterstützung bekommen. Sie haben am Anfang in der Landwirtschaft gearbeitet, können das aber jetzt nicht mehr, da sie keine Schuhe und auch nur zerlumpte Kleider haben. Es kümmert sich weder der Bürgermeister noch der Flüchtlingskommissar um diese Leute.

[Über ein Flüchtlingslager im Landkreis Roding:]

In einem sehr kalten Raum (über einem Eiskeller und von diesem nur durch einen Bretterboden mit Spalten getrennt) von 120 qm Fläche liegen 50 Menschen auf einer dünnen Strohschicht. Betten sind nur 15 vorhanden, Decken sind nicht geliefert worden, wer keine hat, muß beim Nachbarn mit unterschlüpfen. In den vorhandenen Betten sind keine Strohsäcke. Zum Waschen dient ein Wasserhahn mit Ausguß für alle 50 Menschen [...] Es ist noch kein Pfennig Fürsorgegeld bezahlt worden. Von der Möglichkeit, öffentliche Fürsorge in Anspruch nehmen zu können, haben die Leute keine Ahnung.

Franz J. Bauer: Flüchtlinge und Flüchtlingspolitik in Bayern 1945–1950, Klett-Cotta, Stuttgart 1982, S. 186

Notiz aus dem »Amtsblatt des Landrats Nürnberg« (2. 2. 1946) **160**

Das Gebot der Stunde. Es wird rücksichtslos durchgegriffen! In ganz kurzer Zeit trifft der Flüchtlingsstrom auch in unserem Landkreis ein [...] In den nächsten Tagen werden Wohnungskommissionen in den Gemeinden, die aus dem Leiter, Wohnungsprüfer und Flüchtlingsberater bestehen, von Wohnung zu Wohnung gehen und dafür sorgen, daß jeder Wohnraum, der für die Flüchtlingsunterbringung in Frage kommt, beschlagnahmt wird. Es wird nochmals darauf aufmerksam gemacht, daß die Anordnungen des Flüchtlingskommissars und seiner Mitarbeiter unbedingt befolgt werden müssen. Jede Weigerung, die Anweisungen des Flüchtlingskommissars zu erfüllen, wird mit Polizeigewalt gebrochen. Außerdem werden hohe Gefängnis- und Geldstrafen verhängt. Täusche sich niemand darüber, daß der Flüchtlingskommissar im Benehmen mit der Militärregierung handelt! Es ist unsere Pflicht, den heimatlosen Flüchtlingen eine bescheidene Unterkunft zu verschaffen [...] Ihnen zu helfen ist das Gebot der Stunde. Wer dieses Gebot nicht befolgen will, wird mit allen gesetzlichen Mitteln dazu gezwungen. Verkenne niemand den Ernst des Flüchtlingsproblems, das unter allen Umständen gelöst werden muß.

Franz J. Bauer, a.a.O., S. 111

161 *Aufruf des schleswig-holsteinischen Ministerpräsidenten Steltzer (1947)*

Im Lande Schleswig-Holstein haben Hunderttausende von Notleidenden ein hartes Los. Zehntausende von Flüchtlingen und Verdrängten haben bis heute immer noch keine einwandfreie Behausung. Zahllose Kinder und Kranke warten auf unsere Unterstützung. Alle diese Menschen, die auf engstem Raum zusammengepfercht hausen müssen, haben unzureichende Bekleidung und Ernährung. Sie sollen nicht der Hoffnungslosigkeit und der Verzweiflung anheimfallen!

Wir müssen Hilfe leisten!

Schleswig-Holsteiner! Angesichts des unverschuldeten Elends deutscher Männer, Frauen und Kinder müssen wir Opfer bringen! Wo den öffentlichen Mitteln Grenzen gesetzt sind, muß die freiwillige Hilfe ergänzend einsetzen.

Helft! Helft Sofort!

Die Situation verlangt schnelles Handeln ! Wir rufen zu neuen Geld- und Sachspenden auf. Die Durchführung des Sammelwerks liegt in den Händen der Notgemeinschaft Schleswig-Holstein. Jede Bank und Sparkasse nimmt Spenden entgegen. Spendet mit offenen Herzen und freigebiger Hand!

Siegfried Schier: Die Aufnahme und Eingliederung von Flüchtlingen und Vertriebenen in der Hansestadt Lübeck, Lübeck 1982, S. 300

162 *Brief eines heimatvertriebenen Ehepaars an die Behörden (20. 1. 1948)*

Mit dem was wir anhatten kamen wir hier an. Mein Mann ist 70 Jahre alt und ich bin 61 Jahre alt. Unser ältester Sohn der unsere Stütze im Alter sein sollte ist in Rußland gefallen 1944 und von unserem jüngsten Sohn haben wir bis jetzt noch keine Nachricht. Die Ungewißheit zermürbt uns ganz. Nun wohnen wir schon über 2 Jahre im Lager fern der Heimat und sind hier in Gemeinschaftsverpflegung, aber in diesen 2 Jahren werden wir das Hungergefühl gar nicht los. Der Winter ist hier und wir haben keine warme Kleidung. In der Hoffnung das [sic] uns etwas Hilfe zuteil wird, danken wir herzlich im voraus.

Siegfried Schier, a.a.O., S. 158

163 *Aus der Erklärung anläßlich der Gründung des Hauptverbandes der Sudetendeutschen Landsmannschaft (Detmolder Erklärung), 24. 1. 1950*

Die Sudetendeutsche Landsmannschaft betrachtet sich als die außerhalb der Heimat gegebene Gestaltung der sudetendeutschen Volksgruppe und diese als Glied des deutschen Volkes. Sie ist sich, erst recht in der Notzeit, der Schicksalsverbundenheit mit Deutschland bewußt. Sie ist bereit, mit allen übrigen aus der Heimat vertriebenen Deutschen zur Vertretung gemeinsamer Interessen zusammenzuarbeiten.

Die sudetendeutsche Volksgruppe betrachtet es als ihre Aufgaben, sich selbst dem deutschen Volk zu erhalten, ihr Heimatbewußtsein und den Rechtsanspruch auf ihre Heimat wachzuhalten und ihr grenzdeutsches Erfahrungsgut dem Deutschtum zu vermitteln. Ihr Ziel ist die Wiedergewinnung der Heimat! Im Kampf um die Erreichung dieses Zieles erwartet sie die Unterstützung des ganzen deutschen Volkes wie auch der anderen Völker, die für Recht und Menschenwürde einzutreten bereit sind.

Die Erfüllung der Aufgaben, Existenz und Substanz der Volksgruppe zu sichern, setzt die Erhaltung und Förderung jedes einzelnen voraus und verpflichtet alle Sudetendeutschen ohne Unterschied der Herkunft, der Konfession, der Parteizugehörigkeit und des sozialen Standes zu gegenseitiger Hilfeleistung und zum Zusammenstehen auf allen Lebensgebieten. Die Existenzen müssen durch eine planmäßige gegenseitige Wirtschaftshilfe gesichert, das Heimatbewußtsein durch den Einsatz aller kulturellen, der Rechtsanspruch auf die Heimat durch den Einsatz aller politischen Kräfte wachgehalten werden [...]

Die sudetendeutsche Volksgruppe ist gewillt, mit allen geistigen, wirtschaftlichen und sittlichen Kräften an einer Neugestaltung Europas zu einem einheitlichen Wirtschaftsgebiet auf der Grundlage der Selbstbestimmung seiner Völker mitzuarbeiten. Da die Anerkennung einer Kollektivschuld allen gesitteten Auffassungen widerstreitet, betont die Volksgruppe trotz aller furchtbaren Erfahrungen seit 1945, daß sie Europa nicht auf Vergeltung und Rache, Haß und Ressentiments, sondern auf Rechtsgrundsätzen und der Wahrung der Menschenwürde unter allen beteiligten Völkern aufgebaut wissen soll.

F.P.Habel, a.a.O., S. 314

Charta der deutschen Heimatvertriebenen (5. 8. 1950) [Auszug] **164**

1. Wir Heimatvertriebenen verzichten auf Rache und Vergeltung. Dieser Entschluß ist uns ernst und heilig im Gedanken an das unendliche Leid, welches im besonderen das letzte Jahrzehnt über die Menschheit gebracht hat.

2. Wir werden jedes Beginnen mit allen Kräften unterstützen, das auf die Schaffung eines geeinten Europas gerichtet ist, in dem die Völker ohne Furcht und Zwang leben können.

3. Wir werden durch harte, unermüdliche Arbeit teilnehmen am Wiederaufbau Deutschlands und Europas.

Wir haben unsere Heimat verloren. Heimatlose sind Fremdlinge auf dieser Erde. Gott hat die Menschen in ihre Heimat hineingestellt. Den Menschen mit Zwang von seiner Heimat trennen, bedeutet ihn im Geiste töten.

Wir haben dieses Schicksal erlitten und erlebt. Daher fühlen wir uns berufen zu verlangen, daß das Recht auf die Heimat als eines der von Gott geschenkten Grundrechte der Menschheit anerkannt und verwirklicht wird.

Solange dieses Recht für uns nicht verwirklicht ist, wollen wir aber nicht zur Untätigkeit verurteilt beiseite stehen, sondern in neuen geläuterten Formen verständnisvollen und brüderlichen Zusammenlebens mit allen Gliedern unseres Volkes schaffen und wirken. Darum fordern und verlangen wir heute wie gestern:

a) Gleiches Recht als Staatsbürger, nicht nur vor dem Gesetz, sondern auch in der Wirklichkeit des Alltags.
b) Gerechte und sinnvolle Verteilung der Lasten des letzten Krieges auf das ganze deutsche Volk und eine ehrliche Durchführung dieses Grundsatzes.
c) Sinnvollen Einbau aller Berufsgruppen der Heimatvertriebenen in das Leben des deutschen Volkes.
d) Tätige Einschaltung der deutschen Heimatvertriebenen in den Wiederaufbau Europas.

Die Völker der Welt sollen ihre Mitverantwortung am Schicksal der Heimatvertriebenen als der vom Leid dieser Zeit am schwersten Betroffenen empfinden.

Die Völker sollen handeln, wie es ihren christlichen Pflichten und ihrem Gewissen entspricht.

Die Völker müssen erkennen, daß das Schicksal der deutschen Heimatvertriebenen, wie aller Flüchtlinge, ein Weltproblem ist, dessen Lösung höchste sittliche Verantwortung und Verpflichtung zu gewaltiger Leistung fordert.

Wir rufen Völker und Menschen auf, die guten Willens sind, Hand anzulegen ans Werk, damit aus Schuld, Unglück, Leid, Armut und Elend für uns alle der Weg in eine bessere Zukunft gefunden wird.

Wolfgang Lautemann/Manfred Schlenke (Hg.): Geschichte in Quellen, Bd. 7: Die Welt seit 1945. Bayerischer Schulbuch-Verlag, München 1980, S. 251f.

165 *Über die zahlreichen Probleme, die eine Integration belasteten, berichtet der folgende Beitrag aus dem Jahre 1959*

So schafft das willkürliche Hineinpressen von Millionen Entwurzelter in das restliche Deutschland eine denkbar ungünstige Ausgangssituation für die künftige Eingliederung. Bäuerliche Familien landen in Industriegegenden oder in Städten, Facharbeiter und Intellektuelle kommen in weltabgelegene Bauerndörfer. Das Schrifttum der ersten Notjahre ist übervoll von anklagenden Einzelbeispielen. Dem herben Urteil eines sudetendeutschen Bauern: »Wir wurden halt einwaggoniert, irgendwohin gebracht und wie Steine abgeladen« entsprechend wird die Sachlage in der Fachsprache als »Schichtenverwerfung von Menschen an falsche soziale Standorte und in eine nicht gemäße Umwelt« deklariert. Derartige Fehlleitungen bilden nicht die Ausnahme, sondern eher die Regel, sie müssen als normale Begleiterscheinungen von Zwangswanderungen angesprochen werden.

Ein zweites charakteristisches Merkmal der Ausgangssituation und eine schwere Anfangshypothek für die west-ostdeutsche Begegnung ist das Hineinpressen der Vertriebenen in die privaten Bezirke der Einheimischen. Sie werden nicht nur in Baraken und Notunterkünfte, sondern auch in die Familien- und Wohngemeinschaften der bodenständigen Bevölkerung gezwängt. Eine rigorose Minderung der jedermann zustehenden Wohnfläche ermöglicht mit Hilfe von Verordnungen und Strafbestimmungen die Unterbringung beträchtlicher Teile der Zugewanderten in beschlagnahmten Zimmern. Wiewohl man ihnen bloß Dachkammern und nicht lebenswichtige Räume überläßt, weckt der Vorgang bei den Einheimischen das Gefühl des Einbruchs in das persönliche Familienleben, er steigert bei den Vertriebenen das Wissen um ihr Unerwünschtsein. Die Lage erheischt ein Übermaß an persönlicher Rücksichtnahme, stellt an alle Beteiligten hohe Anforderungen. Die Gerichtsakten der ersten Jahre und zahllose Schlichtungsversuche der Flüchtlingsämter sind Beweis dafür, daß hier tatsächlich Intimsphären in Mitleidenschaft gezogen wurden, das Familienleben beider Teile schweren Belastungen ausgesetzt war.

Die positive Auswirkung dieser kritischen Situation ist das gegenseitige Kennenlernen von Millionen einander vordem fremder Menschen. Die Kontakte reichen tief, betreffen sämtliche Bezirke des täglichen Daseins. Es ist ein dauerndes Erproben nachbarlichen Verhaltens und ein ständiges Abnutzen herkunftsmäßiger Gegensätze. Stammeseigentümlichkeiten stoßen hart aufeinander, räumlich vordem weit getrennte Formen von Sitte und Brauch werden stetig miteinander konfrontiert.

Alfred Karasek-Langer: Volkstum im Umbruch, in: Eugen Lemberg/Friedrich Edding (Hg.): Die Vertriebenen in Westdeutschland, Bd. 1. Ferdinand Hirt. Kiel 1959, S. 673

Anläßlich der 10. Wiederkehr der Verkündung der »Charta der Heimatvertriebenen« (→ Nr. 164) stellte das Präsidium des Bundes der Vertriebenen fest, 6. 8. 1960: **166**

Die Prüfungen und das Leid, das wir – wie heute Millionen Menschen anderer Völker – tragen mußten, prägten die festen, unverrückbaren Grundlagen unserer damaligen und gegenwärtigen Haltung. Wir wollen auch jetzt und künftig wie ehedem in die Heimat zurück. Wir sehen keinen Anlaß, unsere Haltung zu ändern, um so mehr als wir glauben, die

Pflichten, die wir in der Charta auf uns nahmen, nach bestem Wissen und Gewissen beim Wiederaufbau Deutschlands und Europas erfüllt zu haben.

Wir anerkennen die Leistung des deutschen Volkes im Überwinden der Notstände. Sie stellt aber keineswegs die abgeschlossene Erfüllung der von uns vor zehn Jahren erhobenen sozial-wirtschaftlichen Forderungen dar.

Dem in manchem hektischen wirtschaftlichen Aufstieg der Bundesrepublik, den wir zwar als Lebensmöglichkeit der Bevölkerung würdigen, stehen wir kühl gegenüber, weil wir auch dessen Schattenseiten deutlich erkennen.

Kulturstiftung der deutschen Vertriebenen (Hg.): Erklärungen zur Deutschlandpolitik, Teil I, 1949–1972, Bonn 1984, S. 79

167 *Der Historiker Kleßmann über Lastenausgleich und Integration in der Bundesrepublik Deutschland, 1982*

Im einzelnen sah das am 16. Mai 1952 gegen die Stimmen von SPD und KPD verabschiedete LAG[1] vor, daß alle Vermögen, die am Stichtag der Währungsreform 5000 DM überstiegen, mit einer Abgabe von 50 Prozent belegt wurden. Dieser zunächst radikal erscheinende Eingriff wurde dadurch erheblich abgemildert, daß immobile Vermögenswerte nach dem Einheitswert und nicht nach dem Verkehrswert, der erheblich höher lag, berechnet wurden und daß diese Bemessungsgrundlage in den folgenden Jahren unverändert blieb. Auf diese Weise fiel die tatsächliche Belastung der Vermögenden in kurzer Zeit immer geringer aus. Aus den Mitteln dieser Vermögensabgabe, ergänzt um direkte Zuschüsse aus dem Staatshaushalt, wurden in den folgenden Jahrzehnten nach einem gestaffelten System Entschädigungen in verschiedenen Formen gezahlt. Bis Ende 1978 wurden insgesamt 110,4 Milliarden Mark aufgebracht und verteilt, rund die Hälfte davon als Bundes- und Landeszuschüsse.

Insgesamt war der Lastenausgleich zweifellos die »größte Vermögensabgabe der Geschichte« in Deutschland. Dennoch hat er weder zu einer deutlichen Vermögensumschichtung noch zur Änderung der Sozialstruktur geführt. Er hat aber zur sozialen Befriedung eines großen deklassierten Bevölkerungsteils beigetragen und so letztlich eine beträchtliche Integrationsleistung erbracht. Diese gesetzgeberischen Maßnahmen griffen jedoch nur, weil eine Reihe von anderen Faktoren den Integrationsprozeß ebenfalls begünstigte. In der Anfangsphase bis etwa 1948 machte ein alliiertes Koalitionsverbot umfassende organisierte

[1] Lastenausgleichgesetz

Zusammenschlüsse von Flüchtlingen und Vertriebenen unmöglich. Um so stärker wirkte sich die Primärgruppenbindung in der Familie und in lokalen »Heimatgemeinschaften« aus. Mit den 1949 gegründeten »Vereinigten Ostdeutschen Landsmannschaften« und dem »Zentralverband der Vertriebenen« entstanden dann Interessenorganisationen, die sich einerseits konkrete Hilfestellungen und Traditionspflege, andererseits Gleichstellung und Integration durch aktive Einflußnahme auf den politischen Entscheidungsprozeß zum Ziel setzten. Aus dem Zentralverband entwickelte sich der im Januar 1950 in Kiel gegründete und in der zweiten Legislaturperiode des Bundestages nicht unwichtige »Block der Heimatvertriebenen und Entrechteten« (BHE). Die Landmannschaften erwiesen sich darüber hinaus als sehr dauerhafte und auch politisch einflußreiche Traditionsverbände.

Im Zeichen einer prosperierenden Wirtschaft gelang vor allem eine relativ schnelle Wiedereingliederung in den Arbeitsprozeß, wenngleich damit für viele, insbesondere für Arbeiter und Bauern, eine soziale Deklassierung verbunden war, weil sie nicht mehr den alten Beruf ausüben konnten. Die engere Verschmelzung mit der ansässigen Bevölkerung verlief überdies zwischen Stadt und Land stark unterschiedlich, waren doch Großstädte viel offener und absorptionsfreudiger als ländliche Regionen.

Die in den Diskussionen um Lastenausgleich oft beschworene Gefahr der sozialen Radikalisierung der Flüchtlinge wurde nie wirklich aktuell. Dafür war neben den Integrationsmaßnahmen vor allem maßgebend, daß diese Bevölkerungsgruppe kein ausgeprägtes Klassen- oder homogenes Gruppenbewußtsein ausbildete und angesichts der Erfahrung mit der Roten Armee gegenüber sozialrevolutionären Vorstellungen immun war. Es spricht vielmehr einiges für die These, daß die Vertriebenen wesentlich zu einem »Modernisierungsschub unter konservativem Vorzeichen« in der Bundesrepublik beigetragen haben. Durch die erzwungene hohe Berufsmobilität, durch ausgeprägte Leistungsorientierung und durch ihr Festhalten an konservativen kulturellen und politischen Leitbildern prägten sie der westdeutschen Gesellschaft ihren Stempel auf.

Christoph Kleßmann: Die doppelte Staatsgründung. Schriftenreihe der Bundeszentrale für politische Bildung, Bonn. Band 193, Bonn 1982, S. 242f.

168 *Der Soziologe Wilfried Schlau verwendet den Begriff der »wirklichen Integration, die von einer Unterdrückung der zu Integrierenden absieht, vielmehr ihre bewußte oder unbewußte Zustimmung voraussetzt und auch* ihre *eingebrachten Werte, Normen und Traditionen in die neue Gesellschaft einzuordnen bestrebt ist.«*

An dieser Definition mißt er, ob eine »wirkliche Integration« der Flüchtlinge und Vertriebenen in Westdeutschland stattgefunden hat: (1985)

Zu den »geretteten Werten« gehörten nach dem Verlust des gesamten materiellen Eigentums, der sozialen Stellung und des Netzes sozialer Sicherung vor allem das Selbstverständnis der regionalen Herkunft und der damit verbundenen kulturellen Leitbilder und Normen gesellschaftlicher und politischer Kooperation sowie das Bedürfnis, wenigstens diese ungeschmälert in die neue Gesellschaft einzubringen. Schon die ostdeutschen Straßen- und Siedlungsnamen der fünfziger Jahre dokumentierten dieses Bestreben und dürften so gesehen durchaus eine »Ventil-Funktion« erfüllt haben. Jedenfalls mußte Ende der fünfziger Jahre kaum ein Vertriebener mehr damit rechnen, auf Grund eines offenen Bekenntnisses zu seiner Heimat und Herkunft in irgendeiner Weise benachteiligt oder gar diskriminiert zu werden.

Die Agitation der sechziger und siebziger Jahre hat diese Situation grundlegend verändert und die Identität der Vertriebenen – ihrer landsmannschaftlichen Gruppen wie ihrer einzelnen Angehörigen – in einem Maße in Frage gestellt, wie es um 1960 nicht mehr vorstellbar gewesen wäre. [...]

Für eine solche Eingliederung der Vertriebenen waren, das ist rückschauend festzustellen, durch die Normalisierung der fünfziger Jahre alle Voraussetzungen gegeben – für die Entstehung eines »neuen Volkes«, d. h. einer neuen Gesellschaft, die manche Werte und Normen und auch äußere Kennzeichen der »newcomer« übernommen und integriert hätte. Daß diese Entwicklung jäh unterbrochen oder zumindest zu Kümmerformen denaturiert wurde, das ist vielleicht bedauerlich, aber eine Realität.

Kennzeichnend für sie ist z. B. das gelegentliche Bestreben von Angehörigen der mittleren Vertriebenen-Generation, bei Bewerbungen Geburtsorte in den Vertreibungsgebieten fortzulassen, um eine eventuell daraus resultierende Benachteiligung zu vermeiden, eine solche Herkunft nicht zu erwähnen oder, wenn das nicht möglich ist, sie doch als quantité négligeable abzuwerten. [...]

Noch viel deutlicher werden die Ergebnisse dieses Prozesses bei der jüngeren Generation und zwar in ihrer Gesamtheit. Persönliche Erfahrungen bei den Staatsexamina von rund 1000 angehenden Pädagogen im Wahlpflichtfach Soziologie in den Jahren 1971 bis 1976 zeigen, daß die Tatsache der Enteignung, Vertreibung oder Deportation von rund 18 Millionen Deutschen in oder nach dem Zweiten Weltkrieg als einmaliges Beispiel erzwungener massenhafter horizontaler und vertikaler Mobilität in Europa aus dem Wissen und Bewußtsein des durchschnittlichen bundesdeutschen Abiturienten der Jahre 1967 bis 1972 bereits fast vollständig verdrängt war, jedenfalls dort so gut wie nicht existierte.

Wilfried Schlau: Integration von Flüchtlingen und Vertriebenen, in: Dieter Blumenwitz, a.a.O., S. 310ff.

10 Die Oder-Neiße-Frage und das sudetendeutsche Problem nach 1945

Die Diskussion über die Vorläufigkeit oder Endgültigkeit der auf der Konferenz von Potsdam getroffenen Regelungen in bezug auf die Westgrenze Polens wurde nach 1945 auf verschiedenen Ebenen geführt.

Mit dem sich entwickelnden Ost-West-Konflikt wurde die Frage der Oder-Neiße-Linie zu einem Instrument im »Kalten Krieg« zwischen den ehemaligen Bundesgenossen.

Nicht zuletzt auch mit Blick auf die immer interessanter als künftige Partner werdenden Westdeutschen bestritten die USA, daß die ostdeutschen Provinzen in Potsdam schon endgültig Polen zugesprochen worden seien. Sie beriefen sich auf den Wortlaut der Vereinbarungen von Potsdam, später sogar auf die Atlantik-Charta, von der es ursprünglich geheißen hatte, Deutschland dürfe aus ihr keine Ansprüche ableiten.[1]

Dagegen argumentierten die Sowjets, allein schon die von allen Alliierten beschlossenen Vertreibungsmaßnahmen hätten endgültige Verhältnisse geschaffen. Frankreich stimmte dem zu.

Alle deutschen Parteien, die Kommunisten zunächst eingeschlossen, hielten eine Grenzregelung, mit der Deutschland 25% seines Territoriums, zumal seine Kornkammern und die Schwerindustrie Oberschlesiens verloren hätte, für ebenso unvorstellbar wie unannehmbar. Nach der Gründung der DDR folgte diese und die KPD in der Bundesrepublik Deutschland der sowjetischen Linie. In Verträgen mit Polen und der Tschechoslowakei erkannte die DDR den status quo an. Die Bundesrepublik Deutschland sprach ihr das Recht dazu ab.

Bis Anfang der sechziger Jahre waren sich die im Deutschen Bundestag vertretenen Parteien in ihren offiziellen Stellungnahmen einig, daß weder die Vertreibung noch die Oder-Neiße-Linie hingenommen werden könnten.

In einem Grußtelegramm der SPD zum Schlesiertreffen 1963 erklärten Willy Brandt, Erich Ollenhauer und Herbert Wehner: »Verzicht ist Verrat, wer wollte das bestreiten [...] Das Recht auf Heimat kann man nicht für ein Linsengericht verhökern«, Bundeskanzler Ludwig Erhard

[1] In einer »Atlantik-Charta« genannten Deklaration hatten 1941 die USA und Großbritannien, denen sich die übrigen gegen Deutschland kriegführenden Mächte anschlossen, auf Annexionen verzichtet und erklärt, sie wünschten »keine Gebietsveränderunge, die nicht mit den frei erklärten Wünschen der beteiligten Völker im Einklang stehen.«

(CDU) stellte 1964 auf dem Kongreß der ostdeutschen Landesvertretungen fest: »Wir verzichten nicht«.[2]

Ein interessantes Phänomen, das in diesem Kapitel abschließend dokumentiert wird, ist die Begründung der polnischen Ansprüche auf die deutschen Gebiete östlich von Oder und Neiße. Polen brachte 1945 und danach unterschiedliche Argumente vor, war in einer Phase der Konferenz von Potsdam auch mit der weiter östlich verlaufenden Linie Oder-Bober-Queiß einverstanden.

Unter sowjetischem Einfluß wurde die neben strategischen Erwägungen zunächst im Vordergrund stehende Kompensationsbegründung fallengelassen. An ihre Stelle trat das Argument, Polen habe einen historischen Anspruch auf diese Gebiete, es kehre in urpolnisches Land zurück. Dieser These wurde sowohl im Ausland wie neuerdings in Polen selbst widersprochen.

Interpretationskonflikte zwischen den ehemaligen Kriegsalliierten

169 *US-Außenminister Byrnes in einer Rede in Stuttgart (6. 9. 1946):*

In Potsdam wurden, vorbehaltlich einer endgültigen Entscheidung durch die Friedenskonferenz, bestimmte Gebiete, die einen Teil Deutschlands bildeten, vorläufig der Sowjetunion und Polen zugewiesen. Damals waren diese Gebiete von der Sowjetarmee und von der polnischen Armee besetzt. Es wurde uns gesagt, daß die Deutschen aus diesen Gebieten in großer Zahl flüchteten und daß es im Hinblick auf die durch den Krieg hervorgerufenen Gefühle tatsächlich schwierig sein würde, das wirtschaftliche Leben dieser Gebiete wieder in Gang zu bringen, wenn diese nicht als integrale Bestandteile der Sowjetunion beziehungweise Polens verwaltet würden.

Die Staatsoberhäupter erklärten sich damit einverstanden, bei den Friedensregelungen den Vorschlag der Sowjetregierung hinsichtlich der endgültigen Übertragung der Stadt Königsberg und des anliegenden Gebietes an die Sowjetunion zu unterstützen. Sofern die sowjetische Regierung ihre Auffassung diesbezüglich nicht ändert, werden wir an diesem Abkommen festhalten.

Was Schlesien und andere ostdeutsche Gebiete anbetrifft, so fand die zu Verwaltungszwecken erfolgte Übergabe dieses Gebietes durch Rußland an Polen vor der Potsdamer Zusammenkunft statt. Die Staatsober-

[2] Hans Edgar Jahn: Die deutsche Frage von 1945 bis heute. Der Weg der Parteien und Regierungen, v. Hase & Koehler, Mainz 1985, S. 28f.

häupter stimmten zu, daß Schlesien und andere ostdeutsche Gebiete bis zur endgültigen Festlegung der polnischen Westgrenze durch den polnischen Staat verwaltet und zu diesem Zwecke nicht als Teil der russischen Besatzungszone in Deutschland angesehen werden sollten. Wie aus dem Protokoll der Potsdamer Konferenz hervorgeht, einigten sich die Staatsoberhäupter jedoch nicht dahingehend, die Abtretung eines bestimmten Gebietes zu unterstützen.

Rußland und Polen haben schwer durch Hitlers einfallende Armeen gelitten. Durch das Abkommen von Jalta hat Polen an Rußland das Gebiet östlich der Curzon-Linie abgetreten. Polen hat dafür eine Revision seiner nördlichen und westlichen Grenzen verlangt. Die Vereinigten Staaten werden eine Revision dieser Grenzen zugunsten Polens unterstützen. Der Umfang des an Polen abzutretenden Gebietes kann jedoch erst entschieden werden, wenn das endgültige Abkommen darüber getroffen ist.

Ernst Deuerlein: Die Einheit Deutschlands, Metzner-Verlag, Frankfurt/M./Berlin 1961, S. 397

US-Außenminister Marshall auf der Londoner Außenministerkonferenz (27. 11. 1947): **170**

[...] In bezug auf die polnisch-deutsche Grenze muß der Ausgangspunkt unserer Überlegungen das Potsdamer Protokoll sein, das vorsah, daß »die endgültige Festlegung der Westgrenze Polens bis zur Friedensregelung zurückgestellt werden soll«. Mr. Molotow hat die Ansicht vertreten, die Entscheidung über die Westgrenze sei bereits gefallen. Dies ist ganz offensichtlich nicht der Fall, wie das eben vorgetragene Zitat beweist. Eine gerechte Festlegung dieser Grenze erfordert, wie ich auf unserem Treffen in Moskau am 9. April 1947 ausgeführt habe, daß wir sorgfältig die Bedürfnisse der Bevölkerungen bedenken, die direkt betroffen sind, und gleichzeitig die Bedeutung dieser Grenze für die wirtschaftliche und politische Stabilität Europas im Auge behalten [...]

Wir dürfen nicht vergessen, daß ein großer Teil des Territoriums, das jetzt von Polen regiert wird, lange deutsch gewesen ist und agrarische Reserven besitzt, die von vitaler Bedeutung für die deutsche und europäische Wirtschaft sind. Wenn wir ein demokratisches und friedliches Deutschland errichten wollen, müssen wir eine Entscheidung vermeiden, die die Hoffnung der gemäßigten Kräfte in Deutschland zerstören würde. Auch würden wir nicht die Billigung der aufgeklärten Weltöffentlichkeit finden, wenn wir die Prinzipien der Atlantik-Charta, denen wir alle zugestimmt haben, verletzten. Wenn wir über Gebietsabtretungen an Polen nachdenken, sollten wir Vorsorge dafür treffen, daß die Reserven von Schlüsselindustrien, die sich in diesen Gebieten befinden, nutzbar gemacht werden können für die Wirtschaft Europas, Polen und Deutschland eingeschlossen.

Department of State: Germany 1947–1949. The Story in Documents, Publication 3556, Washington 1950, S. 149 (eigene Übersetzung)

171 *Erklärung des sowjetischen Außenministers Molotow (17. 9. 1946)*

Die Beschlüsse der Berliner Konferenz sind keineswegs auf dem Papier geblieben. Unmittelbar nach der Berliner Konferenz hat man begonnen, sie in die Tat umzusetzen. Schon über ein Jahr ist vergangen, seit die Westgrenze Polens längs der Linie Swinemünde-Oder-Westliche Neiße verläuft. Die Verwaltung des ganzen Territoriums ostwärts von dieser Linie liegt bereits das zweite Jahr in den Händen der polnischen Regierung. Schon am 20. November 1945 legte der Kontrollrat in Deutschland den Plan für die Umsiedlung der deutschen Bevölkerung aus Polen fest. Gemäß diesem Plan wurde an die Umsiedlung von dreieinhalb Millionen Deutschen aus Polen in die sowjetische und die englische Besatzungszone Deutschlands gegangen. Während des ganzen darauffolgenden Zeitabschnitts nahm diese Umsiedlung pausenlos bis auf den heutigen Tag ihren Fortgang. Über zwei Millionen Deutsche sind bereits aus Polen auf deutsches Territorium umgesiedelt worden, davon über die Hälfte in die englische Zone. An Stelle der ausgesiedelten Deutschen siedeln sich Polen aus anderen Bezirken Polens an. In die polnischen Westgebiete übersiedelten bereits einige Millionen Polen. All das ist den Vertretern der Vereinigten Staaten von Amerika sowie den Vertretern der anderen Länder wohlbekannt. Aus den angeführten Tatsachen erhellt, welche ernste Bedeutung die Regierungen der Vereinigten Staaten, Großbritanniens und der Sowjetunion dem Beschluß über die Verlegung der Westgrenzen Polens beimaßen, und daß sie keineswegs davon ausgingen, diesen Beschluß in Zukunft einer Revision zu unterziehen.

Die Berufung darauf, daß die Berliner Konferenz es für notwendig erachtet habe, die endgültige Festlegung der Westgrenze Polens bis zur Friedenskonferenz zurückzustellen, ist natürlich richtig. Gerade so sieht die formale Seite aus. Dem Wesen der Sache nach aber haben die drei Regierungen ihre Meinung über die künftige Westgrenze ausgesprochen, als sie Schlesien und die obenerwähnten Gebiete unter die Verwaltung der polnischen Regierung stellten und außerdem den Plan über die Aussiedlung der Deutschen aus diesen Gebieten annahmen. Wem könnte der Gedanke in den Kopf kommen, daß diese Aussiedlung der Deutschen nur als zeitweiliges Experiment vorgenommen wurde? Diejenigen, die den Beschluß über die Aussiedlung der Deutschen aus diesen Gebieten gefaßt haben, damit sich dort sofort Polen aus anderen polnischen Bezirken ansiedeln, können nicht nach einiger Zeit vorschlagen, entgegengesetzte Maßnahmen durchzuführen. Allein schon der Gedanke an derartige Experimente mit Millionen von Menschen ist unfaßbar, ganz zu schweigen von seiner Grausamkeit sowohl gegenüber den Polen als auch gegenüber den Deutschen selbst.

W.M. Molotow: Fragen der Außenpolitik, Moskau 1949, S. 258f.

Den Standpunkt der französischen Regierung erläuterte Außenminister Bidault: **172**

10. 7. 1946:

Die Potsdamer Konferenz hat hinsichtlich Ostdeutschlands im Prinzip vorläufige, tatsächlich jedoch endgültige Verträge geschlossen und die französische Regierung hat sie nicht angefochten.

9. 4. 1947:

Die franzöisische Regierung steht diesen Entscheidungen [die in Potsdam in der Grenzfrage getroffen wurden] nicht ablehnend gegenüber, obgleich sie ohne die Teilnahme Frankreichs getroffen wurden. Mit Rücksicht auf die gewaltigen Verluste, die die Sowjet-Union und Polen im Kriege erlitten haben, verzichtet Frankreich auf jede Debatte in dieser Frage.

Europa-Archiv, hg. v. Wilhelm Cornides, Jg. 1 (1946/47), S. 269; Jg. 2 1947, S. 719

Positionen in Deutschland

Aus dem Leitartikel einer Hamburger Tageszeitung (29. 1. 1947) **173**

Die polnische Regierung hat beim alliierten Kontrollrat gegen den Vorsitzenden der Freien Demokratischen Partei Franz Blücher und den Vorsitzenden der Sozialdemokratischen Partei Dr. Kurt Schumacher offiziell Beschwerde erhoben, weil beide Parteiführer in öffentlichen Kundgebungen das deutsche Volk aufgefordert hätten, die Oder-Neiße-Grenze nicht anzuerkennen. Warschau war bei diesem Protest augenscheinlich nicht richtig beraten: es hätte nicht gegen zwei deutsche Politiker, es hätte gegen die 66 Millionen des deutschen Volkes Protest erheben müssen! Es gibt keinen deutschen Menschen, der die Oder-Neiße-Grenze anerkennt, und es wird keine deutsche Regierung geben, die diese Grenze als gerechte Lösung des deutsch-polnischen Grenzproblems anerkennen würde. Keine. Nicht einmal die SED der Ostzone [...]

Hamburger Freie Presse, 29. 1. 1947

174 *Kurz vor den Landtagswahlen in den Ländern der Sowjetischen Besatzungszone (20. 10. 1946) erschienen im Zentralorgan der SED jeweils unter der Schlagzeile auf der ersten Seite folgende Ausführungen:*

Klarheit in der Ostfrage

SED zeigt den Weg zur wahren nationalen Lösung

Die Feinde der deutschen Einheit treiben seit geraumer Zeit eine verantwortlungslose, chauvinistische Hetze in der sogenannten Ostfrage. Sie schrecken nicht davor zurück, ehemalige Nazipropagandisten dafür in ihren Dienst zu stellen. Es ist an der Zeit, dieser für Deutschlands Zukunft immer schädlicher werdenden Wühlarbeit entgegenzutreten. Wer in dieser Frage vom Prinzip der Wahrung unserer gesamtnationalen Interessen abweicht, arbeitet der Reaktion in die Hände und schädigt diejenigen, für die er angeblich spricht, die er aber in Wirklichkeit nur mißbraucht. Genosse Grotewohl hat dieser Tage in seiner Rostocker Rede, über die wir gestern berichteten, erklärt, daß eine endgültige Regelung der Ostgrenze erfolgen müsse, Genosse Pieck hat in gleicher Weise in Schwerin gesprochen und hinzugefügt:

»Unser Volk muß alles tun, durch Vernichtung der aggressiven Kräfte und Entfaltung der Demokratie sich das Vertrauen bei den anderen Völkern zu erwerben, damit bei der endgültigen Festlegung der Grenzen von den alliierten Mächten auf die Lebensnotwendigkeiten unseres Volkes Rücksicht genommen wird.«

Jeder Einsichtige, jeder Mensch in Deutschland, der die realen Tatsachen, die der Hitlerkrieg geschaffen hat, gründlichst kennt und einschätzt, wird zustimmen, wenn wir sagen, daß das Ostproblem ohne demagogische Verlogenheit behandelt werden muß.

Max Fechner, der Spitzenkandidat der SED für Berlin, hat kürzlich in einer Konferenz, als er über die Byrnesrede sprach, ebenfalls zur Ostfrage Stellung genommen. Er sagte wörtlich:

»Zur deutschen Ostgrenze möchte ich erklären, daß die Sozialistische Einheitspartei Deutschlands sich jeder Verkleinerung deutschen Gebiets entgegenstellen wird. Die Ostgrenze ist nur provisorisch und kann erst auf der Friedenskonferenz unter Mitwirkung aller großen Siegerstaaten endgültig festgelegt werden.«

Wir sind für die Behandlung der Ostfrage. Glaube jedoch niemand, daß man deutsche Wünsche anhören wird, solange Militaristen, Junker und Kriegskapitalisten noch irgendwelchen Einfluß direkt oder indirekt ausüben, wie z. B. der ehemalige schlesische Großgrundbesitzer Graf von Donnersmarck, der heute dem Aufsichtsrat der AEG in Westdeutschland angehört.

Das will heißen: Nur in dem Maß, wie unsere inneren Zustände unverfälscht antifaschistisch und demokratisch, aber auch antichauvinistisch werden, wird die Umwelt zu uns Vertrauen gewinnen und unsere Stimme bei den Friedensberatungen einen ehrlichen Klang bekommen.

Neues Deutschland, 14. 9. 1946

Die SED zur Grenzfrage **175**

Der Parteivorstand der Sozialistischen Einheitspartei Deutschlands beschloß in seiner Sitzung vom 19. September folgende Erklärung: Die Stellung der Sozialistischen Einheitspartei Deutschlands zur Frage der Ostgrenze ist vor kurzem eindeutig und klar dargelegt worden. Die Sozialistische Einheitspartei Deutschlands macht jedoch darauf aufmerksam, daß der Versuch bestimmter reaktionärer Kreise, die Frage der Ostgrenzen zur Entfachung einer neuen nationalistisch-chauvinistischen Hetze auszunützen, dem deutschen Volke bei der Gestaltung des Friedensvertrages und auch in bezug auf die künftigen deutschen Grenzen nur schweren Schaden zufügen kann [...] Die Sozialistische Einheitspartei Deutschlands wird alles tun, damit auch in den Fragen der künftigen Grenzen Deutschlands die Stimme des deutschen Volkes auf der Friedenskonferenz Gehör findet.

Neues Deutschland, 21. 9. 1946

Der Vorsitzende der KPD, Max Reimann, im Deutschen Bundestag (22. 9. 1949): **176**

[Reimann zitiert Äußerungen von Roosevelt und Churchill aus dem 2. Weltkrieg und fährt fort:]

Angesichts dieser Dokumente, die ich noch erweitern könnte, erhebt sich die Frage, wie es möglich ist, daß die Westalliierten, die so eifrig für die Aussiedlung der Deutschen eintraten und die Oder-Neiße-Linie mit festlegten, sich heute für eine Änderung der von ihnen betriebenen Maßnahmen so stark machen. Die Antwort ist ganz einfach, nämlich, weil es nicht so kam, wie sie es wünschten, weil Polen und die Tschechoslowakei sich vom englisch-amerikanischen Einfluß befreiten!

Ich wage zu behaupten: wäre Polen heute noch das alte Polen mit der Regierung Pilsudski oder einer ähnlichen, so würde kein Churchill, auch nicht Herr Truman, die Frage der Revision der Oder-Neiße-Linie stellen. Es würde westdeutschen Politikern verboten werden, die Revision zu fordern!

Eine polnische Regierung, geführt durch den katholischen Bauernführer Michailowic [richtig: Mikolajczek], hinter dem der Vatikan steht, – ich wage zu behaupten, Herr Adenauer, Sie würden dann die Revision der Oder-Neiße-Linie nicht fordern. Genausowenig, wie Sie das heute für das Saargebiet tun! [...] Wäre dort eine englandhörige Regierung, wäre Churchill sogar bereit, die Grenze bis an die Spree zu verlegen.

Aber weil es anders gekommen ist, der britische-amerikanische Einfluß ausgeschaltet ist, deshalb will man revidieren, deshalb hetzt man das deutsche Volk erneut gegen die Völker des Ostens auf.

Verhandlungen des Deutschen Bundestages, Stenographische Berichte. Bd. 1, S. 65f.

177 *Aus dem Vertrag zwischen der Deutschen Demokratischen Republik und der Republik Polen (Görlitzer Vertrag) (6. 7. 1950):*

[...]

Die Hohen Vertragschließenden Parteien stellen übereinstimmend fest, daß die festgelegte und bestehende Grenze, die von der Ostsee entlang der Linie westlich von der Ortschaft Swinoujscie und von dort entlang dem Fluß Oder bis zur Einmündung der Lausitzer Neiße und die Lausitzer Neiße entlang bis zur tschechoslowakischen Grenze verläuft, die Staatsgrenze zwischen Deutschland und Polen bildet.

[...]

Gesetzblatt der Deutschen Demokratischen Republik 1950/2, S. 1206

178 *Aus der Deklaration der Regierungen der Deutschen Demokratischen Republik und der Tschechoslowakischen Republik (Prager Erklärung) (23. 6. 1950)*

[...]

Unsere beiden Staaten haben keine Gebiets- oder Grenzansprüche, und ihre Regierungen betonen ausdrücklich, daß die durchgeführte Umsiedlung der Deutschen aus der Tschechoslowakischen Republik unabänderlich, gerecht und endgültig gelöst ist [...]

Klaus Hohlfeld: Dokumente der Deutschen Politik und Geschichte, Bd. 6, Dokumenten-Verlag Herbert Wendler. Berlin 1951, S. 494

179 *Dem Grenzvertrag der DDR mit Polen war am 6. 6. 1950 eine Deklaration vorangegangen. Im Namen aller Fraktionen mit Ausnahme der Kommunisten gab dazu der Alterspräsident des Deutschen Bundestages, Paul Löbe (SPD), zugleich mit Zustimmung von Bundesrat und Bundesregierung eine Erklärung ab (13. 6. 1950):*

In der von einer Delegation der sogenannten provisorischen Regierung der Deutschen Demokratischen Republik und der Regierung der Republik Polen unterzeichneten Vereinbarung vom 6. Juni 1950 wird die völker- und staatsrechtlich unhaltbare Behauptung aufgestellt, daß zwischen der sowjetisch besetzten Zone Deutschlands und Polen eine sogenannte Friedensgrenze festgelegt worden ist.

Gemäß dem Potsdamer Abkommen ist das deutsche Gebiet östlich von Oder und Neiße als Teil der sowjetischen Besatzungszone Deutschlands der Republik Polen nur zur einstweiligen Verwaltung übergeben worden. Das Gebiet bleibt ein Teil Deutschlands.

Meine Damen und Herren, niemand hat das Recht, aus eigener Machtvollkommenheit Land und Leute preiszugeben oder eine Politik des Verzichts zu treiben.

Die Regelung dieser wie aller Grenzfragen Deutschlands, der östlichen wie der westlichen, kann nur durch einen Friedensvertrag erfolgen, der von einer demokratisch gewählten deutschen Regierung als ein Vertrag der Freundschaft und der guten Nachbarschaft mit allen Nationen baldigst geschlossen werden muß.

Meine Damen und Herren! Die Mitwirkung an der Markierung der Oder-Neiße-Linie als angeblich »unantastbare« Ostgrenze Deutschlands, zu der sich die sogenannte provisorische Regierung der Deutschen Demokratischen Republik bereitgefunden hat, ist ein Beweis für die beschämende Hörigkeit dieser Stelle gegenüber einer fremden Macht.

Der Bundestag weiß, daß er bei der Zurückweisung dieser Handlung auch im Namen der Deutschen in der sowjetischen Besatzungszone spricht.

Verhandlungen des Deutschen Bundestages, Stenographische Berichte, Bd. 4, S. 2457f.

Erklärung des Präsidenten des Deutschen Bundestages, Dr. Köhler, im Namen aller Fraktionen (außer KPD) (14. 7. 1950) **180**

Die Scheinregierung der von russischen Truppen besetzten Zone Deutschlands (Lachen bei der KPD) hat der Preisgabe der deutschen Gebiete östlich der Oder-Neiße-Linie das Prager Abkommen vom 23. Juni 1950 folgen lassen, mit dem die völkerrechtswidrig und unmenschliche Austreibung der Sudeten- und Karpatendeutschen als »unabänderlich, gerecht und endgültig« anerkannt wird. Der Deutsche Bundestag erklärt aus diesem Anlaß erneut, daß jene Scheinregierung weder politisch noch moralisch befugt ist, im Namen des deutschen Volkes zu sprechen und Abkommen zu schließen.

Das Prager Abkommen ist nicht vereinbar mit dem unveräußerlichen Anspruch des Menschen auf seine Heimat. Der Deutsche Bundestag erhebt deshalb feierlich Einspruch (der Bundestag mit Ausnahme der kommunistischen Abgeordneten erhebt sich) gegen die Preisgabe des Heimatrechts der in die Obhut der deutschen Bundesrepublik gegebenen Deutschen aus der Tschechoslowakei und stellt die Nichtigkeit des Prager Abkommens fest.

Der Deutsche Bundestag begrüßt die Ablehnung des Prager Abkommens durch die Hohen Kommissare. Er richtet an die Gesamtheit der freien Völker den Appell, im Geiste der Atlantik-Charta für eine

Friedensordnung einzutreten, in der die natürlichen Rechte auch der Deutschen gewahrt sind.

Verhandlungen des Deutschen Bundestages. Stenographische Berichte, Bd. 4, S. 2688f.

Zur Begründung der polnischen Ansprüche auf die deutschen Ostgebiete

181 *Aus dem Memorandum der Provisorischen Regierung der Nationalen Einheit an die Regierungen Großbritanniens, der USA und der UdSSR (10. 7. 1945)*

Die Oder-Neiße-Grenze und die Zerstörung Ostpreußens, dieser Wiege des preußischen Junkertums, werden den Deutschen günstige places d'armes wegnehmen, von denen aus sie bis jetzt unter besonders vorteilhaften Bedingungen das polnische Territorium angreifen konnten. Die Liquidierung Ostpreußens und die westliche Verkürzung der Grenze von 1912 km auf etwa 350 km wird eine wirksamere Verteidigung der Grenzen ermöglichen. Die Oder-Neiße-Grenze stellt die natürliche, am leichtesten zu verteidigende Grenze dar. Sie wird den 1939 Polen von der Tschechoslowakei trennenden deutschen Keil beseitigen. Sie ist also nicht nur für Polen, sondern auch für die Sowjetunion und alle anderen slawischen Länder die beste Sperre für eine immer mögliche Aggression Deutschlands. Polen soll fähig sein, ein selbständiges Leben zu führen, muß also auf den alten Heimatboden zurückkehren, die alte Piastenpolitik wieder aufnehmen und gemäß zeitgeschichtlichen Grundsätzen der Demokratie den Charakter eines Nationalstaates besitzen.

Hans-Adolf Jacobsen u. a. (Hg.): Bundesrepublik Deutschland – Volksrepublik Polen, Alfred Metzner Verlag, Frankfurt/M. 1979, S. 74

182 *Stellungnahmen der polnischen Delegation auf der Potsdamer Konferenz (24. 7. 1945)*

[Präsident Bierut:] Als Ergebnis diese Krieges hat Polen von allen Staaten, die am Krieg teilnahmen, die größten Verluste an Menschen und Material erlitten. Unser Land wurde mehr als irgendein anderes Land zerstört [...] Vom territorialen Standpunkt aus hatte Polen bei der Errichtung seiner neuen Ostgrenze ein Gebiet von 180000 qkm aufzugeben. Wir halten es für richtig und gerecht, daß die Ostgrenze in Übereinstimmung mit den ethnischen Prinzipien errichtet wurde. Ich glaube, daß das Äquivalent, das Polen bekommen sollte, in Übereinstimmung mit den Beschlüssen der Großen Drei einen solchen territorialen Zuwachs einschließen sollte, der Polen eine Grenze garantieren würde, die sowohl vom Sicherheitsstandpunkt angemessen wäre wie auch ein Gebiet darstellte, das vom Standpunkt der Ökonomie und der Staatsverteidigung eine kompakte Einheit bildet [...]

[Auf Fragen:] Die Gebiete östlich der Curzon-Linie sind hauptsächlich von Ukrainern, Weißrussen und Litauern bewohnt. Es gab dort ungefähr vier Millionen Polen. Die meisten der vier Millionen haben sich wahrscheinlich schon auf polnisches Gebiet begeben.

[Außenminister Rzymowski:] Es wäre ein Ausdruck historischer Gerechtigkeit, Polen ein Territorium zu geben, das eine Garantie für seine Stärke und seine Entwicklung darstellte, einer Stärke, die einer deutschen Aggression widerstehen könnte. Im Interesse der Freundschaft mit der Sowjetunion und im Interesse des Friedens im Osten haben wir ein Gebiet aufgegeben, das von vier Millionen Polen bewohnt war. Man muß Platz für diese Polen im neuen Polen finden [...] Ich halte es für gerechtfertigt, daß Polen für das Land, auf das es im Osten verzichtet hat, als Ersatz [»in compensation«] diejenigen Gebiete bekommen sollte, die jahrhundertelang die Basis des deutschen Imperialismus waren.

Wenn wir Land östlich der Curzon-Linie abzutreten hatten, dann halte ich es für angemessen, daß die Deutschen auch die Gebiete abtreten, die die Basis für ihre Aggression waren. Das liegt im Interesse von Frieden und Sicherheit in Europa [...] Die Grenze entlang der Oder-Neiße ist nicht eine zufällige Grenze, die wir willkürlich gezogen haben. Es ist eine alte Grenze eines Staates, der die Wiege der polnischen Nation war. Außerdem ist die Grenze entlang der Oder-Neiße die kürzeste Grenze zwischen Polen und Deutschland, [...] die günstigste Grenze vom Gesichtspunkt der Verteidigung aus [...]

Foreign Relations of the United States. Diplomatic Papers. The Conference of Berlin 1945. Vol. II, S. 1518ff. (eigene Übersetzung)

Der sowjetische Außenminister Molotow (9. 4. 1947): **183**

In Potsdam war nicht die Rede von einer einfachen Entschädigung Polens im Westen für die Territorien, die es der Sowjetunion im Osten übergeben hat. Das hieße die Frags simplifizieren. An die Sowjetunion sind nur Gebiete übergegangen, deren Bevölkerung Ukrainer und Bjelorussen bilden, die naturgemäß mit ihren Brüdern in der Sowjetukraine und in Sowjet-Bjelorußland wiedervereint werden mußten. Im Westen hingegen ist Polen wieder in seine altangestammten Gebiete zurückgekehrt, die einst die Wiege des Polnischen Staates waren. Sein heutiges Territorium stimmt mit dem geschichtlichen Territorium des Polens der Piasten überein.

W. M. Molotow, a.a.O., S. 454f.

184 *Der polnische Ministerpräsident Cyrankiewicz (5. 3. 1966):*

Die Regierung Volkspolens und das polnische Volk weisen entschieden die [...] These zurück, daß Polen die Westgebiete aus dem Grunde in Besitz genommen habe, weil dorthin Millionen von Polen aus den Ostgebieten umgesiedelt werden mußten. Das verstößt gegen die historischen, moralischen und politischen Rechte Polens auf die West- und Nordgebiete. Das arbeitet den westdeutschen Revisionisten direkt in die Hand. Und es hat auch eine antisowjetischen Klang, weil es den historisch-ethnischen Sachstand in den Ostgebieten unterschlägt, die früher innerhalb der Grenzen des polnischen Staates lagen.

Deutsch-polnischer Dialog, Edition Atlantic-Forum, Bonn/Brüssel/New York 1967, S. 72

185 *Der polnische Außenminister Olszowski (27. 4. 1972):*

Wroclaw [Breslau], Szczecin [Stettin] und Gdansk [Danzig] sind wieder polnische Städte geworden. Die jahrhundertelang germanisierte polnische Bevölkerung in den Mazury [Masuren], an der Oder und an der Ostsee kehrte wiederum zum Mutterland zurück.

Hans-Adolf Jacobsen/Mieczyslaw Tomala (Hg.): Wie Polen und Deutsche einander sehen. Droste-Verlag, Düsseldorf 1973, S. 23

186 *Die britische Zeitschrift »The Economist« (3. 5. 1947):*

Wenn die polnische Regierung die Oder-Neiße-Linie als Kompensation für das beansprucht, was Polen der Sowjetunion abgetreten hat, dann kann sie nicht verhindern, daß sich die Frage nach dem Recht Polens auf seine früheren östlichen Gebiete erhebt. Kompensation setzt ein gesetzliches oder moralisches Recht auf das, was kompensiert werden soll, voraus; niemand denkt daran, einem Einbrecher den Verlust des Diebesgutes zu kompensieren, das ihm bei der Verhaftung abgenommen wird. Aber nach sowjetischer Ansicht, die von den polnischen Kommunisten voll akzeptiert wird, hatte Polen gar kein Recht auf die östlichen Gebiete, die ihren rechtmäßigen Eigentümern brutal von polnischen Reaktionären und Imperialisten weggenommen worden waren [...] Deshalb werden wir [jetzt] eingeladen, einen historischen Atlas zu studieren und ins Mittelalter zurückzugehen, um uns zu versichern, daß diese Länder ursprünglich polnisch waren und nur von Polen »wiedergewonnen« wurden [...]

[Es folgt eine Darlegung, daß nach dieser historischen Argumentation die Amerikaner ihr Land den Indianern und die Russen einen großen Teil ihres Landes an Tataren, Baschkiren usw. zurückgeben müßten.]

Es ist klar, daß die historische Gerechtigkeit verlangt, daß England den [keltischen] Walisern zurückgegeben werden müßte und daß die englischen Einwohner dorthin deportiert werden müßten, wo sich heute die britische Besatzungszone Deutschlands befindet, wohin sie – wenn irgendwohin – gehören [...]

Es muß Einschränkungen für Ansprüche geben, die aus vergangenen Eroberungen und Wanderungen entstehen: ethnographisch kann vernünftigerweise nur die jüngste Vergangenheit in Betracht gezogen werden. Die Polen wären gut beraten, wenn sie im eigenen Interesse mit dem Gerede vom alten mittelalterlichen slawischen Szczecin (für die meisten Englischsprechenden immer noch Stettin) aufhören würden und ihre Sache, so wie sie ist, auf das Geschäft zurückführten, das tatsächlich im politischen Handel zwischen den Großmächten 1945 gemacht wurde und das von ethnographischen Gesichtspunkten ebenso unberührt war wie von historischer oder irgendeiner anderen Art von Gerechtigkeit.

The Economist, 3.5.1947, S.663 (eigene Übersetzung)

Unter dem Pseudonym Piotr Pawel Ursyn erschien 1985 in der exilpolnischen Zeitschrift »Kultura« ein Aufsatz mit der Überschrift: »Nicht vergessen – überdenken und vergeben.« In ihm heißt es u.a.: **187**

Selbstverständlich kann keine polnische Regierung – weder die kommunistische noch eine künftige nichtkommunistische – auf unsere Westgebiete verzichten. Ein Blick auf die Landkarte genügt, um sich zu überzeugen, wie ein Land, eingezwängt zwischen unserer Westgrenze von 1939 und die Curzon-Linie, aussehen müßte. Die Notwendigkeit der Verteidigung unserers Besitzstandes, der das Überleben der polnischen Nation sichert, ist aber nicht gleichbedeutend mit der Notwendigkeit einer weitgehenden Verfälschung der älteren und neueren Geschichte – nur um zu beweisen, daß in einer umstrittenen Frage wir allein im Recht sind. Polen hat die Westgebiete nicht in einem siegreichen Kampf erobert. Es hat sie bekommen – auf Kosten des geschlagenen Feindes – von dem siegreichen Feind, der sich in den Mantel des Bundesgenossen und Beschützers hüllt. Ziel dieser Operation war es, Polen für den früheren Raub seines eigenen Territoriums zu entschädigen und – was noch wichtiger ist – in den deutsch-polnischen Beziehungen ein unlösbares Problem zu schaffen, dessen einzig befugte Schiedsrichter die Sowjets bleiben sollten und es auch sind. Der von Stalin vor 40 Jahren zwischen die Deutschen und die Polen getriebene Keil hat heute nicht viel von seiner Wirksamkeit verloren. Über die Notwendigkeit, daß Polen die Gebiete an der Oder und an der Ostsee behält, entscheidet also einfach das Fehlen jedweder Alternative, nicht aber irgendwelche dubiosen geschichtlichen Argumente.

Waldemar Kuwaczka: Entspannung von unten, a.a.O., S. 198

188 *Der deutsche Politikwissenschaftler Hans Georg Lehmann zur historischen Argumentation (1979):*

Diese historische Argumentation wurde von polnischer Seite mit großem Ernst vertreten. Viele nationalbewußte Forscher sahen ihre Lebensaufgabe darin, sie wissenschaftlich zu erhärten: Historiker, Sprachwissenschaftler, Archäologen, Völkerkundler, Kulturforscher u.a. Sie identifizierten dabei in unzulässiger Weise Slawen des 11. Jahrhunderts mit Polen und leiteten Territorialansprüche aus einer Vergangenheit ab, die 700–1000 Jahre zurücklag [...] Im Ausland stießen die historischen Ansprüche auf die Oder-Neiße-Grenze allerdings nicht nur auf Ablehnung oder Skepsis, sondern durchaus auch auf Wohlwollen. Die einflußreichste Rolle spielten sie wohl bei den Polen selbst, insbesondere den Siedlern: Sie beflügelten ihren Kolonisationsgeist, indem sie ihnen das Gefühl vermittelten, nicht in einem fremden, sondern in einem uralten polnischen Lande zu sein, das nun, nach einer jahrhundertealten »germanischen« Fremdherrschaft, für die Nation wieder zurückgewonnen sei.

Hans Georg Lehmann: Der Oder-Neiße-Konflikt. C.H.Beck, München 1979, S. 131

11 Ausgleich

Auf dem Hintergrund weltweiter Entspannungsbemühungen zwischen Ost und West begann in den sechziger Jahren in der Bundesrepublik Deutschland das Suchen nach Wegen, wie nach dem Ausgleich mit den Nachbarn im Westen auch ein Ausgleich im Osten gefunden werden könnte.

Neben zahlreichen Signalen im politischen und gesellschaftlichen Bereich waren es vor allem Stellungnahmen aus dem krichlichen Raum, die Aufsehen erregten und Einstellungsveränderungen deutlich machten.

Politisch umgesetzt wurden die Bestrebungen, bestehende Spannungen zu den östlichen Nachbarn abzubauen, durch Verträge, die die Bundesrepublik Deutschland 1970 mit der Sowjetunion und Polen und 1973 mit der Tschechoslowakei abschloß.

Deutsch-polnische Vertragsverständigungsbemühungen der sechziger Jahre

Aus einem Schreiben des Staatssekretärs von Eckardt, Leiter des Presse- und Informationsamtes der Bundesregierung, an Bundeskanzler Adenauer, 17. 8. 1959 **189**

Die nationalistische Propaganda der Funktionäre der Vertriebenenverbände gegen die Oder-Neiße-Grenze zerstört in immer größerem Ausmaß unsere Bemühungen, in Amerika und vielen anderen Ländern der Welt für die Bundesrepublik wirksam zu werden. Wir haben im letzten Jahr Propaganda-Anstrengungen im Ausland vervielfacht, aber gegen die Tatsachen ist auf längere Sicht keine wirkungsvolle Propaganda zu machen. Es gibt keinen Politiker von Rang im Ausland, der bereit wäre, eine Änderung der Oder-Neiße-Grenze zu befürworten. Trotz des kommunistischen Regimes steht in dieser Frage die gesamte Weltöffentlichkeit auf der Seite Polens.

Dokumente zur Deutschlandpolitik, hg. v. Bundesministerium für innerdeutsche Beziehungen, Reihe IV, Bd. 3. Alfred Metzner Verlag, Frankfurt/M., Berlin 1972, S. 30

Aus der Rundfunkansprache Bundeskanzler Adenauers zum 20. Jahrestag des Kriegsbeginns (31. 8. 1959) **190**

Ein besonderes Wort aber muß heute dem Volke gelten, das durch den Einfall der Truppen Hitler-Deutschlands und der Sowjetunion das erste Opfer des Krieges geworden ist, ich meine das polnische Volk. Weit länger als ein Jahrhundert hat dieses sympathische Volk, ohne daß es irgendeine Schuld traf, unter den politischen und kriegerischen Auseinandersetzungen in Europa gelitten: dreimal wurde es zerrissen und geteilt und vor zwanzig Jahren wurde es das erste Opfer dieses letzten Krieges, als Hitler-Deutchland und die Sowjetunion in das Land einfielen und es grausam zerstörten.

Das heutige Deutschland ist ein anderes Deutschland als jenes unter Hitler [...]

In den vergangen zehn Jahren habe ich als Bundeskanzler der Bundesrepublik Deutschland öfter erklärt und wiederhole diese Erklärung heute: Unser Bestreben wird es sein, Verständnis, Achtung und Sympathie zwischen dem heutigen Deutschland und dem polnischen Volk zu begründen, damit auf diesem Boden dereinst eine wahre Freundschaft erwachse.

Dokumente zur Deutschlandpolitik, a.a.O., S. 89

191 *Aus einer Stellungsnahme des Präsidiums des Bundes der Vertriebenen, 17. 1. 1959*

Zwischen dem deutschen und polnischen Volke bestehen schwierig zu lösende Probleme.

Der BdV wünscht im Geist der Charta der Heimatvertriebenen die Gegensätze zwischen dem deutschen und dem polnischen Volk zu überwinden. Fern von Haß und Voreingenommenheit erkennt er jede fremde Volkspersönlichkeit und ihr Lebensrecht an und bejaht wieder für das deutsche Volk das Selbstbestimmungsrecht und fordert dieses auch für das polnische Volk. In dem Bewußtsein, damit der notwendigen Verständigung der beiden Völker, dem Frieden Europas und der Schaffung einer Atmosphäre zu dienen, die auch die Lösung der politischen Fragen erleichtert, setzt sich der BdV für die Erweiterung und Ausgestaltung der kulturellen Beziehungen von Volk zu Volk und Mensch zu Mensch ein und unterbreitet dafür die folgenden konkreten Vorschläge:

A. Wissenschaftliche Kontakte

1. Der BdV würde es begrüßen, wenn die Kontakte zwischen deutschen und polnischen Wissenschaftlern in großzügiger Weise gepflegt und vertieft werden. Dazu könnten u.a. dienen:

a) Gegenseitige Gastvorlesungen, Studienaufenthalte u.ä.,

b) Beziehungen zwischen wissenschaftlichen Instituten, z.B. durch Erfahrungsaustausch sowie Bücher- und Zeitschriftenvermittlung,

c) Erleichterung der gegenseitigen Benutzung von Archiven und Bibliotheken usw.

Der BdV empfiehlt Studentenaustausch durch Gewährung von Stipendien.

B. Weitere kulturelle Kotakte
Ein besonders fruchtbares Feld für eine Fühlungnahme bietet sich im Bereich von Kunst und Literatur. Es wird dabei – auf der Grundlage der Gegenseitigkeit – an Gastkonzerte, Theateraufführungen, Kunstausstellungen, Übersetzungen, Gemeinschaftsproduktionen auf dem Gebiete des Films u. ä. gedacht. [...]

C. Allgemeine Kontakte
Es wird empfohlen, das Kennenlernen und das menschliche Verstehen durch Erleichterung des gegenseitigen Reiseverkehrs und der Sportbeziehungen, Begegnung von Jugendgruppen, Schülerbriefwechsel u. ä. zu fördern.

Kulturstiftung der deutschen Vertriebenen (Hg.): Erklärungen zur Deutschlandpolitik, Teil I, 1949–1972, Bonn 1984, S. 64f.

Der exilpolnische Schriftsteller Mieroszeski (1961): **192**

Mit aller Aufrichtigkeit und Offenheit muß man jedoch sagen – auch wenn wir die Oder-Neiße-Gebiete aus Stalins Händen empfangen haben und obgleich sowohl Stalin als auch die Sowjets von den Polen gehaßt werden –, daß heute alle Polen im Land selbst und in der Emigration diese Gebiete als integralen Bestandteil Polens betrachten, und zwar eines jeden polnischen Staatswesens, heute eines »volksdemokratischen« und in Zukunft eines demokratischen und unabhängigen. Das ist die Tatsache, mit der jeder Politiker, sei er nun Deutscher oder Pole, rechnen muß.

Juliusz Mieroszewski: Kehrt Deutschland in den Osten zurück? Colloquium-Verlag, Berlin 1961, S. 24f.

Aus dem »Memorandum der Acht« (Becker, Beckmann, K. v. Bismarck, Heisenberg, Howe, Pichl, Raiser, C. F. v. Weizsäcker) (26. 2. 1962) **193**

Wir sagen nichts Neues, wenn wir die Ansicht aussprechen, daß zwar die Freiheit der in Berlin lebenden Menschen ein von der ganzen Welt anerkanntes Recht ist, daß aber das nationale Anliegen der Wiedervereinigung in Freiheit heute nicht durchgesetzt werden kann, und daß wir den Souveränitätsanspruch auf die Gebiete jenseits der Oder-Neiße-Linie werden verloren geben müssen. Wir glauben zu wissen, daß politisch verantwortliche Kreise aller Parteien die von uns ausgesprochene Ansicht teilen, aber aus innenpolitischen Rücksichten scheuen sie sich, die Erkenntnis, die sie gewonnen haben, öffentlich auszusprechen.

Eine Atmosphäre, die es der politischen Führung unmöglich macht, dem Volk die Wahrheit zu sagen, ist vergiftet.

Kurt P. Tudyka. Das geteilte Deutschland. Kohlhammer, Stuttgart 1965, S. 191f.

194 *Aus der Regierungserklärung Bundeskanzler Kiesingers (CDU), in dessen Kabinett der Großen Koalition Willy Brandt (SPD) Außenminister war (13. Dezember 1966)*

In weiten Schichten des deutschen Volkes besteht der lebhafte Wunsch nach einer Aussöhnung mit Polen, dessen leidvolle Geschichte wir nicht vergessen haben und dessen Verlangen, endlich in einem Staatsgebiet mit gesicherten Grenzen zu leben, wir im Blick auf das gegenwärtige Schicksal unseres eigenen geteilten Volkes besser als in früheren Zeiten begreifen. Aber die Grenzen eines wiedervereinigten Deutschland können nur in einer frei vereinbarten Regelung mit einer gesamtdeutschen Regierung festgelegt werden, einer Regelung, die die Voraussetzung für ein von beiden Völkern gebilligtes, dauerhaftes und friedliches Verhältnis guter Nachbarschaft schaffen soll.

Klaus von Beyme (Hg.): Die großen Regierungserklärungen der deutschen Bundeskanzler von Adenauer bis Schmidt. Carl Hanser Verlag München/Wien 1979, S. 244f.

195 *Aus einem Memorandum deutscher Katholiken (Bensberger Kreis) (2. 3. 1968)*

Der Widerstand gegen eine einseitige Anerkennung der 1945 ohne die Mitwirkung des besiegten Deutschland geschaffenen territorialen Verhältnisse wurzelt bei vielen Deutschen, insbesondere auch bei vielen Vertriebenen, nicht in politischer Engstirnigkeit oder einem aggressiven Nationalismus. Vielmehr gehen sie von einer Auffassung aus, die sich etwa folgendermaßen charakterisieren läßt: Ein dauerhafter Friede könne nur auf der Grundlage des Rechts, nicht aber unter Mißachtung des Rechts zustande kommen. Eine solche Mißachtung des Rechts sei in der Vertreibung von Millionen Deutschen aus ihrer angestammten Heimat zu sehen und in der einseitig von den Alliierten verfügten Lostrennung eines erheblichen Teils des deutschen Staatsgebiets, die vor jeder Regelung in einem Friedensvertrag »vollendete Tatsachen« geschaffen habe. Dieses Geschehen im Hinblick auf die bestehende Machtlage durch eine vorbehaltlose Anerkennung zu legitimieren, sei kein Beitrag zum Frieden und zur Versöhnung; denn der Zirkel des Unrechts werde dadurch nicht durchbrochen. Eher sei daraus das Entstehen eines neuen deutschen Nationalismus und damit ein neuer Herd des Unfriedens zu befürchten.

Auch in dieser Auffassung ist der Wille zum Frieden lebendig, und ihr Ausgangspunkt, daß ein dauerhafter Friede unter Mißachtung der

Gerechtigkeit nicht entstehen könne, verdient allgemeine Zustimmung. Die Frage ist allerdings, ob Gerechtigkeit und Recht, die zum Frieden führen, so gesehen werden können, wie es in dieser Auffassung geschieht, oder ob hier nicht vielleicht ein Rückzug auf einseitige und übersteigerte Rechtspositionen vorliegt, der die reale Bezogenheit von Recht und Frieden außer acht läßt.

Niemand von uns kann die Augen davor schließen, daß ein Volk, dessen politische Führung einen Krieg vom Zaun gebrochen und verloren hat, nicht nur tatsächlich, sondern auch unter dem Gesichtspunkt der Gerechtigkeit dafür zu haften hat. Dieser Haftungspflicht, die die deutsche Nation als ganze trifft, können wir uns nicht entziehen, wenn wir den Frieden ernsthaft wollen. In ihr liegt beschlossen, daß wir über Schadenersatz und individuelle Wiedergutmachung hinaus auch politische Nachteile hinzunehmen haben. Dabei können auch Gebietsverluste nicht prinzipiell ausgeschlossen werden.

Presse- und Informationsamt der Bundesregierung: Der Vertrag zwischen der Bundesrepublik Deutschland und der Volksrepublik Polen. Bonn 1970, S. 152f.

Herbert Czaja, Bundesvorsitzender der Landsmannschaft der Oberschlesier, am 23. 6. 1968: **196**

In einer europäischen Friedensordnung und in einem bündischen Europa der Völker ist Raum und Möglichkeit zu gemeinsamer Aufbauarbeit auch in umstrittenen Gebieten, wenn dort den Menschen und Volksgruppen Selbstbestimmung, Selbstverwaltung und freie Entfaltung durch eigene Behörden, eigene Steuern, Wirtschafts-, Sozial- und Gerichtsorgane, also ihre europäisch gesicherte Autonomie praktisch gewährleistet wird. Dann können umstrittene Gebiete zu wahrhaft europäischen Territorien werden, in denen jede Volksgruppe selbst ihre eigene Entfaltung, die gemeinsamen Aufgaben des Territoriums aber zusammen mit andersnationalen Gruppen bestimmt. Dieser Ausgleich ist nur nach Überwindung nationalistischen Überlegenheitsgefühls und nationalen Mißtrauens, aber bei Sicherung der nationalen Eigenart und mit dem Mut zu gesicherter europäischer Zusammenarbeit möglich. Der Oberschlesier hat einen besonderen Sinn für Autonomie. Auch für die in Osteuropa dominierende Weltmacht ist bei ihren schweren Belastungen in Asien eine dauernde Befriedung in Osteuropa von größerem Vorteil als eine labile Hegemonie.

Kulturstiftung der deutschen Vertriebenen (Hg.): Erklärungen zur Deutschlandpolitik, Teil I, 1949–1972, Bonn 1984, S. 145

Der Aufruf der Kirchen zur Versöhnung

Die Evangelische Kirche in Deutschland veröffentlichte 1965 eine Denkschrift, in der sie zur Versöhnung mit dem polnischen Volk aufrief. Neben Zustimmung erfuhr sie in der Bundesrepublik auch harte Kritik.

Ebenfalls im Jahre 1965 wandten sich die polnischen Bischöfe, die sich in der Frage der polnischen Westgrenze stets auf den Standpunkt der Regierung gestellt hatten, an ihre deutschen Amtsbrüder und bekundeten ihren Willen zur Versöhnung zwischen Deutschen und Polen. Ihr Brief stieß bei den regierenden Kommunisten in Polen auf scharfe Ablehnung. In die Debatte schalteten sich auch exilpolnische Zeitungen ein, die den Schritt der Bischöfe begrüßten.

197 *Aus der Denkschrift der Evangelischen Kirche in Deutschland (EKD): »Über die Lage der Vertriebenen und das Verhältnis des deutschen Volkes zu seinen östlichen Nachbarn« (14. 10. 1965)*

Vom Unrecht der Vertreibung kann aber nicht gesprochen werden, ohne daß die Frage nach der Schuld gestellt wird. Im Namen des deutschen Volkes wurde der Zweite Weltkrieg ausgelöst und in viele fremde Länder getragen. Seine ganze Zerstörungsgewalt hat sich schließlich gegen den Urheber selbst gekehrt. Die Vertreibung der deutschen Ostbevölkerung und das Schicksal der deutschen Ostgebiete ist ein Teil des schweren Unglücks, das das deutsche Volk schuldhaft über sich selbst und andere Völker gebracht hat [...]

Aus der Anerkennung politischer und geschichtlicher Schuld müssen Folgerungen für das heutige politische Handeln gezogen werden. Gewiß wäre es kurzschlüssig, eine neue deutsche Ostpolitik ausschließlich als Folge und Gestalt der Buße für deutsche Schuld zu fordern. Eine Politik aus einseitigen Schuldkomplexen oder aus einseitiger Schuldzumessung würde keine haltbare Ordnung für morgen schaffen, sondern den Keim zu neuen Konflikten legen. Auf diese Weise bliebe die Schuld der anderen völlig außer acht, die Völker würden in Gerechte und Ungerechte aufgeteilt [...]

Die ethischen Erwägungen führen zu der notwendigen Konsequenz, in klarer Erkenntnis der gegenseitigen Schuld und ohne Sanktionierung von Unrecht, das nicht sanktioniert werden darf, das Verhältnis der Völker, namentlich das zwischen dem deutschen und dem polnischen Volk, neu zu ordnen und dabei Begriff und Sache der Versöhnung auch in das politische Handeln als einen unentbehrlichen Faktor einzuführen [...]

Hans-Adolf Jacobsen: Mißtrauische Nachbarn. Droste-Verlag, Düsseldorf 1970, S. 362ff.

Aus einer Erklärung des Präsidiums des Bundes der Vertriebenen zur EKD – Denkschrift (27. 10. 1965) **198**

Das polnische Volk hat zur Zeit keine Freiheit, seine Wünsche und Hoffnungen über das künftige Verhältnis zu einem demokratischen und christlichen Deutschland zu äußern. Wir sind jedoch dessen gewiß, daß ein freies Polen und ein in Freiheit geeintes Deutschland auf dem Boden der europäischen Zusammenarbeit den Weg zueinander finden werden. Einseitige Schuldbekenntnisse von deutscher Seite dienen dieser Verständigung nicht. Sie tragen nur dazu bei, die Einseitigkeit kommunistischer Anklagen gegen die Bundesrepublik vor der Weltöffentlichkeit zu bekräftigen. [. . .]

Der Bund der Vertriebenen erwartet, daß sich die Generalsynode der EKD von dieser Tendenzschrift einer Minderheit distanziert. Diese Veröffentlichung stellt keine geeignete Grundlage für ein fruchtbares Gespräch zwischen der Evangelischen Kirche und den demokratisch gewählten Führungsgremien der Vertriebenen dar.

Kulturstiftung der deutschen Vertriebenen (Hg.): Erklärungen zur Deutschlandpolitik, Teil I, 1949–1972, Bonn 1984, S. 120

Aus einer Stellungnahme des Hilfskomitees der evangelisch-lutherischen Deutschen aus Polen zur Ostdenkschrift der EKD, März 1966: **199**

Wir Deutschen aus Polen wünschen nichts sehnlicher, als daß es zu einer Aussöhnung mit dem polnischen Volk komme und beide Völker miteinander in Frieden leben. In den Jahrhunderten, in denen wir gemeinsam wohnten und siedelten, haben es unsere Väter und Vorväter bewiesen, daß Deutsche und Polen miteinander in Frieden leben können. Deutsche waren es, von polnischen Grundherren und der Regierung gerufen, die zum Aufbau von Wirtschaft und Industrie beitrugen, die Wissenschaft und Kunst befruchteten, die an der Schaffung von Hochschulen maßgeblich beteiligt waren, ja, die auch für die Freiheit Polens eintraten und Seite an Seite mit den Polen in den Aufständen kämpften und ihre Leben ließen [. . .]

Die Darstellungsweise der Denkschrift, wie sie über das Schuldproblem spricht und eine Schuld nur auf das deutsche Volk bezieht, muß geradezu dazu führen, beim polnischen Volk keine Bereitschaft zum Eingeständnis einer eigenen Verschuldung anzuerkennen und einzusehen. Nun wird das Schuldbekenntnis ... zur Rechtfertigung von politischen Forderungen durch Polen benutzt, wobei nicht im geringsten eigenes Verschulden zugegeben zu werden braucht [. . .]

Stimmen zur Denkschrift der EKD. Verlag Wissenschaft und Politik, Köln 1966, S. 73

200 *Aus dem Abkommen der Regierung der Volkrepublik Polen mit dem Episkopat Polens (14. 4. 1950)*

3. Der Episkopat Polens stellt fest, daß sowohl die ökonomischen, geschichtlichen und religiösen Gesetze als auch die historische Gerechtigkeit verlangen, daß die wiedergewonnenen Westgebiete für immer bei Polen bleiben. Davon ausgehend, daß die wiedergewonnenen Westgebiete ein untrennbarer Bestandteil der Volkrepublik Polen sind, wird sich der Episkopat an den Heiligen Stuhl mit der Bitte wenden, die Kirchenverwaltungen unter Zubilligung der Rechte von Residenzialbischöfen in ständige bischöfliche Ordinariate zu verwandeln.
4. Der Episkopat wird sich innerhalb der ihm zugänglichen Grenzen einer gegen Polen gerichteten feindlichen Tätigkeit widersetzen, namentlich den antipolnischen und revisionistischen Stellungnahmen eines Teils des deutschen Klerus.
5. Der Grundsatz, daß der Papst die maßgebliche und höchste Autorität der Kirche ist, gilt für Fragen des Glaubens, der Moral und der Kirchenjurisdiktion; in anderen Dingen hingegen läßt sich der Episkopat vo der polnischen Staatsräson leiten.

Hansjakob Stehle: Nachbar Polen. S. Fischer, Frankfurt/M. 1968, S. 390

201 *Aus dem Brief des polnischen Episkopats an die deutschen Bischöfe (18. 11. 1965)*

Nach alledem, was in der Vergangenheit geschehen ist – leider erst in der allerneuesten Vergangenheit –, ist es nicht zu verwundern, daß das ganze polnische Volk unter dem schweren Druck eines elementaren Sicherheitsbedürfnisses steht und seinen nächsten Nachbarn im Westen immer noch mit Mißtrauen betrachtet. Diese geistige Haltung ist sozusagen unser Generationsproblem, das, Gott gebe es, bei gutem Willen schwinden wird und schwinden muß [. . .] Die Belastung der beiderseitigen Verhältnisse ist immer noch groß und wird vermehrt durch das sogenannte »heiße Eisen« dieser Nachbarschaft; die polnische Westgrenze an Oder und Neiße ist, wie wir wohl verstehen, für Deutschland eine äußerst bittere Frucht des letzten Massenvernichtungskrieges – zusammen mit dem Leid der Millionen von Flüchtlingen und vertriebenen Deutschen (auf interalliierten Befehl der Siegermächte – Potsdam 1945! – geschehen). Ein großer Teil der Bevölkerung hatte diese Gebiete aus Furcht vor der russischen Front verlassen und war nach dem Westen geflüchtet. Für unser Vaterland, das aus den Massenmorden nicht als Siegerstaat, sondern bis zum äußersten geschwächt hervorging, ist es eine Existenzfrage (keine Frage »größeren Lebensraumes!«); es sei denn, daß man ein über 30-Millionen-Volk in den engen Korridor eines »Generalgouvernements« von 1939–45 hineinpressen wollte – ohne Westgebiete; aber auch ohne Ostgebiete, aus denen seit 1945 Millionen von polnischen Menschen in die »Potsdamer Westgebiete« hinüberströmen mußten. Wo sollten sie auch damals hin, da ja das sogenannte Generalgouvernement zusammen mit der Hauptstadt Warschau in Schutt und Trümmern lagen. Die Vernichtungswellen des letzten Krieges sind nicht nur einmal, wie in Deutschland, sondern seit 1914 mehrere Male über die polnischen Lande hinweggebraust, und zwar hin und zurück wie apokalyptische Reiter, und haben jedesmal Schutt und Trümmer, Armut, Krankheit, Seuchen und Tränen und Tod und wachsende Vergeltungs- und Haßkomplexe hinterlassen.

Seid uns wegen dieser Aufzählung dessen, was im letzten Abschnitt unserer tausend Jahre geschehen ist, liebe deutsche Brüder, nicht gram! Es soll weniger eine Anklage als vielmehr eine eigene Rechtfertigung sein! [...]

Und trotz alledem, trotz dieser fast hoffnungslos mit Vergangenheit belasteten Lage, gerade aus dieser Lage heraus, hochwürdige Brüder, rufen wir Ihnen zu: Versuchen wir zu vergessen! Keine Polemik, kein weiterer kalter Krieg, aber der Anfang eines Dialogs, wie er heute vom Konzil und von Papst Paul VI. überall angestrebt wird. Wenn echter guter Wille beiderseits besteht – und das ist wohl nicht zu bezweifeln –, dann muß ja ein ernster Dialog gelingen und mit der Zeit gute Früchte bringen – trotz allem, trotz heißer Eisen [...]

In diesem allerchristlichsten und zugleich sehr menschlichen Geist strecken wir unsere Hände zu Ihnen hin in den Bänken des zu Ende gehenden Konzils, gewähren Vergebung und bitten um Vergebung. Und wenn Sie, deutsche Bischöfe und Konzilsväter, unsere ausgestreckten Hände brüderlich erfassen, dann erst können wir wohl mit ruhigem Gewissen in Polen auf ganz christliche Art unser Millenium feiern. Wir laden Sie dazu herzlichst nach Polen ein.

Deutsch-polnischer Dialog, Edition Atlantic-Forum, Bonn/Brüssel/New York 1967, S. 15ff.

Aus dem Antwortbrief der deutschen Bischöfe an das polnische Episkopat (5. 12. 1965) **202**

Furchtbares ist von Deutschen und im Namen des deutschen Volkes dem polnischen Volk angetan worden. Wir wissen, daß wir Folgen des Krieges tragen müssen, die auch für unser Land schwer sind. Wir verstehen, daß die Zeit der deutschen Besatzung eine brennende Wunde hinterlassen hat, die auch bei gutem Willen nur schwer heilt. [...]

Eine Aufrechnung von Schuld und Unrecht – darin sind wir einer Meinung – kann uns nicht weiterhelfen. Wir sind Kinder des gemeinsamen himmlichen Vaters. Alles menschliche Unrecht ist zunächst eine Schuld vor Gott, und Verzeihung muß zunächst von ihm erbeten werden. An ihn richtet sich zuerst die Vaterunser-Bitte: Vergib uns unsere Schuld. Dann dürfen wir auch ehrlichen Herzens um Verzeihung bei unseren Nachbarn bitten. So bitten auch wir, zu vergessen, ja, wir bitten zu verzeihen. Vergessen ist eine menschliche Sache. Die Bitte um Verzeihung ist ein Anruf an jeden, dem Unrecht geschah, dieses Unrecht mit den barmherzigen Augen Gottes zu sehen und einen neuen Anfang zuzulassen.

Dieser Anfang ist besonders belastet durch die bitteren Folgen des von Deutschland begonnenen und verlorenen Krieges. Millionen von Polen mußten aus dem Osten in die ihnen zugewiesenen Gebiete übersiedeln. Wir wissen wohl, was darum für das heutige Polen diese Gebiete bedeuten. Aber auch Millionen Deutsche mußten ihre Heimat verlassen, in der ihre Väter und Vorfahren lebten.

Diese waren nicht als Eroberer in das Land gezogen, sondern im Laufe der Jahrhunderte durch die einheimischen Fürsten gerufen worden. Deshalb müssen wir Ihnen in Liebe und Wahrhaftigkeit sagen: Wenn diese Deutschen von »Recht auf Heimat« sprechen, so liegt darin – von einigen Ausnahmen abgesehen – keine aggressive Absicht. Unsere Schlesier, Pommern und Ostpreußen wollen damit sagen, daß sie rechtens in ihrer alten Heimat gewohnt haben und daß sie dieser Heimat verbunden bleiben. Dabei ist ihnen bewußt, daß dort jetzt eine junge Generation heranwächst, die das Land, das ihren Vätern zugewiesen wurde, ebenfalls als ihre Heimat betrachtet [...] Am Schluß Ihres Schreibens stehen die kostbaren Worte, die für unsere beiden Völker eine neue Zukunft eröffnen können: »Wir strecken unsere Hände zu Ihnen hin in den Bänken des zu Ende gehenden Konzils, gewähren Vergebung und bitten um Vergebung«. Mit brüderlicher Ehrfurcht ergreifen wir die dargebotenen Hände. Der Gott des Friedens gewähre uns auf die Fürbitte der »Regina Pacis«, daß niemals wieder der Ungeist des Hasses unsere Hände trenne!

Deutsch-polnischer Dialog, Edition Atlantic-Forum, Bonn/Brüssel/New York 1967, S. 22ff.

203 *»Zycie Warszawy«, (Warschau, 10. 12. 1965):*

Wer in Polen hat die beim Konzil weilenden Bischöfe ermächtigt zu bereuen, sich zu entschuldigen und nationale Selbstkritik gegenüber der Bundesrepublik zu üben? In wessen Namen geschah dies? Vielleicht im Namen der Millionen Ermordeten von Auschwitz, von Majdanek?

Vielleicht im Namen der Bewohner von Warschau, der zu Asche verbrannten Hauptstadt? Und vielleicht im Namen der 2000 durch die deutschen Okkupanten getöteten Priester? Oder vielleicht im Namen der in der Welt hinausgetriebenen und [...] dem Tode überantworteten polnischen Kinder? [...]

Es ist also dort nicht die Rede von den fundamentalen Rechten des polnischen Volkes und Staates auf die Gebiete an Oder, Neiße und Ostsee; [...] auch nicht davon, daß die Rückkehr Polens in seine alten Gebiete ein Akt der geschichtlichen Gerechtigkeit, ein Ergebnis des heldenhaften Kampfes des polnischen Volkes – zusammen mit den Völkern der Sowjetunion und anderer Länder Europas – gegen die hitlerische Barbarei war.

»Trybuna Ludu« (Warschau, 12. 12. 1965): **204**

Wer hat denn dies geschrieben? Aus welcher Feder stammt die Übernahme der verleumderischen Behauptung von dem »Leid der Millionen von Flüchtlingen und vertriebenen Deutschen?« [...] Die Potsdamer Konferenz hat den gerechten Forderungen des polnischen Volkes und der Volksregierung Rechnung getragen, indem sie das Recht Polens auf seine historischen Grenzen an Oder, Neiße und Ostsee anerkannte [...] Die Unterzeichner der Botschaft sind in ihrer Unterwürfigkeit und Bußfertigkeit so weit gegangen, daß sie sich vor ihren deutschen Mitbrüdern rechtfertigen und dafür entschuldigen, daß das polnische Volk in die Gebiete an Oder und Neiße zurückgekehrt ist und daß diese Gebiete bewirtschaftet und besiedelt worden sind.

Ministerpräsident Cyrankiewicz in einem Schreiben an die polnischen Bischöfe **205**
(5. 3. 1966):

Keine bischöflichen Dokumente können die hitlerischen Kriegsverbrechen und die Verbrechen gegen die Menschlichkeit auslöschen. Ein solches Vergeben ist gegen das Moralgefühl unserers Volkes und aller anständigen Leute, ist gegen die Gerechtigkeit, ist gegen die Interessen des polnischen Volkes und der ganzen Menschheit, wenn wir sie vor der Wiederholung von Verbrechen dieser Art in der Zukunft schützen wollen [...]

Schon die Bitte der Autoren der Botschaft an die deutschen Bischöfe, dem polnischen Volke, das von keiner Schuld auf seinem Gewissen weiß und keine Verbrechen gegenüber Deutschen beging, sondern nur in der Verteidigung des von Hitlerdeutschland überfallenen Vaterlandes stand, Vergebung zu gewähren, diese Bitte ist für das polnische Volk beleidigend und für seine Würde erniedrigend.

Deutsch-polnischer Dialog, Edition Atlantic-Forum, Bonn/Brüssel/New York 1967, S. 32ff., 46, 49, 78

206 *Die exilpolnische Zeitung »Dziennik Polski« (London, 13. 1. 1966):*

Was im Grunde die Kommunisten am meisten erbost, ist die Behauptung, in diese Gebiete nicht als rächende Sieger gekommen zu sein, sondern durch die Entscheidung der drei Großmächte, die die Deutschen sich zu Feinden machten; daß Polen diesen Krieg verloren hat, seiner Unabhängigkeit beraubt wurde und eines großen Teiles seines Territoriums verlustig ging; daß es das Unrecht an den Polen gab, die von den Deutschen überfallen und ermordet wurden, und das Unrecht an den Deutschen, die aus ihren früheren Wohnorten vertrieben wurden; aber auch das Unrecht an den Polen, die aus ihrer Heimat jenseits des Bugs ausgesiedelt wurden. Das zu sagen, war vom polnischen Standpunkt aus sehr wichtig [...]

Die kommunistische Propaganda ärgert sich am meisten darüber, daß die polnischen Bischöfe nicht nur den Deutschen vergeben, sondern auch sie um Vergebung bitten. Was sollen die Deutschen den Polen vergeben, ruft sie erbittert. Man sollte nicht zu heuchlerisch sein, Ihr roten Brüder! Zwar haben die Polen nicht sechs Millionen Deutsche ermordet, aber sieht man davon ab, daß die Polen während des Krieges manche Dinge getan haben, die nicht reine Gerechtigkeit oder Notwendigkeit waren, so wurden immerhin mehrere Millionen Deutsche vertrieben. Die Bischöfe versprachen ihnen keine Rückkehr in ihre Häuser, sie bitten um Vergebung [...]

Deutsch-polnischer Dialog, Edition Atlantic-Forum, Bonn/Brüssel/New York 1967, S. 91

207 *Die exilpolnische Zeitung »Dziennik Zwiazkowy« (Chicago, 30. 12. 1965):*

Unser Verdacht, daß die Kommunisten im Grunde genommen die Anerkennung der Oder-Neiße-Grenze überhaupt nicht wollen, weil dadurch das Sicherheitsgefühl des polnischen Volkes größer und damit dem Regime das Hauptargument gegenüber der Bevölkerung aus der Hand genommen würde, findet in dem scharfen Angriff auf den Episkopat erneute Bestätigung.

Die Botschaft der polnischen Bischöfe an ihre deutschen Amtsbrüder hat unserers Erachtens den Zeitpunkt der Anerkennung der Grenze durch Deutschland merklich näher gebracht. Sie hat nämlich ein neues Klima geschaffen, in dem unter dem Druck der öffentlichen Meinung die Bundesregierung ihre Politik des Wartens auf den Friedensvertrag und der Behandlung der Grenzanerkennung als Trumpf für die Wiedervereinigungsverhandlungen schließlich einer Revision unterziehen muß. Der ungeheure Eindruck, den die Botschaft in Westdeutschland hervorgerufen hat, schuf eine neue Situation.

Wenn das Regime also tatsächlich auf die Interessen des polnischen Volkes bedacht wäre, so würde es den Bischöfen danken müssen. Aber die Kommunisten sehen das Volksinteresse nur dann, wenn es sich mit dem kommunistischen Interesse deckt. Dieses aber fordert, daß die deutsch-polnischen Spannungen bestehen bleiben.

Deutsch-polnischer Dialog, Edition Atlantic-Forum, Bonn/Brüssel/New York 1967, S. 87

Auf die Kritik an ihrem Brief an die deutschen Bischöfe antworten die polnischen Bischöfe in einem Hirtenbrief (6. 3. 1966) [Auszug] **208**

Wir sagten: »Und wir bitten um Vergebung«.

Hat das polnische Volk Grund dazu, um Vergebung zu bitten? Bestimmt nicht! Wir sind überzeugt, daß wir als Nation viele Jahrhunderte hindurch dem deutschen Volk kein politisches, wirtschaftliches oder kulturelles Unrecht angetan haben. Aber wir bekennen auch den christlichen Grundsatz, der letztens auch in gewissen Werken der Literatur so unterstrichen wird, nämlich, daß es »keine schuldlosen Menschen gibt« (Albert Camus). Wir sind überzeugt, daß wenn auch nur ein einziger Pole sich als ein unwürdiger Mensch erwiesen hätte, wenn auch nur ein einziger im Laufe der Geschichte eine unwürdige Tat begangen hätte, wir schon Grund hätten zu sagen: »Wir bitten um Vergebung«, wenn wir ein Volk von edlen, großmütigen Menschen, ein Volk mit besserer Zukunft sein wollen.

Gerta Scharffenorth: Bilanz der Ostdenkschrift. Furche-Verlag, Hamburg 1968. Stundenbücher, Bd. 77, S. 147

Die Verträge von Moskau und Warschau (1970)

Am 12. August 1970 unterzeichnete Bundeskanzler Brandt in Moskau einen Vertrag mit der Sowjetunion und am 7. Dezember 1970 in Warschau einen Vertrag mit Polen.

Die Vertragspartner erklärten in den Verträgen, daß sie die in Europa bestehenden Grenzen »als unverletzlich« betrachten und daß die Oder-Neiße-Linie »die westliche Staatsgrenze der Volksrepublik Polen bildet.«

Diese Feststellungen lösten leidenschaftliche Diskussionen in der Bundesrepublik Deutschland aus. Erst 1972 ratifizierte der Deutsche Bundestag die Verträge.

Kernpunkt der Kritik, die die Opposition und die Verbände der Vertriebenen vortrugen, war die Feststellung, daß die Bundesrepublik Deutschland nicht berechtigt sei, einer friedensvertraglichen Regelung vorzugreifen, die Oder-Neiße-Linie festzuschreiben und endgültig auf Gebiete zu verzichten, die nach geltender Rechtsauffassung nach wie vor Teile des Deutschen Reiches in den Grenzen von 1937 seien.

Die Regierungskoaliton von SPD und FDP, die nach der Bundestagswahl von 1969 254 von 496 uneingeschränkt stimmberechtigten Bundestagsabgeordneten stellte, drohte ihre Mehrheit zu verlieren, eine Nichtratifikation der Verträge mit nicht absehbaren außenpolitischen Konsequenzen erschien möglich.

In dieser Situation verständigten sich Regierung und Opposition einerseits auf ein Abstimmungsverhalten der Opposition, das die Ratifikation der geschlossenen Verträge nicht in Gefahr brachte, andererseits auf eine Entschließung, in der die Verträge aus dem Selbstverständnis der Bundesrepublik Deutschland und aus der Sicht des deutschen Verfassungsrechts interpretiert werden.

Am 17. Mai 1972 fanden die entscheidenden Abstimmungen im Deutschen Bundestag statt. Von 496 uneingeschränkt stimmberechtigten Bundestagsabgeordneten stimmten 248 den Verträgen zu. Gegen den Vertrag mit der Sowjetunion stimmten 10 Abgeordnete, 238 enthielten sich, gegen den Vertrag mit Polen stimmten 17 Abgeordnete, 231 enthielten sich der Stimme. Die Entschließung wurde anschließend – bei fünf Enthaltungen – einstimmig angenommen.

Das Bundesverfassungsgericht bekräftigte 1976 die Rechtsauffassung der Bundesrepublik Deutschland. Polen bestritt die völkerrechtliche Wirksamkeit solcher Erklärungen.

209 *Vertrag zwischen der Bundesrepublik Deutschland und der Union der Sozialistischen Sowjetrepubliken vom 12. 8. 1970*
[Auszug]

Artikel 1

Die Bundesrepublik Deutschland und die Union der Sozialistischen Sowjetrepubliken betrachten es als wichtiges Ziel ihrer Politik, den internationalen Frieden aufrechtzuerahlten und die Entspannung zu erreichen.

Sie bekunden ihr Bestreben, die Normalisierung der Lage in Europa und die Entwicklung friedlicher Beziehungen zwischen allen europäischen Staaten zu fördern und gehen dabei von der in diesem Raum bestehenden wirklichen Lage aus.

Artikel 2

Die Bundesrepublik Deutschland und die Union der Sozialistischen Sowjetrepubliken werden sich in ihren gegenseitigen Beziehungen sowie in Fragen der Gewährleistung der europäischen und der internationalen Sicherheit von den Zielen und Grundsätzen, die in der Charta der Vereinten Nationen niedergelegt sind, leiten lassen. Demgemäß werden sie ihre Streitfragen ausschließlich mit friedlichen Mitteln lösen und übernehmen die Verpflichtung, sich in Fragen, die die Sicherheit in

Europa und die internationale Sicherheit berühren, sowie in ihren gegenseitigen Beziehungen gemäß Artikel 2 der Charta der Vereinten Nationen der Drohung mit Gewalt oder der Anwendung von Gewalt zu enthalten.

Artikel 3

In Übereinstimmung mit den vorstehenden Zielen und Prinzipien stimmen die Bundesrepublik Deutschland und die Union der Sozialistischen Sowjetrepubliken in der Erkenntnis überein, daß der Friede in Europa nur erhalten werden kann, wenn niemand die gegenwärtigen Grenzen antastet.

– Sie verpflichten sich, die territoriale Integrität aller Staaten in Europa in ihren heutigen Grenzen uneingeschränkt zu achten;

– sie erklären, daß sie keine Gebietsansprüche gegen irgend jemand haben und solche in Zukunft auch nicht erheben werden;

– sie betrachten heute und künftig die Grenzen aller Staaten in Europa als unverletzlich, wie sie am Tage der Unterzeichnung dieses Vertrages verlaufen, einschließlich der Oder-Neiße-Linie, die die Westgrenze der Volksrepublik Polen bildet, und der Grenze zwischen der Bundesrepublik Deutschland und der Deutschen Demokratischen Republik.

Artikel 4

Dieser Vertrag zwischen der Bundesrepublik Deutschland und der Union der Sozialistischen Sowjetrepubliken berührt nicht die von ihnen früher abgeschlossenen zweiseitigen und mehrseitigen Verträge und Vereinbarungen.

Bundesministerium für innerdeutsche Beziehungen (Hg.): Texte zur Deutschlandpolitik, Bd. 6. (Melsungen 1971), S. 93f.

Vertrag zwischen der Bundesrepublik Deutschland und der Volksrepublik Polen über die Grundlagen der Normalisierung ihrer gegenseitigen Beziehungen vom 7. 12. 1970 **210**
[Auszug]

Artikel 1

(1) Die Bundesrepublik Deutschland und die Volksrepublik Polen stellen übereinstimmend fest, daß die bestehende Grenzlinie, deren Verlauf im Kapitel IX der Beschlüsse der Potsdamer Konferenz vom 2. August 1945 von der Ostsee unmittelbar westlich von Swinemünde und von dort die Oder entlang bis zur Einmündung der Lausitzer Neiße und die Lausitzer Neiße entlang bis zur Grenze mit der Tschechoslowakei festgelegt worden ist, die westliche Staatsgrenze der Volksrepublik Polen bildet.

(2) Sie bekräftigen die Unverletzlichkeit ihrer bestehenden Grenzen jetzt und in der Zukunft und verpflichten sich gegenseitig zu uneingeschränkten Achtung ihrer territorialen Integrität.

(3) Sie erklären, daß sie gegeneinander keinerlei Gebietsansprüche haben und solche auch in Zukunft nicht erheben werden.

Artikel II

(1) Die Bundesrepublik Deutschland und die Volksrepublik Polen werden sich in ihren gegenseitigen Beziehungen sowie in Fragen der Gewährleistung der Sicherheit in Europa und in der Welt von den Zielen und Grundsätzen, die in der Charta der Vereinten Nationen niedergelegt sind, leiten lassen.

(2) Demgemäß werden sie entsprechend den Artikeln 1 und 2 der Charta der Vereinten Nationen alle ihre Streitfragen ausschließlich mit friedlichen Mitteln lösen und sich in Fragen, die die europäische und internationale Sicherheit berühren, sowie in ihren gegenseitigen Beziehungen der Drohung mit Gewalt oder der Anwendung von Gewalt enthalten.

Artikel III

(1) Die Bundesrepublik Deutschland und die Volksrepublik Polen werden weitere Schritte zur vollen Normalisierung und umfassenden Entwicklung ihrer gegenseitigen Beziehungen unternehmen, deren feste Grundlage dieser Vertrag bildet.

(2) Sie stimmen darin überein, daß eine Erweiterung ihrer Zusammenarbeit im Bereich der wirtschaftlichen, wissenschaftlichen, wissenschaftlich-technischen, kulturellen und sonstigen Beziehungen in ihrem beiderseitigen Interesse liegt.

Artikel IV

Dieser Vertrag berührt nicht die von den Parteien früher geschlossenen oder sie betreffenden zweiseitigen oder mehrseitigen internationalen Vereinbarungen.

Bundesministerium für innerdeutsche Beziehungen (Hg.): Texte zur Deutschlandpolitik, Bd. 6, Melsungen 1971, S. 258f.

Der jeweilige Artikel 4 im Vertrag der Bundesrepublik Deutschland mit der UdSSR bzw. mit Polen bezieht sich u.a. auf einen Vertrag, den die Bundesrepublik Deutschland 1952/54 mit den drei Westmächten geschlossen hat (Deutschlandvertrag).

Vertrag über die Beziehungen zwischen der Bundesrepublik Deutschland und den Drei Mächten vom 26. 5. 1952 in der Fassung vom 23. Oktober 1954 (Deutschlandvertrag) **211**
[*Auszug*]

Die Bundesrepublik Deutschland, die Vereinigten Staaten von Amerika, das Vereinigte Königreich von Großbritannien und Nordirland und die Französische Republik haben zur Festlegung der Grundlagen ihres neuen Verhältnisses den folgenden Vertrag geschlossen: [...]

Artikel 7 (1) Die Unterzeichnerstaaten sind darüber einig, daß ein wesentliches Ziel ihrer gemeinsamen Politik eine zwischen Deutschland und seinen ehemaligen Gegnern frei vereinbarte friedensvertragliche Regelung für ganz Deutschland ist, welche die Grundlage für einen dauerhaften Frieden bilden soll. Sie sind weiterhin darüber einig, daß die endgültige Festlegung der Grenzen Deutschlands bis zu dieser Regelung aufgeschoben werden muß.

(2) Bis zum Abschluß der friedensvertraglichen Regelung werden die Unterzeichnerstaaten zusammenwirken, um mit friedlichen Mitteln ihr gemeinsames Ziel zu verwirklichen: ein wiedervereinigtes Deutschland, das eine freiheitlich-demokratische Verfassung, ähnlich wie die Bundesrepublik, besitzt und das in die europäische Gemeinschaft integriert ist [...]

Auswärtiges Amt: Die auswärtige Politik der Bundesrepublik Deutschland. Verlag Wissenschaft und Politik, Köln 1972, S. 262ff.

Aus einer Note der Bundesregierung an die drei Westmächte, die in einer Antwortnote vom gleichen Tag ihrerseits den deutschen Rechtsstandpunkt bestätigten (19. 11. 1970) **212**

Im Laufe der Verhandlungen, die zwischen der Regierung der Bundesrepublik Deutschland und der Regierung der Volksrepublik Polen über diesen Vertrag geführt worden sind, ist von der Bundesregierung klargestellt worden, daß der Vertrag zwischen der Bundesrepublik Deutschland und der Volksrepublik Polen die Rechte und Verantwortlichkeiten der Französischen Republik, des Vereinigten Königreichs Großbritannien und Nordirland, der Union der Sozialistischen Sowjetrepubliken und der Vereinigten Staaten von Amerika, wie sie in den bekannten Verträgen und Vereinbarungen ihren Niederschlag gefunden haben, nicht berührt und nicht berühren kann. Die Bundesregierung hat ferner darauf hingewiesen, daß sie nur im Namen der Bundesrepublik Deutschland handeln kann.

Auswärtiges Amt, a.a.O., S. 779

213 *Anläßlich der Unterzeichnung des Moskauer Vertrages übergab die Bundesregierung der sowjetischen Regierung am 12. 8. 1970 einen »Brief zur deutschen Einheit«. Er lautet:*

Im Zusammenhang mit der heutigen Unterzeichnung des Vertrages zwischen der Bundesrepublik Deutschland und der Union der Sozialistischen Sowjetrepubliken beehrt sich die Regierung der Bundesrepublik Deutschland festzustellen, daß dieser Vertrag nicht im Widerspruch zu dem politischen Ziel der Bundesrepublik Deutschland steht, auf einen Zustand des Friedens in Europa hinzuwirken, in dem das deutsche Volk in freier Selbstbestimmung seine Einheit wiedererlangt.

Bundesministerium für innerdeutsche Beziehungen (Hg.): Texte zur Deutschlandpolitik, Bd. 6, Melsungen 1971, S. 96

214 *Humanitäre Vereinbarungen (7. 12. 1970).*
Diese und daran anschließende Vereinbarungen ermöglichten in den beiden folgenden Jahrzehnten etwa 500000 Deutschen die Ausreise in die Bundesrepublik Deutschland.

Die Regierung der Volksrepublik Polen hat am 7. Dezember 1970 die Bundesregierung mit nachstehender Information über Maßnahmen zur Lösung humanitärer Probleme unterrichtet:

[...]

In Polen ist bis heute aus verschiedenen Gründen (z. B. enge Bindung an den Geburtsort) eine gewisse Zahl von Personen mit unbestreitbarer deutscher Volkszugehörigkeit und von Personen aus gemischten Familien zurückgeblieben, bei denen im Laufe der vergangenen Jahre das Gefühl dieser Zugehörigkeit dominiert hat. Die polnische Regierung steht weiterhin auf dem Standpunkt, daß Personen, die auf Grund ihrer unbestreitbaren deutschen Volkszugehörigkeit in einen der beiden deutschen Staaten auszureisen wünschen, dies unter Beachtung der in Polen geltenden Gesetze und Rechtsvorschriften tun können.

Presse- und Informationsamt der Bundesregierung: Bulletin, 8. 12. 1970, Nr. 171, S. 1817

215 *Bundeskanzler Brandt in einer Fernsehansprache aus Warschau am Tage der Unterzeichnung des deutsch-polnischen Vertrages (7. 12. 1970):*

Der Vertrag von Warschau soll einen Schlußstrich setzen unter Leiden und Opfer einer bösen Vergangenheit. Er soll eine Brücke schlagen zwischen den beiden Staaten und den beiden Völkern. Er soll den Weg dafür öffnen, daß getrennte Familien wieder zusammenfinden können. Und daß Grenzen weniger trennen als bisher.

Und trotzdem: Dieser Vertrag konnte nur nach ernster Gewissenserforschung unterschrieben werden. Wir haben uns nicht leichten Herzens hierzu entschieden. Zu sehr sind wir geprägt von Erinnerungen und gezeichnet von zerstörten Hoffnungen [...]

Wir dürfen nicht vergessen, daß dem polnischen Volk nach 1939 das Schlimmste zugefügt wurde, was es in seiner Geschichte hat durchmachen müssen. Dieses Unrecht ist nicht ohne Folgen geblieben.

Großes Leid traf auch unser Volk, vor allem unsere ostdeutschen Landsleute. Wir müssen gerecht sein: Das schwerste Opfer haben jene gebracht, deren Väter, Söhne oder Brüder ihr Leben verloren haben. Aber nach ihnen hat am bittersten für den Krieg bezahlt, wer seine Heimat verlassen mußte.

Ich lehne Legenden ab, deutsche wie polnische: Die Geschichte des deutschen Ostens läßt sich nicht willkürlich umschreiben.

Unsere polnischen Gesprächspartner wissen, was ich Ihnen zu Hause auch noch einmal in aller Klarheit sagen möchte: Dieser Vertrag bedeutet nicht, daß wir Unrecht anerkennen oder Gewalttaten rechtfertigen. Er bedeutet nicht, daß wir Vertreibungen nachträglich legitimieren.

Ressentiments verletzen den Respekt vor der Trauer um das Verlorene – verloren »in Schmerzen, Krieg und, ach, in unerschöpften Tränen«, wie es der Schlesier Andreas Gryphius am Ende des Dreißigjährigen Krieges sagte. Niemand kann sich dieser Trauer entziehen, uns schmerzt das Verlorene. Und das leidgeprüfte polnische Volk wird unseren Schmerz respektieren [...]

Wir müssen unseren Blick in die Zukunft richten und die Moral als politische Kraft erkennen. Wir müssen die Kette des Unrechts durchbrechen. Indem wir dies tun, betreiben wir keine Politik des Verzichts, sondern eine Politik der Vernunft.

Presse- und Informationsamt der Bundesregierung: Bulletin, 8. 12. 1970, Nr. 171, S. 1814

Erklärung der Abgeordneten der CDU/CSU-Bundestagsfraktion aus Ostpreußen, **216**
Westpreußen, Pommern, Brandenburg, Schlesien und Oberschlesien (5. 11. 1970)

Die Bundesregierung ist weder rechtlich noch politisch dazu legitimiert, bei den Warschauer Verhandlungen im Namen der freien Deutschen eine Preisgabe unserer Heimatgebiete und des Rechts auf Heimat auszusprechen. Diese Gebiete sind nach dem Grundgesetz, nach internationalem Recht und nach den frei vereinbarten und die Bundesrepublik Deutschland bindenden Verträgen auch heute Teile Deutschlands. Die Bundesregierung würde im Widerspruch zum Inhalt und Wortlaut des Grundgesetzes stehen, wenn sie diese Gebiete heute und künftig als Staatsgebiet der Volksrepublik Polen anerkennen und in die Menschenrechte und Grundfreiheiten von Millionen deutscher Staatsangehöriger widerrechtlich eingreifen würde.

Franz Olbert/Barbara Schmid-Egger (Hg.): Deutsche und Polen. Dokumente II, München 1971, S. 16f.

217 *Einstimmig – bei 5 Enthaltungen – angenommene Entschließung des Deutschen Bundestags (17. 5. 1972)*

Im Zusammenhang mit der Abstimmung über den Vertrag zwischen der Bundesrepublik Deutschland und der Union der Sozialistischen Sowjetrepubliken vom 12. August 1970 und dem Vertrag zwischen der Bundesrepublik Deutschland und der Volksrepublik Polen über die Grundlagen der Normalisierung ihrer gegenseitigen Beziehungen vom 7. Dezember 1970 erklärt der Deutsche Bundestag:

1. Zu den maßgebenden Zielen unserer Außenpolitik gehört die Erhaltung des Friedens in Europa und der Sicherheit der Bundesrepublik Deutschland. Die Verträge mit Moskau und Warschau, in denen die Vertragspartner feierlich und umfassend auf die Anwendung und Androhung von Gewalt verzichten, sollen diesen Zielen dienen. Sie sind wichtige Elemente des Modus vivendi, den die Bundesrepublik Deutschland mit ihren östlichen Nachbarn herstellen will.
2. Die Verpflichtungen, die die Bundesrepublik Deutschland in den Verträgen eingegangen ist, hat sie im eigenen Namen auf sich genommen. Dabei gehen die Verträge von den heute tatsächlich bestehenden Grenzen aus, deren einseitige Änderung sie ausschließen. Die Verträge nehmen eine friedensvertragliche Regelung für Deutschland nicht vorweg und schaffen keine Rechtsgrundlage für die heute bestehenden Grenzen.
3. Das unveräußerliche Recht auf Selbstbestimmung wird durch die Verträge nicht berührt. Die Politik der Bundesrepublik Deutschland, die eine friedliche Wiederherstellung der nationalen Einheit im europäischen Rahmen anstrebt, steht nicht im Widerspruch zu den Verträgen, die die Lösung der deutschen Frage nicht präjudizieren. Mit der Forderung auf Verwirklichung des Selbstbestimmungsrechts erhebt die Bundesrepublik Deutschland keinen Gebiets- oder Grenzänderungsanspruch.
4. Der Deutsche Bundestag stellt fest, daß die fortdauernde und uneingeschränkte Geltung des Deutschlandvertrages und der mit ihm verbundenen Abmachungen und Erklärungen von 1954 sowie die Fortgeltung des zwischen der Bundesrepublik Deutschland und der Union der Sozialistischen Sowjetrepubliken am 13. September 1955 geschlossenen Abkommens von den Verträgen nicht berührt wird.
5. Die Rechte und Verantwortlichkeiten der Vier Mächte in bezug auf Deutschland als Ganzes und auf Berlin werden durch die Verträge nicht berührt. Der Deutsche Bundestag hält angesichts der Tatsache, daß die endgültige Regelung der deutschen Frage im Ganzen noch aussteht, den Fortbestand dieser Rechte und Verantwortlichkeiten für wesentlich [...]

Verhandlungen des Deutschen Bundestages, Stenographische Berichte, Bd. 80, S. 10960

Zu der Frage, ob die Verträge von Moskau und Warschau eine friedensvertragliche Regelung vorweggenommen hätten und die deutschen Gebiete östlich von Oder und Neiße endgültig an die Sowjetunion bzw. Polen abgetreten worden seien, nahm das Bundesverfassungsgericht in einem Beschluß vom 7. Juli 1975 Stellung. Es führte u. a. aus, den Ostverträgen könne nicht die Wirkung beigemessen werden,

daß die Gebiete östlich von Oder und Neiße mit dem Inkrafttreten der Ostverträge aus der rechtlichen Zugehörigkeit zu Deutschland entlassen und der Souveränität, also sowohl der territorialen wie der personalen Hoheitsgewalt der Sowjetunion und Polens endgültig unterstellt worden seien. [. . .]

Nach Auffassung der Bundesregierung handelt es sich bei diesen Grenzregelungen um eine Konkretisierung des Gewaltverzichts. Von den Vertragsparteien werde daher nur das Unterlassen von Maßnahmen geschuldet, die auf eine gewaltsame Veränderung der in den Verträgen bezeichneten Grenzen gerichten seien. [. . .]

Der Wille der Bundesrepublik, bei den Grenzregelungen der Verträge von Moskau und Warschau nicht über den territorialen Status Deutschlands zu verfügen, war auch für die Vertragspartner erkennbar und hat sogar seinen Niederschlag in den Verträgen selbst gefunden. Nach Art. 4 des Moskauer Vertrages bleiben die von den Vertragspartnern früher abgeschlossenen zweiseitigen und mehrseitigen Verträge und Vereinbarungen unberührt. Hierzu gehören auch die Abkommen, aus denen sich die Rechte und Verantwortlichkeiten der Vier Mächte in bezug auf Deutschland als Ganzes ergeben. Die drei Westmächte haben sich in dem Notenwechsel mit der Bundesrepublik ihre Rechte bezüglich Deutschlands als Ganzem gerade im Hinblick auf die Verträge von Moskau und Warschau vorbehalten. Dieser Notenwechsel ist in das Verfahren bei Abschluß des Moskauer Vertrages eingeführt worden [. . .] Dadurch haben die Noten der drei Westmächte auch im Verhältnis zur Sowjetunion rechtliche Bedeutung erlangt.

In ähnlicher Weise ist beim Warschauer Vertrag verfahren worden:

Auch nach Art. IV dieses Vertrages bleiben internationale Verträge, welche die Bundesrepublik und Polen vorher geschlossen hatten, unberührt. Hierzu gehört auf seiten der Bundesrepublik der Deutschlandvertrag, dessen Art. 2, Satz 1 einen Vorbehalt zugunsten der Westmächte in bezug auf Deutschland als Ganzes einschließlich einer friedensvertraglichen Regelung enthält. [. . .] (→ Nr. 211, 212)

Nach alledem haben die Vertragspartner die Bundesrepublik Deutschland nicht für befugt halten können, Verfügungen zu treffen, die eine friedensvertragliche Regelung vorwegnehmen.

[Unter den zahlreichen Belegen für seine Auffassung führte das Bundesverfassungsgericht auch einen sowjetisch-polnischen Vertrag an, der am 16. 8. 1945, also nach der Potsdamer Konferenz, abgeschlossen wurde. In ihm heißt es u. a.: »In Erwartung des endgültigen Beschlusses über den Verlauf der Westgrenze Polens auf der Friedenskonferenz . . .«]

Entscheidungen des Bundesverfassungsgerichts Bd. 40. J.C.B. Mohr (Paul Siebeck), Tübingen 1976, S. 171ff.

219 *Auf einer deutschlandpolitischen Tagung erklärte der damalige britische Botschafter in Bonn, Sir Julian Bullard, am 23. 5. 1986 u. a.:*

Die politischen und wirtschaftlichen Grundsätze, nach denen sich die Allierten richten wollten, wurden am 2. August 1945 im Potsdamer Abkommen niedergelegt. Das Abkommen sah vor, das politische Leben in Deutschland auf demokratischer Grundlage wiederherzustellen und für die Dauer der ersten Besatzungsjahre die wirtschaftliche Einheit zu wahren. Bezüglich der Frage der deutschen Grenzen wurde, wie Sie wissen, vereinbart, den Norden Ostpreußens unter sowjetische Verwaltung, die übrigen deutschen Gebiete östlich der Oder-Neiße-Linie unter polnische Verwaltung zu stellen. Des weiteren wurde vereinbart, die endgültige Festlegung der Grenzen bis zu einer friedensvertraglichen Regelung aufzuschieben, die – ich zitiere – »durch die für diesen Zweck geeignete Regierung Deutschlands angenommen werden kann, nachdem eine solche Regierung gebildet sein wird«. In Ermangelung einer solchen friedensvertraglichen Regelung ist die britische Sicht der Rechtslage – ich wiederhole der Rechtslage –, daß Deutschland in seinen Grenzen von 1937 als Staat fortbesteht, trotz der vielen und wichtigen Entwicklungen, die seit 1945 stattgefunden haben.

Heinz J. Kiefer: Die Deutsche Frage als strategischer Schlüssel. Olzog, München 1988, S. 54f.

220 *Stefan Olszowski, Außenminister der Volksrepublik Polen, 25. 5. 1972:*

In diesem Vertrag hat die Bundesrepublik Deutschland die Grenze an Oder und Lausitzer Neiße als unantastbar und endgültig anerkannt. Es ist eine endgültige völkerrechtliche Anerkennung, und keiner in der einseitigen Resolution des Bundestages enthaltenen Vorbehalte hat vom Gesichtspunkt des Völkerrechts und der sich aus diesem Vertrag ergebenden Verpflichtungen völkerrechtliche Kraft.

Das Inkrafttreten des Vertrages wird die Beendung des seit 27 Jahren dauernden Kampfes unseres Staates und unseres Volkes bedeuten, eines von der brüderlichen Sowjetunion und unseren anderen sozialistischen Verbündeten unterstützten Kampfes um die endgültige Anerkennung der Grenze an Oder und Lausitzer Neiße. Diese Grenze wurde kraft des Potsdamer Abkommens festgelegt. Der sozialistische deutsche Staat, die Deutsche Demokratische Republik, hat sie unmittelbar nach ihrer Entstehung im Abkommen von Zgorzelec 1950 anerkannt. Ihre Anerkennung auch durch den zweiten deutschen Staat, die Bundesrepublik Deutschland, schließt diese Angelegenheit vom Gesichtspunkt der Entschlüsse des Potsdamer Abkommens vollkommen ab, es sind keine weiteren Entscheidungen oder Akte mehr notwendig und werden in dieser Hinsicht nicht notwendig sein.

Janusz Rachocki (Hg.): Volksrepublik Polen – Bundesrepublik Deutschland. Probleme der Normalisierung gegenseitiger Beziehungen, Instytut Zachodni, Poznan 1972, S. 284

M.F. Rakowski, Chefredakteur der Zeitschrift »Polityka« (27.5.1972): **221**

Das Inkrafttreten des Vertrages Polen-BRD bedeutet nicht nur die allgemeine völkerrechtliche Anerkennung der Oder-Neiße-Grenze, die außer der BRD schon lange kein Staat der Welt mehr in Frage stellte, sondern ist auch ein historischeer Sieg der konsequent verwirklichten Politik unserer Partei, der Regierung der Volksrepublik Polen, der Bestrebungen des ganzen Volkes. Es ist außerdem ein großer Erfolg aller politischen Kräfte und Staaten, darunter auch der für Entspannung eintretenden realistischen Kräfte in der BRD, die für eine friedliche Normalisierung und Stabilisierung der Verhältnisse in Europa sind [...]

Das Inkrafttreten des Vertrages bedeutet endgültig das Ende des 27-jährigen Kampfes unseres Staates und Volkes, des Kampfes, der von der Sowjetunion und den übrigen sozialistischen Bündnispartnern unterstützt wurde, um die endgültige Anerkennung der Grenze an Oder und Neiße. Das unveränderliche Ziel unserer Außenpolitik, das von der PAP und später von der PVAP gesetzt wurde, wurde erreicht. Unser Volk beginnt ein Leben in Grenzen, die allgemein als unverletzlich und endgültig anerkannt werden.

Hans Adolf Jacobsen/Mieczyslaw Tomala (Hg.), a.a.O., S. 126ff.

222 *Wie die deutsche Bevölkerung über das Problem der Oder-Neiße-Grenze dachte, als über die Ostverträge leidenschaftlich diskutiert wurde, zeigen Meinungsumfragen.*

»Meinen Sie, wir sollten uns mit der jetzigen deutsch-polnischen Grenze – der Oder-Neiße-Grenze – abfinden oder nicht abfinden?«

	1951 März %	1956 Dez. %	1959 Sept. %	1962 März %	1964 Sept. %	1966 Febr. %	1967 Nov. %	1969 Mai %	1970 März %	1972 Mai %
Abfinden	8	9	12	26	22	27	46	42	58	61
Nicht abfinden	80	73	67	50	59	54	35	38	25	18
Unentschieden, kein Urteil	12	18	21	24	19	19	19	20	17	21
	100	100	100	100	100	100	100	100	100	100

Elisabeth Noelle/Erich Peter Neumann (Hg.): Jahrbuch der öffentlichen Meinung 1968–1973. Verlag f. Demoskopie, Allensbach/Bonn 1974, S. 525

Der Prager Vertrag von 1973

Die Bemühungen der Sudetendeutschen, nach 1945 mit Tschechen und Slowaken zu einem Ausgleich zu kommen, gehen bis in die vierziger Jahre zurück. Dem zwischen den Regierungen der Bundesrepublik Deutschland und der ČSSR 1973 abgeschlossenen Prager Vertrag sind Übereinkünfte vorausgegangen, die schon 1950 Vertreter der Sudetendeutschen mit tschechischen und slowakischen Exilpolitikern getroffen hatten.

In den sechziger Jahren bekundeten Bundesregierung wie Sudetendeutsche wiederholt ihre Bereitschaft zu einem gutnachbarlichen Verhältnis zum tschechischen Volk, verurteilten die ihm gegenüber verübten Gewaltakte in der Zeit von 1939 bis 1945, ebenso aber auch die Vertreibung der Sudetendeutschen als eine Verletzung der Menschenrechte.

Der Prager Vertrag von 1973 unterscheidet sich vom Warschauer Vertrag in einem wesentlichen Punkt: Territoriale Probleme werden in ihm nicht berührt, denn die Bundesrepublik Deutschland setzt nach ihrem Selbstverständnis zwar das Deutsche Reich rechtlich fort, jedoch in dessen Grenzen von 1937. Das Sudetenland aber wurde erst im Vollzug des Münchner Abkommens von 1938 Teil des Deutschen

Reiches. Gleichwohl obliegt der Bundesrepublik Deutschland gegenüber den vertreibenen Sudetendeutschen weiterhin die Obhuts- und Fürsorgepflicht, die sie allen Deutschen schuldet.

Nach 1973 gab es weiterhin vielfältige Kontakte zwischen Sudetendeutschen und regimekritischen Tschechen und Slowaken, die in der Beurteilung der Vertreibung mit den Sudetendeutschen übereinstimmten (→ Nr. 148ff.).

Die politischen Umwälzung in der Tschechoslowakei im Jahre 1989 haben auch ein neues Kapitel in den Beziehungen zwischen Deutschen und Tschechen eröffnet (→ Nr. 244).

Übereinkuft zwischen dem Tschechischen Nationalausschuß, London, vertreten durch General Prchala, und der Arbeitsgemeinschaft zur Wahrung sudetendeutscher Interessen, München, vertreten durch Rudolf Lodgman (4. 8. 1950) (Wiesbadener Abkommen) **223**

1. Beide Teile stehen auf dem Boden der demokratischen Weltanschauung und lehnen jedes totalitäre System ab. Beide Teile betrachten eine demokratische Ordnung der Verhältnisse im böhmisch-mährisch-schlesischen Raum als einen Teil des Kampfes für ein einheitliches Europa. Dieses kann nach ihrer Überzeugung nur dadurch erreicht werden, daß sich seine Völker ohne Zwang in Ausübung ihres Selbstbestimmungsrechtes zuammenfinden.

2. Beide Teile anerkennen den Grundsatz, daß in der Emigration niemand berechtigt sei, ein Volk zu verpflichten. Es ist der berufene Herr seines Schicksals und soll sich frei entscheiden können, welchen Weg es gehen will. Nur ein Volksentscheid kann endgültig bestimmen.

3. Beide Teile betrachten die Rückkehr der vertriebenen Sudetendeutschen in ihre Heimat als gerecht und daher selbstverständlich. Sie sind sich dessen bewußt, daß diese Rückkehr nur dann erfolgen kann, wenn auch das tschechische Volk befreit ist. Deshalb wollen sie alles tun, um seine Befreiung zu verwirklichen.

4. Beide Teile lehnen die Anerkennung einer Kollektivschuld und des aus ihr fließenden Rachegedankens ab; sie verlangen aber die Wiedergutmachung der Schäden, die das tschechische Volk und das sudetendeutsche Volk erlitten haben und die Bestrafung der geistigen Urheber und der ausführenden Organe der begangenen Verbrechen. Diese Maßnahmen erscheinen beiden Teilen notwendig, weil die Geschehnisse der letzten Jahrzehnte ein freundschaftliches Nebeneinanderleben beider Völker unmöglich machen, solange die jetzige Generation lebt, weil sie an der Begehung der Verbrechen an Gut und Leben unmittelbar beteiligt war, entweder als Täter oder als Opfer und weil sie auf beiden Seiten die Erinnerung an diese Ereignisse nicht auslöschen können, auch wenn sie

es wollten, wenn sich nicht ihr wertvoller Teil von den Verbrechern trennt. Die Durchführung dieser Maßnahmen sollte nach Ansicht beider Teile durch die eigenen Volksgenossen erfolgen, die Verbrechen sind ja nicht nur gegen das andere, sondern auch gegen das eigene Volk begangen worden, dessen Ruf und Ansehen in den Augen aller anständigen Menschen schwer geschädigt wurden.

5. Beide Teile sind darin einig, daß über die endgültigen staatspolitischen Verhältnisse gemäß Punkt 2 beide Völker entscheiden sollen, sobald die Befreiung des tschechischen Volkes und die Rückkehr der Sudetendeutschen erfolgt sein werden. Da die Voraussetzung heute nicht überblickt werden kann, beide Völker nun ein Jahrtausend im böhmisch-mährisch-schlesischen Raum in engster Nachbarschaft gelebt haben und auch in Zukunft leben werden, so haben beide Teile beschlossen, einen Föderativausschuß einzusetzen, der die Voraussetzungen hierfür schaffen soll. Beide Teile nehmen an diesem Ausschuß gleichberechtigt teil.

F. P. Habel, a.a.O., S. 316

224 *Am 5. 7. 1953 kam es zu einer Vereinbarung zwischen dem Slowakischen Nationalrat im Ausland und der Karpatendeutschen Landsmannschaft, die letztmalig 1984 vom Weltkongreß der Slowaken in Toronto (Kanada) bekräftigt wurde. Darin heißt es:*

1. Die beiden, das Abkommen schließenden Parteien bekennen sich zur Idee einer europäischen Föderation.
2. Die Lebensbedingungen sowohl des slowakischen Volkes als auch der Bürger deutscher Nationalität der Slowakei können nur in einem selbständigen Slowakischen Staate voll gesichert werden.
3. Der Slowakische Nationalrat im Ausland anerkennt die volle staatsbürgerliche Gleichberechtigung der Deutschen aus der Slowakei, einschließlich des Rechtes auf kulturelle Autonomie.
4. Der Slowakische Nationalrat im Ausland verurteilt die kollektive Persekution der slowakischen Staatsbürger deutscher Nationalität, der diese seit dem Jahre 1944 ausgesetzt waren. Der Slowakische Nationalrat im Ausland anerkennt das Recht auf Entschädigung aller geschädigten Staatsbürger der Slowakei ohne Rücksicht auf ihre nationale und religiöse Zugehörigkeit.
5. Der Slowakische Nationalrat im Ausland wird sich bemühen, die erwähnten Grundsätze in die Verfassung und die Gesetze des Slowakischen Staates einzufügen; die Karpatendeutsche Landsmannschaft wird sich bemühen, den Slowakischen Nationalrat im Ausland im Kampfe um einen selbständigen Slowakischen Staat zu unterstützen.

F. P. Habel, a.a.O., S. 317

6. Die Sudetendeutschen waren im Jahre 1938 ebenso nur Objekt der Politik der Großmächte wie am Ende des Ersten Weltkrieges. Hitler hat mit dem Schicksal der Sudetendeutschen ein gewissenloses Spiel getrieben und die Entwicklung zum Münchener Abkommen erzwungen.
   England und Frankreich hätten jedoch der Tschechoslowakei niemals eine Abtretung der sudetendeutschen Gebiete auferlegt, wenn nicht die Befreiung der Sudetendeutschen von der tschechischen Vorherrschaft dem Grundsatz des Selbstbestimmungsrechtes entsprochen hätte.
7. Die Vernichtung der Freiheit und Eigenstaatlichkeit des tschechischen Volkes durch das nationalsozialistische Regime im März 1939 war ein gegen das Selbstbestimmungsrecht gerichteter, verwerflicher Gewaltakt, dessen Wiedergutmachung im Rahmen des Völker- und Menschenrechtes wir ohne Einschränkung bejahen.
   Wir verurteilen auch rückhaltlos alle Maßnahmen und Vorhaben des nationalsozialistischen Regimes, die gegen die Menschenrechte und die nationale Existenz des tschechischen Volkes gerichtet waren.
8. Der expansive tschechische Nationalismus benützte 1945 im Bunde mit dem sowjetischen Imperialismus den Zusammenbruch des Deutschen Reiches, um die Sudetendeutschen aus ihrem angestammten Siedlungsgebiet zu vertreiben und sie ihres Volksvermögens zu berauben. Dieser Vorgang ist – ganz abgesehen von den dabei vorgekommenen Grausamkeiten und Morden – eine millionenfache Verletzung der menschlichen Grund- und Freiheitsrechte. [...]
11. Nicht nur die Sudetendeutschen, sondern das deutsche Volk in seiner Gesamtheit werden sich niemals mit der Vertreibung der Sudetendeutschen aus ihrer jahrhundertealten Heimat abfinden. Ebensowenig werden sie sich damit abfinden, daß dem tschechischen Volk Freiheit und Unabhängigkeit vorenthalten werden.
    Der Ruf nach Gerechtigkeit und Selbstbestimmung für alle und nach einem »Revisionismus für die Freiheit« wird nicht mehr verstummen.
12. In Übereinstimmung mit der Charta der Vertriebenen lehnen wir jeden Gedanken an Rache und Vergeltung ab. Wir kennen keine Kollektivschuld des tschechischen Volkes an unserer Vertreibung und beurteilen alle Personen danach, wie sie *heute* über die Vertreibung denken und wofür sie sich *heute* aufrichtig einsetzen. Den Vorwurf des »Revanchismus« können wir daher guten Gewissens zurückweisen.
    Auf Wiederherstellung des durch die Vertreibung verletzten Rechtes

und die Wiedergutmachung der erlittenen Schäden werden wir hingegen nicht verzichten. [...]

17. Wir haben den aufrichtigen Wunsch, mit der Lösung der Sudetenfrage einen Beitrag zum Frieden unter den Völkern zu leisten: wir halten es für eine europäische Aufgabe, den aus dem Nationalismus des 19. Jahrhunderts stammenden deutsch-tschechischen Gegensatz zu überwinden und durch ein Verhältnis guter Nachbarschaft zu ersetzen. Darum betrachten wir diejenige Löung als die beste, der beide Völker frei zustimmen können. [...]
20. Das zukünftige Verhältnis zwischen Sudetendeutschen, Tschechen und Slowaken kann nur im Rahmen einer gesamteuropäischen Integration befriedigend geordnet werden. Das setzt eine auf lange Sicht angelegte Versöhnung zwischen dem deutschen Volk und seinen östlichen Nachbarn voraus.

F.P.Habel, a.a.O., S. 347f.

226 *Aus der Regierungserklärung Bundeskanzler Kiesingers, 13. 12. 1966*

Auch mit der Tschechoslowakei möchte sich das deutsche Volk verständigen. Die Bundesregierung verurteilt die Politik Hitlers, die auf die Zerstörung des tschechoslowakischen Staatsverbands gerichtet war. Sie stimmt der Auffassung zu, daß das unter Androhung von Gewalt zustande gekommene Münchener Abkommen nicht mehr gültig ist. Gleichwohl bestehen noch Probleme, die einer Lösung bedürfen, wie zum Beispiel das des Staatsangehörigkeitsrechts. Wir sind uns unserer Obhutspflicht gegenüber den sudetendeutschen Landsleuten wie gegenüber allen anderen Vertriebenen und Flüchtlingen bewußt und nehmen sie ernst. Diese Vertriebenen haben, wie das tschechoslowakische Volk zuvor, bitteres Leid und Unrecht erfahren. Der Bundesregierung liegt daran, dieses trübe Kapitel der Geschichte unserer Völker zu beenden und ein Verhältnis vertrauensvoller Nachbarschaft herzustellen.

Klaus von Beyme (Hg.), a.a.O., S. 245

227 *Vertrag über die gegenseitigen Beziehungen zwischen der Bundesrepublik Deutschland und der Tschechoslowakischen Sozialistischen Republik (11. 12. 1973) [Auszug]*

Artikel I

Die Bundesrepublik Deutschland und die Tschechoslowakische Sozialistische Republik betrachten das Münchener Abkommen vom 29. September 1938 im Hinblick auf ihre gegenseitigen Beziehungen nach Maßgabe dieses Vertrages als nichtig.

Artikel II

(1) Dieser Vertrag berührt nicht die Rechtswirkungen, die sich in bezug auf natürliche oder juristische Personen aus dem in der Zeit vom 30. September 1938 bis zum 9. Mai 1945 angewendeten Recht ergeben. Ausgenommen hiervon sind die Auswirkungen von Maßnahmen, die beide vertragschließenden Parteien wegen ihrer Unvereinbarkeit mit den fundamentalen Prinzipien der Gerechtigkeit als nichtig betrachten.

(2) Dieser Vertrag läßt die sich aus der Rechtsordnung jeder der beiden Vertragsparteien ergebende Staatsangehörigkeit lebender und verstorbener Personen unberührt.

(3) Dieser Vertrag bildet mit seinen Erklärungen über das Münchener Abkommen keine Rechtsgrundlage für materielle Ansprüche der Tschechoslowakischen Sozialistischen Republik und ihrer natürlichen und juristischen Personen.

Artikel III

(1) Die Bundesrepublik Deutschland und die Tschechoslowakische Sozialistische Republik lassen sich in ihren gegenseitigen Beziehungen sowie in Fragen der Gewährleistung der Sicherheit in Europa und in der Welt von den Zielen und Grundsätzen, die in der Charta der Vereinten Nationen niedergelegt sind, leiten.

(2) Demgemäß werden sie entsprechend den Artikeln 1 und 2 der Charta der Vereinten Nationen alle ihre Streifragen ausschließlich mit friedlichen Mitteln lösen und sich in Fragen, die die europäische und internationale Sicherheit berühren, sowie in ihren gegenseitigen Beziehungen der Drohung mit Gewalt oder der Anwendung von Gewalt enthalten.

Artikel IV

(1) In Übereinstimmung mit den vorstehenden Zielen und Grundsätzen bekräftigen die Bundesrepublik Deutschland und die Tschechoslowakische Sozialistische Republik die Unverletzlichkeit ihrer gemeinsamen Grenze jetzt und in der Zukunft und verpflichten sich gegenseitig zur uneingeschänkten Achtung ihrer territorialen Integrität.

(2) Sie erklären, daß sie gegeneinander keinerlei Gebietsansprüche haben und solche auch in Zukunft nicht erheben werden.

Bundesministerium für innerdeutsche Beziehungen (Hg.): Texte zur Deutschlandpolitik, Reihe II, Bd. 2 (Kulmbach 1976), S. 210f.

Schon bei der Paraphierung des deutsch-tschechoslowakischen Vertrages hatte der Sudetendeutsche Rat eine Erklärung abgegeben, in der es u.a. heißt: (14. 7. 1973) **228**

Die Bundesregierung schließt den genannten Vertrag nur für die Bundesrepublik Deutschland ab. Er gilt daher nicht für den Gesamtdeutschen Souverän und läßt die endgültige Regelung der sudetendeutschen Frage offen.

Die im Artikel IV des Vertrages bekräftigte Unverletzlichkeit der Grenzen und die bekundete Achtung der territorialen Integrität schließt das Heimat- und Selbstbestimmungsrecht der Sudetendeutschen nicht aus.

Dies ist ein, unabhängig vom Münchner Abkommen des Jahres 1938 und von anderen Verträgen, unabdingbares Menschenrecht. Es kann daher nicht preisgegeben werden. [...]

Die Bundesregierung wird aufgefordert, klarzustellen, daß der Vertrag die Vertreibung der Sudetendeutschen weder legitimiert noch legalisiert. [...]

Wir haben den aufrichtigen Wunsch, den aus dem Nationalismus des 19. Jahrhunderts stammenden deutsch-tschechischen Gegensatz zu überwinden. Seit dem im August 1950 in Wiesbaden mit dem Tschechischen Nationalausschuß geschlossenen Übereinkommen [→ Nr. 223] sind wir der Überzeugung, daß dies nur auf der Basis gegenseitiger Wahrhaftigkeit und der Beachtung der Menschenrechte möglich ist.

F.P.Habel, a.a.O., S. 384f.

229 *Der Staatssekretär im Auswärtigen Amt Paul Frank beantwortete die Erklärung des Sudetendeutschen Rates in einem Schreiben, in dem es u.a. heißt: (28.8.1973)*

Auch die Bundesregierung ist davon ausgegangen, daß der Vertrag über die gegenseitigen Beziehungen zwischen der Bundesrepublik Deutschland und der ČSSR die berechtigten Interessen der Sudetendeutschen, die die Hauptbetroffenen des Münchner Abkommens waren, nicht beeinträchtigen darf. Wie den Vertretern des Sudetendeutschen Rates und der Sudetendeutschen Landsmannschaft bereits mündlich erklärt worden ist, stellt der am 20. Juni 1973 in Bonn paraphierte und demnächst zu unterzeichnende Vertrag mit der ČSSR den gegebenen Rechtszustand in keinem der in Betracht kommenden Bereiche in Frage. Die Bundesregierung hat in den Verhandlungen darüber hinaus unmißverständlich klargestellt, daß sie die Vertreibung der Sudetendeutschen im Jahre 1945 nicht als rechtmäßig anerkannt und dies auch nicht durch diesen Vertrag tut. Die Bundesregierung wird im übrigen durch den Abschluß dieses Vertrages nicht gehindert, auch in Zukunft ihrer Obhuts- und Fürsorgepflicht, die ihr für alle Deutschen obliegt, gegenüber den Sudetendeutschen im Rahmen des effektiv Möglichen nachzukommen.

Sodann möchte ich an dieser Stelle nochmals klarstellen, daß die Bundesrepublik Deutschland ihren Rechtsstandpunkt, daß das Münchener Abkommen vom 29. September 1938 seinerzeit rechtswirksam zustande gekommen war und zum Übergang der Gebietshoheit in den Sudetengebieten auf das Deutsche Reich geführt hatte, in den Verhandlungen nicht aufgegeben hat. Sie hat sich mit der ČSSR lediglich darüber geeinigt, wie das Münchener Abkommen und seine Rechtsfolgen in den gegenseitigen Beziehungen künftig behandelt werden sollen, um den Streit darüber zwischen den beiden Vertragspartnern im Interesse einer friedlichen Zukunft aus dem Weg zu räumen. Individualrechte werden dadurch nicht betroffen.

F.P. Habel, a.a.O., S. 389

Aus einer Petition von Sudetendeutschen an die Vereinten Nationen, 17. 1. 1975 **230**

Die aus ihrer Heimat in Böhmen, Mähren und Schlesien vertriebenen Sudetendeutschen und ihre Freunde in aller Welt appellieren hiermit an die Vereinten Nationen, den freigewählten Vertretern dieser Volksgruppe Gehör zu schenken und ihre Forderungen nach Wiederherstellung der Rechte der Sudetendeutschen und Wiedergutamchung des Unrechts zu unterstützen:

Sie tun dies in dem Bewußtsein, daß den $3^1/_2$ Millionen Sudetendeutschen seit 1918 das Recht auf Selbstbestimmung über das Schicksal ihres Landes und in ihrem Lande selbst vorenthalten wird, das sie in mehr als siebenhundertjähriger Arbeit selber kultiviert haben. Sie tun dies im Hinblick auf die Tatsache, daß Regierung und Organe der Tschechoslowakei nach dem 8. Mai 1945 mehr als drei Millionen Sudetendeutsche aus ihrer Heimat vertrieben haben, wodurch 241 000 Menschen ihr Leben verloren und zahlreiche Familien- sowie alle Stadt- und Dorfgemeinschaften zerrissen wurden.

Ein Teil der restlichen Angehörigen dieser Volksgruppe wurde über ein Jahrzehnt lang in Gefängnissen, in Lagern oder in den Uranbergwerken des Erzgebirges zurückbehalten. Andere wurden gegen ihren Willen in landwirtschaftlicher Zwangsarbeit oder als Spezialisten verwendet, welche die Fortführung der enteigneten Industriebetriebe sicherzustellen hatten. Alle, die in der alten Heimat verblieben, wurden einem gezielten Prozeß der Entnationalisierung ausgesetzt und um ihre Identität gebracht.

Noch heute verweigert die Regierung der ČSSR den in der Heimat verbliebenen Deutschen das Recht auf Unterricht ihrer Kinder in eigenen Schulen und die freie Pflege ihrer Sprache und Kultur. Im Jahre 1974 konnten nur 350 von ihnen ihren Wohnsitz in die Bundesrepublik Deutschland verlegen, um wieder unter Deutschen leben zu können.

Das private und öffentliche Vermögen der Sudetendeutschen wurde entschädigungslos enteignet. Sein Wert beträgt nach heutigen Berechnungen rd. 120 Milliarden DM.

Das unveräußerliche Recht auf Selbstbestimmung, auf nationale Unabhängigkeit, das Recht auf Rückkehr in die angestammte Heimat und auf Rückgabe des Eigentums wurde zuletzt in der Entschließung Nr. 3236 vom 22. November 1974 von der Vollversammlung der Vereinten Nationen gegenüber dem palästinensischen Volk anerkannt.

Da ihre unveräußerlichen Rechte durch die Vertreibung und Enteignung in gleicher Weise mißachtet und verletzt wurden, erheben die $3^1/_2$ Millionen Sudetendeutschen den gleichen Anspruch auf Wiederherstellung ihrer Rechte. [...]

F. P. Habel, a.a.O., S. 393f.

231 *Aus dem Beschluß der VIII. Bundesversammlung der Sudetendeutschen Landsmannschaft in München, 23./24. 2. 1985*

Die Bundesversammlung geht davon aus, daß die Verpflichtungen der vier Ostverträge[1] nur für die Bundesrepublik Deutschland, aber nicht für das fortbestehende Deutsche Reich gelten, ferner, daß die endgültige Festlegung der Grenzen des Deutschen Reiches bei einer frei vereinbarten friedensvertraglichen Regelung dem gesamtdeutschen Souverän vorbehalten bleibt.

Die Bundesversammlung ist weiter der Auffassung, daß in jüngster Zeit abgegebene Erklärungen zum Heimatrecht der in der Heimat der deutschen Vertriebenen lebenden Menschen dem Rechtsgrundsatz nicht entsprechen, daß aus Unrecht auch durch Zeitablauf kein neues Recht entstehen kann. Das originäre Recht der deutschen Heimatvertriebenen auf ihre Heimat und freie Selbstbestimmung darf nicht verschwiegen werden. Richtschnur für die Lösung der sudetendeutschen Frage sind für die Sudetendeutsche Landsmannschaft die bereits am 4. August 1950 zwischen Sudetendeutschen und Tschechen im Wiesbadener Abkommen niedergelegten Grundsätze[2], die die Rückkehr der vertriebenen Sudetendeutschen in ihre angestammte Heimat, die Wiedergutmachung begangenen Unrechts und die partnerschaftliche Lösung auf der Basis des Rechtes und durch freie Entscheidung der betroffenen Völker vorsehen.

Kulturstiftung der deutschen Vertriebenen (Hg.): Erklärungen zur Deutschlandpolitik, Teil III, Bonn 1987, S. 201

[1] mit der Sowjetunion, mit Polen, mit der Tschechoslowakei sowie der Grundlagenvertrag mit der DDR.

[2] → Nr. 223

12 Die Chance der Aussöhnung

Daß dem in den Verträgen von Warschau und Prag niedergelegten Ausgleich zwischen Staaten Versöhnung, vielleicht einmal auch Freundschaft zwischen Menschen folgen könne, blieb auch dann Wunsch und Ziel Bonner Politik, als 1982 eine CDU/FDP Regierung unter Bundeskanzler Kohl die SPD/FDP Regierung unter Bundeskanzler Schmidt abgelöst hatte. In einer weit über die Grenzen Deutschlands hinaus beachteten Rede forderte Bundespräsident von Weizsäcker 1985 in bezug auf das Verhältnis der Deutschen zu ihren östlichen Nachbarn, »den widerstreitenden Rechtsansprüchen das Verständigungsgebot überzuordnen.«

Aber erst die politischen Umwälzungen des Jahres 1989 in Polen und in der Tschechoslowakei haben eine reale Chance eröffnet, die deutsch-polnische und die deutsch-tschechische Nachbarschaft auf eine neue Grundlage zu stellen, in der Perspektive auf ein geeintes Europa freier Völker gemeinsam Schritte in die Zukunft zu tun.

Die deutsch-polnischen Beziehungen hatten sich 1981 auf offizieller Ebene empfindlich abgekühlt, als in Polen das Kriegsrecht verkündet, die Gewerkschaft »Solidarität« verboten und zahlreiche ihrer Mitglieder verhaftet wurden. Zuvor waren in der zweiten Hälfte der siebziger Jahre dem Warschauer Vertrag noch zahlreiche weitere Abkommen gefolgt, Finanzhilfen und Kredite in Höhe von mehreren Milliarden DM nach Polen geflossen.

Weitaus positiver entwickelten sich im gleichen Zeitraum die zwischenmenschlichen Beziehungen zwischen Polen und Deutschen. Touristenreisen, Begegnungen von Jugend-, Musik- und Theatergruppen nahmen stark zu. Auf dem Höhepunkt einer Wirtschaftskrise in Polen schickten 1981/82 Deutsche, darunter eine große Zahl von Vertriebenen, rund zwei Millionen Pakete nach Polen, für die der deutsche Postminister sogar auf Portogebühren verzichtete.

Auf polnischer Seite plädierten in den achtziger Jahren in den Untergrund oder ins Exil gedrängte Gegner des kommunistischen Regimes für eine Neuorientierung auch im Verhältnis zu den Deutschen.

Nach Überwindung des kommunistischen Machtmonopols gewinnen ihre Gedanken auch auf staatlicher Ebene an Boden. Der neue – katholische – Ministerpräsident Polens Tadeusz Mazowiecki erinnerte anläßlich des Polenbesuches von Bundeskanzler Kohl im November 1989 an die Botschaft der katholischen Bischöfe, die man »kaum überbewerten« könne, an die »den Polen und Deutschen gemeinsamen christlichen Werte«. Er unterzeichnete mit Kohl eine »Gemeinsame Erklärung«, in der u.a. der noch vor kurzem bedrängten deutschen Minderheit kulturelle Rechte eingeräumt werden, die inzwischen zur Gründung zahlreicher deutscher »Sozial-kultureller Gesellschaften«, nach den Kommunalwahlen vom 27. 5. 1990 zum Einzug von Vertretern der deutschen Minderheit in zahlreichen Gemeinderäte geführt hat.

Den Abschluß der Polenreise Bundeskanzler Kohls bildete ein gemeinsamer Gottesdienstbesuch mit dem polnischen Ministerpräsidenten in Kreisau/Schlesien. Hier hatte der 1945 von den Nationalsozialisten hingerichtete Helmuth James Graf von Moltke Gleichgesinnte um sich versammelt, die im Widerstand gegen das Nazi-Regime standen (»Kreisauer Kreis«). Der Bischof von Oppeln las die Messe in deutscher und polnischer Sprache, die beiden Katholiken Kohl und Mazowiecki tauschten den Friedensgruß.

In der für Polen zentralen Frage, ob ein wiedervereinigtes Deutschland eine Gefahr für den Fortbestand der Oder-Neiße-Grenze sein könnte, haben der Deutsche Bundestag und die Volkskammer der DDR, ebenso Bundeskanzler Kohl und Bundespräsident von Weizsäcker Erklärungen abgegeben, die die Endgültigkeit der polnischen Westgrenze bestätigen.

Im Prozeß des Zusammenwachsens der beiden Staaten in Deutschland würde die Nichtanerkennung der bestehenden Grenzen, so Bundeskanzler Kohl, die Chance zur deutschen Einheit verspielen.

Im deutsch-tschechischen Verhältnis haben die politischen Veränderungen in der Tschechoslowakei im Jahre 1989 zu Klimaveränderungen ganz ungewöhnlichen Ausmaßes geführt. Der zuvor als Regimegegner verfolgte und inhaftierte Schriftsteller Václav Havel reiste nur wenige Tage nach seiner Wahl zum Staatspräsidenten der Tschechoslowakei und zu seinen ersten offiziellen Auslandsbesuchen überhaupt in die beiden deutschen Staaten. Zum 15. 3. 1990, dem 51. Jahrestag des Einmarsches deutscher Truppen in die Tschechoslowakei, lud er den deutschen Bundespräsidenten nach Prag ein, »als den wirklichen Gegenpol zu jenem lang vergangenen und schmerzhaften Besuch.« Inzwischen ist es auch möglich geworden, daß der tschechoslowakische Botschafter in der Bundesrepublik Deutschland am traditionellen Pfingsttreffen der früher als revanchistisch verschrienen »Sudetendeutschen Landsmannschaft« als Gast teilnimmt und dort 1990 eine Leih-Ausstellung der Tschechoslowakei zur »verlorenen Geschichte« eröffnet. Seit 1. 7. 1990 ist der Visazwang für Reisen zwischen der Tschechoslowakei und der Bundesrepublik Deutschland aufgehoben.

Václav Havel steht erkennbar in der Tradition von Tschechen und Slowaken, die schon früh eigenständige Anschauungen zum deutsch-tschechischen Verhältnis entwickelt haben (→ Nr. 148ff.). Seine an den deutschen Bundespräsidenten gerichteten, in eine gemeinsame europäische Zukunft weisenden Worte beschließen die Dokumentation.

Zum 14. Jahrstag der Unterzeichnung des Warschauer Vertrages erklärte der Außenminister der Bundesrepublik Deutschland am 6. 12. 1984 u. a.: **232**

Dem Werke der Versöhnung diente auch der Abschluß des Warschauer Vertrages, eines der kostbarsten Ergebnisse europäischer Nachkriegspolitik. Dieser Vertrag ist die Grundlage für ein friedliches Zusammenleben und für die Entwicklung gutnachbarlicher Beziehungen zwischen Deutschen und Polen. Er hat zwischen unseren beiden Staaten den Prozeß der Normalisierung, der Entwicklung gutnachbarlicher Beziehungen und des besseren gegenseitigen Verständnisses eingeleitet. Beide Staaten sind gefordert, wenn es darum geht, den Warschauer Vertrag auch für die Zukunft zu nutzen [...]

Die Qualität der Beziehungen zwischen den Staaten mißt sich letztlich an dem Verhältnis zwischen den Menschen. Deshalb sind die menschlichen Kontakte durch Reisen und Besuche so bedeutsam. Der Anstieg des Reiseverkehrs zwischen beiden Ländern in diesem Jahre ist ein gutes Zeichen. Begegnungen zwischen Deutschen und Polen im Rahmen der bestehenden Städtepartnerschaften haben den Charakter des Alltäglichen angenommen. Wir begrüßen das. [...]

Unser Volk stand in der Vergangenheit oft im Gegensatz zu den Interessen seiner Nachbarn. Unsere Lage im Herzen Europas hat unser Land durch Jahrhunderte in Konflikte zwischen anderen europäischen Staaten verstrickt. Dies hat zu einer wechselvollen Entwicklung deutschen Einwirkens auf seine Nachbarn und fremder Einwirkung auf die deutschen Belange geführt. Daraus sind immer wieder Störungen und Konflikte entstanden, die sich auf ganz Europa ausgewirkt haben.

Polen hat mit uns stets – und oft im Gegeneinander – das Schicksal der Mittellage geteilt. Heute ist unser nationales Schicksal fest mit dem Schicksal Europas verbunden. Das hat unserer Politik eine beständige europäische Dimension gegeben. Sie ist unser Beitrag zur Stabilität auf unserem Kontinent. Ein Kernelement dieses Beitrages muß die deutsch-polnische Versöhnung sein. Wir bleiben im Spannungsfeld Mitteleuropa aufeinander angewiesen. Aus der geschichtlichen Verstrickung des Gegeneinander muß ein Miteinander als gemeinsamer Beitrag zu einem dauerhaften europäischen Frieden werden.

Hans-Dietrich Genscher: Deutsche Außenpolitik. Bonn Aktuell. Bonn 1985, S. 558ff.

233 *Bundeskanzler Kohl auf einem Treffen der Landsmannschaft der Schlesier, 16.6.1985*

Das deutsche und das polnische Volk wollen wegkommen vom Aufrechnen von Schuld. Geschehenes Unrecht auf beiden Seiten kann nicht ungeschehen gemacht werden; aber das daraus entstandene gegenseitige Mißtrauen kann für die Zukunft unwirksam werden, wenn der Geist tätiger Verständigungsbereitschaft die Völker beseelt.

Wenn wir uns im Wissen um die Vergangenheit der Zukunft zuwenden, so denken wir in erster Linie an die junge Generation überall in Europa, an ihren Wunsch nach einem Leben in Frieden und Freiheit. Uns liegt es darum vor allem auch am Herzen, daß sich junge Deutsche und junge Polen besser kennen- und verstehen lernen.

Wir haben hervorragende Erfahrungen mit dem deutsch-französischen Jugendwerk gemacht. Die Begegnung der Jugend unserer beiden Völker hat ein festes Wurzelwerk deutsch-französischer Freundschaft geschaffen und kräftigt es von Jahr zu Jahr.

Was könnten wir für das Verhältnis von Deutschen und Polen Besseres tun, als gerade den jungen Menschen mit einem deutsch-polnischen Forum der Jugend gleiche Chancen der Begegnung zu geben.

Bundesministerium für innerdeutsche Beziehungen (Hg.): Texte zur Deutschlandpolitik, Reihe III, Bd. 3, Bamberg 1986, S. 320.

234 *In einer vielbeachteten Rede erklärte Bundespräsident Richard v. Weizsäcker am 8. Mai 1985:*

Bei uns selbst wurde das Schwerste den Heimatvertriebenen abverlangt. Ihnen ist noch lange nach dem 8. Mai bitteres Leid und schweres Unrecht widerfahren. Um ihrem schweren Schicksal mit Verständnis zu begegnen, fehlt uns Einheimischen oft die Phantasie und auch das offene Herz.

Aber es gab alsbald auch große Zeichen der Hilfsbereitschaft. Viele Millionen Flüchtlinge und Vertriebene wurden aufgenommen. Im Laufe der Jahre konnten sie neue Wurzeln schlagen. Ihre Kinder und Enkel bleiben auf vielfache Weise der Kultur und der Liebe zur Heimat ihrer Vorfahren verbunden. Das ist gut so, denn das ist ein wertvoller Schatz in ihrem Leben.

Sie haben aber selbst eine neue Heimat gefunden, in der sie mit den gleichaltrigen Einheimischen aufwachsen und zusammenwachsen, ihre Mundart sprechen und ihre Gewohnheiten teilen. Ihr junges Leben ist ein Beweis für die Fähigkeit zum inneren Frieden. Ihre Großeltern oder Eltern wurden einst vertrieben, sie jedoch sind jetzt zu Hause.

Früh und beispielhaft haben sich die Heimatvertriebenen zum Gewaltverzicht bekannt. Das war keine vergängliche Erklärung im anfänglichen Stadium der Machtlosigkeit, sondern ein Bekenntnis, das seine Gültigkeit behält. Gewaltverzicht bedeutet, allseits das Vertrauen wachsen zu lassen, daß auch ein wieder zu Kräften gekommenes Deutschland daran gebunden bleibt.

Die eigene Heimat ist mittlerweile anderen zur Heimat geworden. Auf vielen alten Friedhöfen im Osten finden sich heute schon mehr polnische als deutsche Gräber.

Der erzwungenen Wanderschaft von Millionen Deutschen nach Westen folgten Millionen Polen und ihnen wiederum Millionen Russen. Es sind alles Menschen, die nicht gefragt wurden, Menschen, die Unrecht erlitten haben, Menschen, die wehrlose Objekte der politischen Ereignisse wurden und denen keine Aufrechnung von Unrecht und keine Konfrontation von Ansprüchen wiedergutmachen kann, was ihnen angetan worden ist.

Gewaltverzicht heute heißt, den Menschen dort, wo sie das Schicksal nach dem 8. Mai hingetrieben hat und wo sie nun seit Jahrzehnten leben, eine dauerhafte, politisch unangefochtene Sicherheit für ihre Zukunft zu geben. Es heißt, den widerstreitenden Rechtsansprüchen das Verständigungsgebot überzuordnen.

Darin liegt der eigentliche, der menschliche Beitrag zu einer europäischen Friedensordnung, der von uns ausgehen kann.

Der Neuanfang in Europa nach 1945 hat dem Gedanken der Freiheit und Selbstbestimmung Siege und Niederlagen gebracht. Für uns gilt es, die Chance des Schlußstrichs unter eine lange Periode europäischer Geschichte zu nutzen, in der jedem Staat Frieden nur denkbar und sicher schien als Ergebnis eigener Überlegenheit und in der Frieden eine Zeit der Vorbereitung des nächsten Krieges bedeutete.

Die Völker Europas lieben ihre Heimat. Den Deutschen geht es nicht anders. Wer könnte der Friedensliebe eines Volkes vertrauen, das imstande wäre, seine Heimat zu vergessen?

Nein, Friedensliebe zeigt sich gerade darin, daß man seine Heimat nicht vergißt und eben deshalb entschlossen ist, alles zu tun, um immer in Frieden miteinander zu leben. Heimatliebe eines Vertriebenen ist kein Revanchismus.

Bundesministerium für innerdeutsche Beziehungen (Hg.): Texte zur Deutschlandpolitik, Reihe III, Bd. 3, Bamberg 1986, S. 251f.

In der polnischen Untergrundzeitschrift »KOS« erschien 1984 unter dem Pseudonym David Warszawski der Artikel: »Die Deutschen und die polnische Frage«. Darin heißt es u.a.: **235**

Die Generation des II. Weltkrieges tritt ab. Jenseits der Oder und Elbe haben wir es mit Menschen zu tun, die keinerlei persönliche Verantwortung für die unermeßlichen Verbrechen, die während dieses Krieges am polnischen Volk verübt worden sind, tragen. Nun ist es an der Zeit, mit ihnen die Beziehungen zu regeln. Es scheint mir aber eine besonders verfehlte Idee zu sein, wollte man sich auf das Schuldgefühl berufen, das in einem Teil der deutschen Gesellschaft noch immer lebendig ist. Von den jüngsten Erfahrungen mal abgesehen (die verständnisvolle Haltung Bonns gegenüber Jaruzelski ist eben in den deutschen Komplexen aus der Zeit des II. Weltkrieges begründet), waren emotionale Ressentiments noch nie eine gute Verständigungsgrundlage. Statt dessen sollten wir, wie ich meine, alles in unserer Macht Stehende tun, um die Geschichte der Beziehungen zwischen unseren Völkern von Verfälschungen zu reinigen; namentlich sollten wir:

die teilweise verfälschte Geschichte der Westgebiete, die von einem hundertprozentigen polnischen Charakter dieser Gebiete spricht, ablehnen. Der Wille der in diesen Gebieten lebenden und dort bereits geborenen Bevölkeruntg ist eine ausreichende Legitimation für den Besitzanspruch auf diese Gebiete. Daraus resultiert u.a. die Pflicht zur Fürsorge um die dort noch befindlichen Überreste deutschen Kulturerbes. Wir sollten nicht übersehen, daß wir uns – wenn wir uns anders verhalten – bei dieser Gelegenheit des moralischen Rechts zur Verteidigung der polnischen Geschichte unserer Ostgebiete berauben.

Waldemar Kuwaczka, a.a.O., S. 172f.

236 *In der polnischen Untergrundzeitung »Krytyka« wurde 1985 unter dem Pseudonym »Zey« ein Artikel mit der Überschrift: »Anders gesehen« veröffentlicht, in dem es u.a. heißt:*

Die deutsche Frage hat heute im politischen Bewußtsein der Polen zwei Dimensionen. Die eine – das ist unsere Westgrenze, die andere – die Teilung Deutschlands.

Die jetzige westliche Landesgrenze der VR Polens ist der einzige Gewinn, den wir aus dem Zweiten Weltkrieg davongetragen haben. Wir haben in diesem Krieg am längsten gekämpft und gehörten, wie man sagt, zu den Siegern. Wir haben sechs Millionen Menschen verloren, unsere Hauptstadt sank in Schutt und Asche, ein Drittel unseres Territoriums wurde uns genommen und auch unsere Freiheit und Unabhängigkeit, die wir 1918 erlangt hatten. Wir wollen uns hier nicht auf das »uralte Land der Piasten« berufen und nicht die Methoden der Vertreibung und der Zwangsumsiedlung im Zuge der Veränderung der Grenzen verteidigen. Wir wollen nicht einmal darauf pochen, was uns die Deutschen schuldig waren, weil das in der Geschichte niemals ein gutes Argument war. Wir sagen einfach nur, daß ohne diese Grenze an der Oder und an der Lausitzer Neiße das bald 40 Millionen Menschen zählende polnische Volk die Möglichkeit einer selbständigen Existenz einbüßen würde. Von dieser Grenze hängt auch unsere zukünftige Freiheitschance ab und vielleicht sogar die Überlebenschance. Darum kann es um diese Grenze für uns keine Diskussion geben; wer sie in Frage stellt, ist unser Feind.

In keinem Fall können wir jedoch akzeptieren, daß im Namen Polens die Verteidigung unserer Westgrenze dazu führt, um jeden Preis für den Fortbestand der Teilung Deutschlands einzutreten – unter dem Vorwand, daß ein geteiltes Deutschland unsere Grenzen nicht gefährden könne. Und auch hier wollen wir uns nicht auf moralische Argumente berufen, daß jedes Volk ein Recht auf seine Einheit habe – gerade die Polen verstehen das nur zu gut –. Wir beschränken uns auf den praktischen Standpunkt, daß diese rücksichtslose Kopplung der beiden Dimensionen der deutschen Frage, wie sie in der Außenpolitik der VR Polens bisher praktiziert wird, für uns bedeutet, die gute Sache – unsere Grenzfrage –, in der wir auf die Dauer gewinnen können, mit der schlechten Sache zu verbinden, die überdies auf lange Sicht eine verlorene Sache ist. Wir hängen uns selbst einen Mühlstein um den Hals, denn so wie wir in jedem einen Feind sehen, der unsere Westgrenze in Frage stellt, so werden die Deutschen einen Feind sehen in jedem, der ihnen das natürliche Recht eines jeden Volkes – das Recht auf seine Einheit – streitig macht.

Waldemar Kuwaczka, a.a.O., S. 216f.

Der polnische, 1982 ins Exil gezwungene Journalist Rybinski schreibt 1986 in **237**
der Zeitschrift »Kontakt«:

Die Grauen des Naziregimes dürfen wir – weder wir noch die Deutschen – nicht vergessen, aber wir dürfen auch nicht vergessen, daß wir an die Oder und Neiße nicht wie in eine Wüste einzogen, wie in ein verlassenes mit Unkraut bewachsenes Niemandsland. Wenn wir eine wirkliche und dauerhafte Verständigung mit dem deutschen Volk wollen, dann müssen wir das erkennen und müssen in erster Linie das kulturelle Erbe dieser Gebiete unter historischen Schutz nehmen. Wir fühlen uns hier als Hausherren, dann sollten wir auch Hausherren der Vergangenheit sein, die wir weder zerstören noch verfälschen sollten.

Geben wir zu, daß die Vertreibung der Deutschen eine Grausamkeit war, die nicht mit dem Grundsatz Auge um Auge gerechtfertigt werden darf, und geben wir auch zu, daß sich unter den Vertriebenen Tausende von Polen befanden, die inmitten des deutschen Elements über Jahrhunderte das Polentum bewahrt haben. Man hat sie aus Masuren, der Kaschubei, dem Oppelner Land, aus dem Warthegau vertrieben. Erst dann werden wir das volle moralische Recht haben, verlangen zu dürfen, daß unser Recht auf diese Gebiete heute als unveräußerlich anerkannt wird; denn neben deutschen Gräbern sind polnische entstanden; neben Deutschen, die unter Rubrik »Geburtsort« Breslau eingetragen haben, gibt es Generationen von Polen, bei denen in der gleichen Rubrik die Bezeichnung Wrocław steht.

Wir müssen uns auch klar für eine umfassende Gewährung der Rechte für die deutsche Minderheit in Polen aussprechen. Dabei ist es unwichtig, ob diese – wie die westdeutsche Botschaft in Warschau behauptet – Hunderttausende von Menschen zählt oder – wie das Regime darlegt – daß es diese nicht mehr bzw. nur in äußerst geringem Umfang gäbe. Sollte es heute keine Deutschen mehr in Polen geben, dann wird auch niemand diese Rechte in Anspruch nehmen. Wenn es sie aber doch gibt – das belegen ja Tausende, die monatlich das Land verlassen –, dann würden die kulturellen und gesellschaftlichen Organisationen einer solchen Minderheit sicherlich einen positiven Beitrag zur Verständigung zwischen Polen und Deutschen leisten. Ein erster Schritt in diese Richtung wurde auf dem Kongreß der »Solidarität« gemacht, als ein Beschluß über die Rechte nationaler Minderheiten verabschiedet worden war. Dies muß fortgesetzt werden. Mir ist nicht bekannt, wie viele Aktivisten der »Solidarität« aus Schlesien, die interniert und verfolgt waren, unter Berufung auf ihre deutsche Herkunft in die Bundesrepublik ausgereist sind. Ich persönlich bin einigen begegnet – selbst wenn dies schon alle gewesen sein sollten, dann sind bereits zu viele ausgereist.

Kontakt Nr. 1/1986 nach: Waldemar Kuwaczka, a.a.O., S. 259f.

238 *1986 wurde der Friedenspreis des Deutschen Buchhandels an den Warschauer Historiker und Publizisten Wladyslaw Bartoszewski verliehen. Bartoszewski, 1940 Auschwitzhäftling, 1944 Teilnehmer am Warschauer Aufstand und seit 1990 polnischer Botschafter in Österreich, erklärte in seiner Dankesrede u. a.:*

Flüchtlinge, Heimatvertriebene, Umsiedler, Spätaussiedler – sie alle gehören zu den Opfern des Krieges ebenso wie jene Polen, die infolge des Zweiten Weltkrieges ihre eigentliche Heimat in Lemberg, Wilna oder anderswo im europäischen Osten verloren haben. Die tragisch verwickelten historischen und politischen Umstände führten dazu, daß die Polen vielleicht besser als viele andere Völker in Europa in der Lage sind, die Leiden und Schwierigkeiten der Menschen zu verstehen, die gezwungen waren, ihre Heimatorte zu verlassen. Sie verstehen auch das Problem der Spaltung eines Volkes, weil sie es selbst erlebt haben.

Den Menschen ihre unmittelbare Heimat zu entziehen ist nie eine gute Tat, sondern immer eine böse Tat, selbst wenn man keinen anderen Ausweg aus einer bestimmten historischen politischen Lage sieht. – Die

Polen, die aus dem Osten Polens nach Niederschlesien oder Hinterpommern kamen, haben in den ersten Monaten nach dem Krieg gewiß mehr die Tragik ihres eigenen Schicksals empfunden als die Freude über den Sieg [...]

Im Verlauf der letzten paar Jahre haben sehr viele Menschen guten Willens in Deutschland im Geiste der Nächstenliebe und der Solidarität dem polnischen Volk Hilfe geleistet. Die volle psychologische Bedeutung dieser Tatsache wird sich vielleicht in der Zukunft als noch wichtiger erweisen als ihre unzweifelhafte materielle Bedeutung.

Börsenblatt für den Deutschen Buchhandel, 7. 10. 1986, S. 2647f.

Aus der »Gemeinsamen Erklärung der Bundesrepublik Deutschland und der Volksrepublik Polen«, 14. 11. 1989 **239**

I.

1. Die Bundesrepublik Deutschland und die Volksrepublik Polen sind sich ihrer besonderen Verantwortung für eine Politik des Friedens, der Verständigung und der Zusammenarbeit im Interesse der Menschen und Völker in Europa bewußt.

2. Der 50. Jahrestag des Zweiten Weltkriegs, der durch den Angriff des nationalsozialistischen Deutschland auf Polen entfesselt wurde, und die hohe Zahl von Opfern, die dieser Krieg forderte, sind Mahnung und Aufruf, die Beziehungen zwischen beiden Staaten und Völkern dauerhaft friedlich zu gestalten. Dieser Jahrestag erinnert an die besondere historisch-moralische Dimension der Beziehungen zwischen Deutschen und Polen.

3. Die Bundesrepublik Deutschland und die Volksrepublik Polen sind entschlossen, ihre Beziehungen im Gedenken an die tragischen und schmerzlichen Seiten der Geschichte zukunftsgewandt zu gestalten und damit ein Beispiel für gute Nachbarschaft zu geben.

[...]

V.

43. Im Bewußtsein des unverwechselbaren Beitrags beider Völker zum gemeinsamen kulturellen Erbe Europas sowie der Bedeutung des Kulturaustauschs für das gegenseitige Verständnis und für die Annäherung der Völker werden die Bundesrepublik Deutschland und die Volksrepublik Polen ihre kulturelle Zusammenarbeit verstärkt ausbauen und damit gleichzeitig zur gesamteuropäischen kulturellen Identität beitragen.

44. Beide Seiten sind der Überzeugung, daß die vereinbarte Errichtung von Instituten für Kultur und wissenschaftlich-technologische Information in beiden Ländern in entscheidendem Maße dazu beitragen wird. Sie werden künftig auch Zweigstellen dieser Institute einrichten.

45. Beide Seiten ermöglichen es Personen und Bevölkerungsgruppen, die deutscher bzw. polnischer Abstammung sind oder die sich zur Sprache, Kultur oder Tradition der anderen Seite bekennen, ihre kulturelle Identität zu wahren und zu entfalten. Sie verwirklichen die Allgemeine Erklärung der Menschenrechte der Vereinten Nationen vom 10. Dezember 1948, den Internationalen Pakt über bürgerliche und politische Rechte vom 16. Dezember 1966 sowie die KSZE-Schlußakte von Helsinki vom 1. August 1975 und die Abschließenden Dokumente von Madrid vom 6. September 1983 und von Wien vom 15. Januar 1989. Die Wahrnehmung dieser Rechte muß mit dem Völkerrecht und dem Recht des betreffenden Staates übereinstimmen und soll das friedliche Zusammenleben und die gute Nachbarschaft der Völker verstärken und zu ihrer Verständigung und Versöhnung beitragen.

46. Beide Seiten bekräftigen ihre Bereitschaft, allen interessierten Personen verstärkten Zugang zu Sprache und Kultur der anderen Seite zu ermöglichen.

[...]

49. Um das gegenseitige Verständnis zu vertiefen, beschließen beide Seiten, daß Publikationen sowie Beilagen zu Tages- und Wochenzeitungen in der Sprache der jeweils anderen Seite frei hergestellt, vertrieben und gelesen werden können. Publikationen der anderen Seite können in Übereinstimmung mit den Artikeln 19 und 20 des Internationalen Paktes über bürgerliche und politische Rechte ungehindert eingeführt und vertrieben werden. Dies gilt auch für Geschenkabonnements und für Veröffentlichungen, die über Auslandsvertretungen verteilt werden.

50. Beide Seiten bekräftigen, daß nach ihrer Gesetzgebung die Gründung von Vereinigungen zur Pflege von Sprache, Kultur und Tradition des jeweils anderen Landes grundsätzlich frei ist und nur den für alle Vereinigungen von Privatpersonen geltenden Regelungen unterliegt. Sie bekräftigen ferner, daß diese Vereinigungen gleichberechtigten Zugang zu den Medien ihrer Region haben und Kontakte zum jeweils anderen Land unterhalten können. Die Vereinigungen können öffentlich zugängliche Büchereien einrichten.

51. Beide Seiten werden die Verbreitung von klassischer und zeitgenössischer Literatur des jeweils anderen Landes in Original und Übersetzung verstärkt fördern.

52. Die polnische Seite erklärt ihre Bereitschaft, daß von seiten der Bundesrepublik Deutschland eine nationale Gedenkstätte im ehemaligen Konzentrationslager Auschwitz eingerichtet wird; daß am Schloß/Berghaus Kreisau sowie am ehemaligen Hauptquartier bei Rastenburg Gedenktafeln an den deutschen Widerstand angebracht werden; und daß am Geburtshaus von Kurt Schumacher in Kulm eine Gedenktafel angebracht wird.

53. Die deutsche Seite erklärt sich ihrerseits einverstanden, daß von polnischer Seite Gedenktafeln im ehemaligen Konzentrationslager Bergen-Belsen und auf dem Südfriedhof Nürnberg angebracht und die polnischen Soldatengräber auf dem Friedhof Murnau gepflegt werden.

54. Beide Seiten werden sich darüber verständigen, die Gedenkstätte für Gerhart Hauptmann auszubauen und eine Gedenkstätte für Josef von Eichendorff einzurichten und beide für Besucher zugänglich zu machen.

Presse- und Informationsamt der Bundesregierung: Versöhnung – unser Auftrag. Bundeskanzler Helmut Kohl in der Volksrepublik Polen. Bonn 1989 (Schriftenreihe: Berichte und Dokumentationen).

Aus der Regierungserklärung Bundeskanzler Kohls, 22. 6. 1990 **240**

Der Deutsche Bundestag richtet heute – gemeinsam mit der Volkskammer der DDR – eine unmißverständliche Botschaft an Polen: Die Grenze Polens zu Deutschland, so wie sie heute verläuft, ist endgültig.

Sie wird durch Gebietsansprüche von uns Deutschen weder heute noch in Zukunft in Frage gestellt. Dies wird nach der Vereinigung Deutschlands in einem Vertrag mit der Republik Polen völkerrechtlich verbindlich bekräftigt werden.

Für das künftig geeinte Deutschland kann erst eine gesamtdeutsche Regierung eine für die Zukunft völkerrechtlich verbindliche Unterschrift leisten. Erst ein gesamtdeutsches Parlament kann einen solchen Vertrag ratifizieren. Klar ist: Am Willen des deutschen Volkes – bekundet durch den Deutschen Bundestag und die Volkskammer der DDR – kann nicht gezweifelt werden. [...]

Es leben viele in unserem Land, die die Erklärung, die wir heute abgeben, tief berührt und schmerzt. Sie sind ihrer Vorfahren Heimat mit dem Herzen fest verbunden. An einem Tag wie heute können sie nichts anderes als Trauer empfinden. Kein Mensch hat das Recht, ihren Gefühlen seine Achtung zu versagen. Wir haben Respekt vor ihnen und ihren Gefühlen, und wir können sie gut verstehen.

Wir müssen aber ebenso offen aussprechen: Wer die historische Chance nutzen will, die Einheit Deutschlands in Freiheit zu vollenden, der muß auf die Frage der polnischen Westgrenze eine klare Antwort geben.

Dies erwarten nicht nur die Polen von uns. Dies erwarten ebenso alle unsere Nachbarn und Partner in Europa und vor allem auch die Vier Mächte, also die Vereinigten Staaten von Amerika, Frankreich, Großbritannien und die Sowjetunion.

Niemand soll sich täuschen: Wir stehen heute vor einer ganz klaren Entscheidung. Entweder wir bestätigen die bestehende Grenze, oder wir verspielen heute und für jetzt unsere Chance zur deutschen Einheit. [...]

Wir blicken zurück auf eine lange gemeinsame Geschichte, in der die Städte und Dörfer Schlesiens, des östlichen Brandenburg, Pommerns, West- und Ostpreußens und anderer Landschaften für Deutsche Heimat waren. Sie haben dieser europäischen Kulturlandschaft ihr unverwechselbares, ihr historisches Gepräge gegeben.

Ich denke daran, daß dieses Land in Glück und Unglück, in Freude und Leid Lebensmittelpunkt von vielen Generationen von Deutschen war. Millionen von Deutschen haben dort ihre Wurzeln. Noch immer leben dort deutsche Familien Seite an Seite mit ihren polnischen Nachbarn.

Im Bewußtstein und in den Gefühlen vieler Deutscher sind die Landschaften östlich von Oder und Neiße, wo sie für ihr Leben prägende Eindrücke erfahren haben, als Heimat lebendig. Dieses ganz ursprüngliche Gefühl der persönlichen Verbundenheit verdient jedermanns Achtung, ja, Sympathie.

Die 700jährige Geschichte und Kultur des deutschen Ostens ist und bleibt Bestandteil des geschichtlichen Erbes der deutschen Nation. Uns Deutschen liegt viel daran – ich will mich auch persönlich dafür einsetzen – dieses Kulturerbe zu bewahren und zu pflegen.

Dieses Erbe bleibt lebendig, es ist unverlierbarer und unvergänglicher Bestandteil unserer Geschichte wie auch des kulturellen Reichtums Europas. Noch in vielen Jahren und Generationen werden sich Menschen an den Gedichten Eichendorffs erfeuen, und was Immanuel Kant zum »ewigen Frieden« geschrieben hat – über einen Föderalismus freier Staaten, über die Herrschaft des Rechts –, bleibt ein Wegweiser in das Europa der Zukunft.

Wahrheit ist – und das darf an einem Tag wie heute nicht verschwiegen werden –: Die Vertreibung der Deutschen aus ihrer angestammten Heimat war ein großes Unrecht. Es gab dafür keine Rechtfertigung, weder moralisch noch rechtlich. Wir können auch Jahrzehnte danach nicht erklären, die Vertreibung sei rechtmäßig gewesen.

Ich weiß, daß die Erfahrung von Flucht und Vertreibung auch nach Jahrzehnten noch schmerzt. Der Tod von Familienangehörigen und Freunden, das Zurücklassen von Hab und Gut, von Haus und Hof sind ein schweres Schicksal. Die Betroffenen werden ihren Schmerz aber noch stärker empfinden, wenn das ihnen angetane Unrecht verschwiegen wird. [...]

Heute sind in den Gebieten jenseits von Oder und Neiße polnische Familien in zweiter und dritter Generation ansässig, diese Gebiete sind ihnen zur Heimat geworden. Wir Deutsche wollen nicht, daß Krieg und Elend, Blut und Tod immer wieder aufgerechnet werden. Wir wollen nach vorne schauen, auf die Zukunft kommender Generationen. Dies wird und kann eine Zukunft in Frieden und Freiheit sein.

Wir schauen vor allem auch auf die junge polnische Generation, die heute in Pommern, Schlesien und anderswo lebt, und wir rufen ihr zu: Wir wollen Frieden, wir wollen Verständigung, wir wollen Aussöhnung. Wir wollen ein freies und einiges Europa.

Mit der Vereinigung Deutschlands verbindet sich jetzt die Chance, eine endgültige und dauerhafte Aussöhnung mit dem polnischen Volk zu erreichen. Die Zeit dafür ist reif.

Was zwischen Deutschen und Franzosen möglich war, kann und muß jetzt endlich auch zwischen Deutschen und Polen möglich werden.

Presse- und Informationsamt der Bundesregierung: Bulletin, 22. 6. 1990, Nr. 79, S. 679ff.

Entschließung des Deutschen Bundestages zur deutsch-polnischen Grenze, 22. 6. 1990 **241**

[Die Volkskammer der DDR hatte am 21. Juni 1990 eine gleichlautende Entschließung verabschiedet]

Der Deutsche Bundestag

- im Bewußtsein seiner Verantwortung vor der deutschen und europäischen Geschichte,
- fest entschlossen, dazu beizutragen, die Einheit und Freiheit Deutschlands in freier Selbstbestimmung zu vollenden, damit Deutschland als gleichberechtigtes Glied in einem vereinten Europa des Rechts und der Menschenrechte dem Frieden und der Freiheit der Welt dienen wird,
- in dem Bestreben, durch die deutsche Einheit einen Beitrag zum Aufbau einer Europäischen Friedensordnung zu leisten, in der Grenzen nicht mehr trennen und die allen europäischen Völkern ein vertrauensvolles Zusammenleben und umfassende Zusammenarbeit zum Wohle aller sowie dauerhaften Frieden, Freiheit und Stabilität gewährleistet,
- im Bewußtsein, daß dem polnischen Volk durch Verbrechen, die von Deutschen und im deutschen Namen begangen worden sind, schreckliches Leid zugefügt worden ist,
- im Bewußtsein, daß Millionen von Deutschen, die aus ihrer angestammten Heimat vertrieben wurden, großes Unrecht geschehen ist.
- in dem Wunsche, daß im Gedenken an die tragischen und schmerzlichen Seiten der Geschichte auch ein vereintes Deutschland und die Republik Polen die Politik der Verständigung und Versöhnung zwischen Deutschen und Polen konsequent fortsetzen, ihre Beziehungen im Blick auf die Zukunft gestalten und damit ein Beispiel für gute Nachbarschaft geben,
- in der Überzeugung, daß dem Engagement der jungen Generation bei der Aussöhnung beider Völker besondere Bedeutung zukommt,

– in der Erwartung, daß die frei gewählte Volkskammer der DDR gleichzeitig eine gleichlautende Entschließung abgibt,

gibt seinem Willen Ausdruck, daß der Verlauf der Grenze zwischen dem vereinten Deutschland und der Republik Polen durch einen völkerrechtlichen Vertrag endgültig wie folgt bekräftigt wird:

Der Verlauf der Grenze zwischen dem vereinten Deutschland und der Republik Polen bestimmt sich nach dem »Abkommen zwischen der Deutschen Demokratischen Republik und der Republik Polen über die Markierung der festgelegten und bestehenden deutsch-polnischen Staatsgrenze« vom 6. Juli 1950 und den zu einer Durchführung und Ergänzung geschlossenen Vereinbarungen (Vertrag zwischen der Deutschen Demokratischen Republik und der Volksrepublik Polen über die Abgrenzung der Seegebiete in der Oderbucht vom 22. Mai 1989; Akt über die Ausführung der Markierung der Staatsgrenze zwischen Deutschland und Polen vom 27. Januar 1951) sowie dem »Vertrag zwischen der Bundesrepublik Deutschland und der Volksrepublik Polen über die Grundlagen der Normalisierung ihrer gegenseitigen Beziehungen« vom 7. Dezember 1970.

Beide Seiten bekräftigen die Unverletzlichkeit der zwischen ihnen bestehenden Grenze jetzt und in der Zukunft und verpflichten sich gegenseitig zur uneingeschränkten Achtung ihrer Souveränität und territorialen Integrität.

Beide Seiten erklären, daß sie gegeneinander keinerlei Gebietsansprüche haben und solche auch in Zukunft nicht erheben werden.

Die Bundesregierung wird aufgefordert, diese Entschließung der Republik Polen förmlich als Ausdruck auch ihres Willens mitzuteilen.

Presse- und Informationsamt der Bundesregierung: Bulletin, 22. 6. 1990, Nr. 79, S. 684

242 *Aus der Begrüßungsansprache des polnischen Staatspräsidenten Jaruzelski anläßlich des Besuches von Bundespräsident von Weizsäcker in Polen (2. Mai 1990)*

Die Kriegshölle darf nicht vergessen werden. Dies ist unsere Pflicht, die wir Millionen von Opfern schulden. Es obliegt uns noch mehr – nämlich der gemeinsame Wille, daß jungen Polen und Deutschen niemals das Schicksal unserer Generation zuteil wird.

Wir wollen nicht endlos auf die vergangenen Ereignisse zurückblicken, obwohl viele Narben bis heute noch sehr schmerzen. Das Volk war der Vernichtung nahe. Dem polnischen Volke ist ein besonders hohes Maß an Leiden zuteil geworden.

Wir fühlen aber auch mit den Deutschen, wir sind uns der schweren Erlebnisse infolge des schrecklichen, durch Hitler entfesselten Krieges bewußt. Wir kennen das bittere Schicksal der deutschen Bevölkerung, die die eigene Heimat zu verlassen gezwungen war, ein Schicksal, das auch die Polen gut kennen.

Zehn Jahrhunderte der polnisch-deutschen Nachbarschaft haben verschiedene Kapitel gehabt. Neben schlechten und tragischen Abschnitten gab es auch gute und schöne, die man mit dem Gedanken an die Zukunft festhalten sollte. [...]

Wir haben die besten Absichten. Ohne eine reale Versöhnung zwischen den beiden größten Völkern Mitteleuropas kann von der Einheit unseres Kontinents nicht die Rede sein. Von der gutnachbarlichen Zusammenarbeit, von unseren Staaten und Völkern hängt es ab, welchen Anteil sie an diesem historischen Werk haben werden.

Presse- und Informationsamt der Bundesregierung: Bulletin, 9. 5. 1990, Nr. 56, S. 437f.

Bundespräsident von Weizsäcker erwiderte dem polnischen Staatspräsidenten u. a. (2. Mai 1990): **243**

Wenn Deutsche und Polen eine gemeinsame Zukunft finden wollen, so wird dies nur in ehrlicher Erinnerung an die Vergangenheit gelingen. Es ist wahr, daß es in der tausenjährigen Nachbarschaft der beiden Völker lange Perioden enger Verbindung und friedlicher Grenzen gab.

Unser heutiges Bewußtsein aber ist vom Grauen des letzten Krieges geprägt, mit dem wir Deutsche Ihr Land überzogen haben, von den Qualen der Besatzung, vom furchtbaren Verbrechen der Konzentrationslager, vom Schicksal in den jüdischen Ghettos, von der Zerstörung Warschaus. Unsagbare Leiden sind Ihnen durch Deutsche widerfahren, und wir tragen daran schwer.

Auch für ungezählte Deutsche hat es ein unmenschliches Schicksal gegeben, als sie aus ihrer angestammten und geliebten Heimat vertrieben wurden. Sie wurden gewaltsam entwurzelt, viele verloren das Leben, und die Wunden heilen nur langsam.

Wir können in der Geschichte unserer beiden Völker nichts miteinander vergleichen, nichts gegeneinander aufrechnen. Was ein Mensch zu erdulden hatte, wird durch das Schicksal eines anderen nicht leichter. Auch darf den nachwachsenden Generationen das geschehene Unrecht nicht aufgeladen werden. Sie trifft keine Schuld. Aber sie werden auch in Zukunft der Opfer und der Leidtragenden aller Seiten in tiefem Schmerz und in Ehrfurcht gedenken. Sie schulden ihnen die Erinnerung und brauchen ihre Mahnung.

Vor einem Vierteljahrhundert sagten die polnischen Bischöfe: »Wir vergeben und bitten um Vergebung.« Das ist die befreiende Kraft des Geistes und der Wahrheit, die den Weg zueinander finden läßt. Versöhnung bedeutet nicht, die Erinnerung zu verdrängen, sondern sie wahrhaft ernst zu nehmen.

Auch für unsere gegenwärtigen Aufgaben brauchen wir den guten Geist der Verständigung. Wir wollen uns nicht gegenseitig in Gute und

Böse aufteilen. Wir dürfen auf menschliche Einsicht und Bereitschaft zählen, daß es an der Zeit ist, sich einander offen zuzuwenden.

Deshalb bin ich für die Worte des Verständnisses, die auf polnischer Seite dem Leid von Deutschen gewidmet worden sind, auch von Ihnen, Herr Präsident, herzlich dankbar.

Im Mittelpunkt eines europäischen Friedens steht die Verpflichtung für alle Völker, nie mehr den unseligen Kampf um Grenzen und Gebiete aufzunehmen. Wir Deutsche wissen, was dies für uns den Polen gegenüber bedeutet.

Herr Präsident, Polen kann ohne Vorbehalt darauf vertrauen, daß die Grenzfragen zwischen uns in ihrer Substanz unwiderruflich geklärt sind und daß sie im Zuge der werdenden deutschen Einheit die nötige völkerrechtlich verbindliche Vertragsform erhalten werden.

Die heutige Westgrenze Polens bleibt unangetastet. Wir respektieren sie und haben jetzt und in Zukunft keinerlei Gebietsansprüche gegenüber Polen oder irgendeinem anderen Nachbarn.

Wir Deutsche sagen dies nicht, um menschlich erlittenes Unrecht zu legitimieren; wir sagen es in bleibender Verbundenheit mit dem schweren Los unserer Landsleute, die Haus und Hof, Dorf und Heimat verloren haben.

Wir wissen, wie viele Polen ein solches Schicksal aus eigener bitterer Erfahrung kennenlernen mußten, und ebenso wissen wir, daß es gewiß nicht die polnische Bevölkerung war, die am Ende des Krieges die Verlagerung des polnischen Territoriums nach Westen veranlaßt und durchgesetzt hat.

Es geht zwischen Polen und Deutschen, wie in ganz Europa, aber nicht um das Ziel, Grenzen anzuerkennen, damit sie uns besser gegeneinander abgrenzen. Ganz im Gegenteil: Grenzen sollen ihren trennenden Charakter verlieren. Aus Grenzen sollen Brücken werden.

Presse- und Informationsamt der Bundesregierung: Bulletin, 9. 5. 1990, Nr. 56, S. 439f.

244 *Am 15. 3. 1990, dem 51. Jahrestag des Einmarsches deutscher Truppen in die Tschechoslowakei besuchte Bundespräsident von Weizsäcker auf Einladung des tschechoslowakischen Staatspräsidenten Václav Havel Prag. Havel nannte ihn in seiner Begrüßungsrede »Einen Boten des Friedens. Einen Boten des Anstands. Einen Boten der Wahrheit. Einen Boten der Menschlichkeit« und fuhr fort:*

Ich glaube, wir erleben einen wichtigen Tag.
Er ist wichtig in vielerlei Hinsicht.

Vor allem könnte er der Beginn eines neuen Aktes in dem tausendjährigen tschechisch-deutschen Drama sein, in dem sich dauerhaft und unauflöslich die Motive der Spannung, des Streits und des Kampfes mit denjenigen des fruchtbaren Zusammenlebens und tiefer gegenseitiger

Beeinflussung verbanden. In diesem neuen Akt könnte endlich die zweite Gruppe der Motive – nach den bitteren Erfahrungen der Neuzeit – die erste überwiegen.

Die Zeit ist nämlich reif, uns endlich mit freundschaftlichem Lächeln und der Gewißheit die Hand zu reichen, daß wir einander nicht mehr fürchten müssen, weil uns die gemeinsame und teuer bezahlte Achtung vor dem Menschenleben, den Menschenrechten, den Bürger-Freiheiten und dem allgemeinen Frieden verbinden.

Dieser gemeinsame Ausgangspunkt öffnet große Horizonte möglicher Zusammenarbeit: Wir können uns gemeinsam bemühen um ein demokratisches Europa, das der Welt nicht Krieg gibt, sondern Toleranz ausstrahlt, um ein Europa, das an seine besten kulturellen Traditionen anknüpft, um ein Europa, das niemand mehr mit giftigem Rauch und vergiftetem Wasser verpesten wird.

Wir sind uns darin einig, daß die Grundvoraussetzung für die wirkliche Freundschaft unserer Völker die Wahrheit ist. Wie hart auch immer, soll sie doch gesagt werden.

Unser Gast hat für seine Nation schon viele harte Wahrheiten über das Leid ausgesprochen, das der Welt insgesamt und uns im besonderen viele Deutsche angetan haben. Oder genauer: viele Vorfahren der heutigen Deutschen.

Ist es auch uns gelungen, für unsere Seite alles zu sagen, was wir hätten sagen sollen? Ich bin mir dessen nicht sicher.

Sechs Jahre nazistischen Wütens haben zum Beispiel ausgereicht, daß wir uns vom Bazillus des Bösen anstecken ließen, daß wir uns gegenseitig während des Krieges und danach denunzierten, daß wir – in gerechter, aber auch übertriebener Empörung – uns das Prinzip der Kollektivschuld zu eigen machten. Anstatt ordentlich all die zu richten, die ihren Staat verraten haben, verjagten wir sie aus dem Land und belegten sie mit einer Strafe, die unsere Rechtsordnung nicht kannte.

Das war keine Strafe, das war Rache. Darüber hinaus verjagten wir sie nicht auf der Grundlage erwiesener individueller Schuld, sondern einfach als Angehörige einer bestimmten Nation. Und so haben wir in der Annahme, der historischen Gerechtigkeit den Weg zu bahnen, vielen unschuldigen Menschen, hauptsächlich Frauen und Kindern, Leid angetan.

Und wie es in der Geschichte zu sein pflegt, wir haben nicht nur ihnen Leid angetan, sondern mehr noch uns selbst: wir haben mit der Totalität so abgerechnet, daß wir ihren Keim in das eigene Handeln aufgenommen haben und so auch in die eigene Seele, was uns kurz darauf grausam zurückgezahlt wurde in der Form unserer Unfähigkeit, einer anderen und von anderswoher importierten Totalität entgegenzutreten. Ja noch mehr: manche von uns haben ihr aktiv auf die Welt geholfen.

Doch auch in anderer Weise hat sich unsere damalige Entscheidung nicht ausgezahlt: Dadurch, daß wir plötzlich ein umfangreiches Stück unseres Landes verwüstet haben, haben wir unwillkürlich das Unkraut der Verwüstung in unsere ganze Heimat eingelassen.

Die Opfer, die eine Wiedergutmachung verlangt, werden also – unter anderem – auch der Preis für die Irrtümer und Sünden unserer Väter sein.

Wir können die Geschichte nicht umkehren, und so bleibt uns neben der freien Erforschung der Wahrheit nur das eine: immer wieder freundschaftlich die zu begrüßen, die mit Frieden in der Seele hierherkommen, um sich vor den Gräbern ihrer Vorfahren zu verneigen oder anzusehen, was von den Dörfern übriggeblieben ist, in denen sie geboren wurden.

Die Beziehung Deutschlands zur Familie der europäischen Völker und die Beziehung dieser Familie zu Deutschland ist traditionell – schon im Hinblick auf seine Größe, Stärke und zentrale Stellung – das wichtigste Element der europäischen Stabilität.

Presse- und Informationsamt der Bundesregierung: Bulletin, 17. 3. 1990, Nr. 36, S. 278.